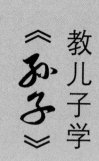

教儿子学
《孙子》

陈小云 著

团结出版社
UNITY PRESS

图书在版编目（ＣＩＰ）数据

　　教儿子学《孙子》/ 陈小云著. -- 北京 ：团结出
版社,2015.1（2019.1重印）
　　ISBN 978-7-5126-3308-7

　　Ⅰ．①教… Ⅱ．①陈… Ⅲ．①兵法—中国—春秋时代
青少年读物　Ⅳ．①E892.25-49

　　中国版本图书馆CIP数据核字(2014)第 293995 号

出　　版：团结出版社
　　　　　（北京市东城区东皇城根南街 84 号　邮编：100006）
电　　话：（010）65228880　65244790　（出版社）
　　　　　（010）65238766　85113874　65133603（发行部）
　　　　　（010）65133603（邮购）
网　　址：http://www.tjpress.com
E-mail：zb65244790@vip.163.com
　　　　　fx65133603@163.com（发行部邮购）
经　　销：全国新华书店
印　　装：三河市东方印刷有限公司

开　　本：170mm×230mm　　　16 开
印　　张：17.75
字　　数：280 千字
印　　数：5001-8010
版　　次：2019 年 1 月第 1 版第 2 次印刷

书　　号：978-7-5126-3308-7
定　　价：39.80 元

目　录

军 训

1. 每天半小时；
2. 每天读1~2段，每段读20遍；
3. 每天读之前，对意义和背景进行简单讲解；
4. 讲解过程中，提倡讨论、质疑、发挥和联系实际；
5. 每篇学完，前后贯通自己复习一遍；
6. 半年内完成。

军训说明

缘　起

- 儿子,应该像个战士。

- 你看他,即将长大成人,却整天茫茫然!被无限的关怀包围,被没完没了的功课包围,被弥漫四周的浮华奢侈之风包围……

- 儿子现在面对的,很多是梦幻;他将要面对的,也许是战斗。

- 他未来一定会面对更复杂的环境,需要他的大局观,进取心,敏锐的洞察力,坚强的意志,而不是畏惧,退缩,以至于放弃。

- 他未来一定会面对更多挑战和压力,需要他的冷静,果断,从容不迫地拿出办法,独立地解决问题,而不是轻易地求助。

- 他未来一定会面对更严峻的竞争,需要他的魄力,勇气,必要时敢于冒险,而不至于像胆小鬼一样选择逃避。

- 既然无法在战场上经受考验,那就该学习一些有助于直面现实、锻炼心智的方法——于是,便在脑海里搜索……

- 搜索半天,最后沉淀下来的,也就是《孙子》。

想　法

- 大约 6000 字左右的《孙子》,呈现的不是文字,不是学问,而是行动。

- 孙子是个做事之人,不是空想之人,更非空谈之人。这部产生于两千五百年前的兵书,不是一套纯粹理论,而是一份行动计划。

- 这里没有不切实际的高论空议,没有不着边际的白日梦,没有胆怯,没有犹豫,没有怨天尤人,没有做秀,有的只是直指要害的方案和方法。因为孙子面对的,是战争,一切都在生死之间,间不容发。

- 阅读《孙子》的过程,就像一个突破封锁线的过程,一个不断考验你的神经,你的胆略、智慧和想象力的过程。

- 儿子即将长大成人,他眼前横亘的,也将是一道道人生的封锁线——从两千多年前伟大的先哲教导中,能否得到一些教益?

说　法

- 《孙子》是一部兵书,也是一部社会和人生的寓言。面对纷乱的生存环境,孙子教导我们拥有怎样的精神状态,怎样观察,怎样判断,最后,怎样行动——
- 大局观:《孙子》始终站在战略的制高点。他具有统观全局的视野,总能洞察关键,掌握主动;他拥有大智慧和大格局,从不屑于玩弄小伎俩和小聪明。
- 攻击性:《孙子》充满积极的进取精神。在他的战略意图中,没有消极防御的地位,更没有退让、无为和妥协,面对任何复杂战局,他总是采取进攻者的姿态。
- 方法论:《孙子》提供的是一份可操作的计划。他通晓目标、计划和执行之间的关系,具有分析和判断的非凡能力,面对任何困境,总能提出解决之道。
- 行动力:《孙子》是一部关于行动的教科书。他不说废话,只在意如何有效的行动;他精通战术战法,知道在什么情况下采取什么样的行动,以及如何实施。

看　法

- 关于《孙子》这部书,曹操有八个字的评价:"审计重举,明画深图"——周全地规划,有了把握再采取行动,就是"审计重举";清晰的整体思考,加上指向未来的战略眼光,就是"明画深图"。
- 倘若不是身经百战的战略家,不会有如此洞见——千百年来,似乎也只有曹操这句话,最得孙子精髓,也给我们以无尽启示。
- 关于战争这件事,德国军事学家克劳塞维茨在《战争论》中说:"战争这种意志活动不像技术那样,只处理死的对象,也不像艺术那样,处理的是人的精神和感情这一类活的,但却是被动的、任人摆布的对象,它处理的既是活的又是有反应的对象。"
- 倘若不是对处理"既是活的又是有反应的对象"深感棘手,不会有这样的感叹——战争论就是人性论;经由战争,可以更深切地洞察人性。
- 关于孙子这个人,英国战略家利德尔·哈特说:"在以往所有的军事思想家中,只有克劳塞维茨可与之相比,但就连他,也比孙子要'过时',显得有点古老陈旧,尽管他著书立说,比孙子晚了两千多年。孙子有更清晰的眼光,更深刻的见解,和可以垂之永久的魅力。"

● 正因为《孙子》的"审计重举,明画深图",不但超越了军事领域,更蕴含了穿越时代的远见和对人性的洞察,所以才会具有如此永恒的魅力。

结　　果

● 孙子生活于风起云涌的春秋时代。

● 据说春秋时代的贵族子弟,自小都必须经受武士训练。当时的"士",指的是武士;当时的学校,除了学文,更重习武——学校的"校",本义就是比武场所;学校里的学生,手中未必都拿着书,腰间却总是佩着剑。

● 据说从汉代开始,与"文"相关的价值观,诸如文雅、文采、文章,成为主流社会的风尚,与"武"相关者,多与粗鄙、野蛮、缺乏教养相联系,退居末流。宋代以降,生命力一度澎湃的中国文化,更趋文弱退守;尚武的精神,终于沦落江湖,成为传说。

● 在温室里长大的儿子,一旦投身现实,是否也将如此?

● 除非我们的学校,废除一年无聊的作业与考试,让儿子们投身军营,独立生活,接受从精神到身体的磨砺,或许可以改变。

● 一本书不能改变什么,只能打开一扇窗,看到一些不同的风景。

● 至于出门之后,还得看他自己的造化……

例言

- 本书收录《孙子》全文,并加注汉语拼音。古今字、通假字随正文加圈标识。

- 本书采用对话形式解说。对话过程中,将必要的讲解内容穿插其间,包括白话译文、字词注释、历史背景、人物生平、文史和军事常识等。

- 白话译文尽量采用直译,以楷体字排版,以便对照原文。

- 《孙子》的每一篇原不分段,为便于理解,本书根据文意,以深浅双线分栏作为段落标识。每篇之后,附录该篇"通读"部分,以见整篇全貌,便于融会贯通。

- 解说以有助理解《孙子》原文为目的;互动式的东拉西扯,意在启发思路,未必可作结论,但希望成为理解《孙子》的途径之一。

- 解说中所涉的历史背景及战例,以孙子所处的春秋末期为主;相关地域及历史事件,可参见书后所附《〈孙子〉地图》和《吴国大事年表》。

- 历代关于《孙子》的注释解读著作甚多,许多词义及背景亦众说纷纭。本书的解说基于孙子的整体思想及其时代特征,以前后贯通、明白晓畅为原则有吸取前贤的成果,亦有不同于前贤的看法,除个别内容,一般不做考辨。相关的参考书目见附录。

- 传世的《孙子》版本,有《十一家注孙子》、《武经七书》中的《孙子》以及银雀山汉墓出土的简本《孙子兵法》等。各版本差异不小,学界也无公认定本。本书的《孙子》正文,主要采纳吴九龙主编《孙子校释》,并参考李零《〈孙子〉十三篇综合研究》、服部千春《孙子兵法校解》等。

引子

● 什么是"兵"?

☺ 兵,就是战士、军队……

● 兵的本义,是兵器。比如,兵不血刃……

☺ 就是说,兵器上没有沾血?

● 对!这是句成语,也是兵家追求的最高境界。我们先来看一件兵器——

☺ 是一把剑……

● 这是一把青铜剑,1964年在山西原平县峙峪村的一座墓葬中出土。剑长50.7厘米,剑身饰有火焰状的纹样,靠近剑格处,刻着八个错金鸟书铭文:"攻吾王光自作用剑"……

☺ 那是什么意思?

● "攻吾",就是"勾吴",春秋时吴国的国号;"攻吾王光",就是吴王光,春秋末期吴国的国君,亦称吴王阖闾……

☺ 这把剑的主人,难道就是"春秋五霸"之一的吴王阖闾?

● 正是此人。吴王阖闾原是吴国公子,姓姬,名光,人称公子光。你看这剑,虽历经两千五百余年,却依旧青光耀眼,寒气逼人。古人所谓剑出吴越,天下莫及,看来并非虚言……

☺ 吴越之地,就是现在的江浙一带?

● 差不多吧。传说春秋末期,吴国的干将,越国的欧冶子,均以铸剑名闻天下。那欧冶子曾经为越王允常铸成名剑五把,吴王闻讯,便向越王相求。越王畏吴之强,只得以其中的湛泸、胜邪、鱼肠三剑相献……

☺ 后来这几把名剑,落到了公子光手里?

● 是的——不久之后,这位胆大包天的公子光,趁吴国出兵伐楚、国内空虚之际,指使一位著名勇士刺杀了当时的国君吴王僚,自立为王,号称吴王阖闾。那刺杀吴王僚所用的剑,便是欧冶子所铸的鱼肠剑……

☺ 这公子光,真是胆大包天!

● 关于这起刺杀事件,我们后面会详细说。先说吴王阖闾即位不久,即令吴国的干将为他铸造两把稀世名剑。干将受命后,采五山之铁精、六合之金英,筑炉铸剑,谁知炉中金铁之液沸腾,却始终不肯熔化合流……

☺ 是缺了什么元素吧?

● 眼看时限将到,干将之妻莫邪说:"神物之化,须人而成……"她割断长发,剪下指甲,毅然决然投身炉火,顷刻间,金铁熔化,终于铸成天下无双的雌雄二剑,雄剑名"干将",雌剑名"莫邪"。干将自己留了下雄剑,把雌剑献给了吴王……

☺ 那当年的名剑,如今下落如何?

● 苏州城阊门外西北有一座虎丘山,想必你也知道——据传吴王阖闾死后,就葬于此山之下,铜椁三重,坟池六尺,并有宝剑三千陪葬……

☺ 想必那莫邪剑,也在其中。

● 史书中只说陪葬的有鱼肠、扁诸等剑,没提到莫邪剑。相传秦始皇统一天下后东巡到了吴地,为寻找吴王宝剑,曾命人到虎丘掘墓,在山脚下凿出一个一丈多深的深坑,却是一无所获。这个深坑,就是现在的"剑池"……

☺ 照此说来,那吴王阖闾墓与三千宝剑,如今都在剑池之下?

● 很有可能——怎么,你也想探寻一下?

☺ 秦始皇都没寻到,怎么轮得上我。只是我想,如果此事当真,想必那剑池底下一定有不少稀世名剑,不知山西发现的那把,是不是剑池下流失出来的。

● 据说我们今天能见到的吴王光剑,共有三把,分别存放于山西、安徽、上海的博物馆。只是那干将、莫邪以及鱼肠诸剑,不知何时能见天日……

☺ 可是,这和兵法有关系吗?

● 干将把稀世之剑献给吴王阖闾,几乎与此同时,孙子也献给吴王阖闾一把剑,一把历经千年仍然光芒四射、锋利无比的剑……

☺ 你是说,我们眼前这部兵法,是孙子当年进献给吴王阖闾的?

● 孙子名武,又称孙武、孙武子。关于他的身世,至今还是一团迷雾。据史书记载,孙武的祖上是陈国贵族,后因故迁至齐国,家族势力在齐国渐渐坐大,但不知什么缘故,孙武本人却离开故土,南下到了僻远的吴国……

☺ 是为了投奔吴王阖闾?

● 据说孙子到了吴国之后,在吴都郊外穹隆山的茅棚屋,避隐深居十多年,世人皆莫知其能……

☺ 是在修习兵法,还是在等待时机?

☻ 这我可不知道了——直到吴王阖闾即位后的第三年,孙子才经人介绍,面见吴王,并呈上了他的兵法。据司马迁的《史记》记载,吴王阖闾见了孙子后,对他说:你的十三篇兵法,我从头到尾读过了……

☺ 这吴王阖闾,一手握着天下第一名剑,一手捧着天下第一兵法,想要不称霸也难。

☻ 吴王阖闾的个性,就如他手中的剑,刚猛剽悍,充满了咄咄逼人的野性;而孙子传授给他的,却是另一套全然不同的剑法。

☺ 另一套剑法?

☻ 对。也许在孙子看来,吴王阖闾虽有剑,但无法。

☺ 你是说,吴王的剑法,就如吴王的个性——而孙子的兵法,却是针对吴王的剑法而来?

☻ 正是。孙子的十三篇兵法,有如一套精妙绝伦的完美剑法,从起势到收势,出神入化,非常实战,也非常具有针对性。

☺ 看来,关键不在于剑,而在于有没有"法"……

☻ 剑法如兵法。一套完整的兵法,蕴藏着人性,也如整个的人生,可以细细体会。

☺ 既是这样,就请孙子出招吧……

计篇

- 你有没有野心？

- 这个嘛——不瞒您说，多少有一点。

- 呵呵，回答得战战兢兢，全无自信。我再问你，有没有打过架？

- 小学里打过，这你知道，那是小孩子瞎胡闹，现在长大了……

- 不知你们那时打架，出于什么原因？

- 这个却没仔细想过——不过，这与兵法有关系吗？

- 孙子也没想过这问题。倒是孙子之后的战国名将吴起，不但想过这问题，还按起因将打架分为五种，你可对照一下……

- 打架和战争，还是有区别吧。

- 吴起认为，战争的起因有五种：其一，除暴平乱；其二，恃强凌弱；其三，愤怒冲动；其四，争权夺利；其五，国内饥荒……

- 不好意思，我们小时候打架，大多属于第三种，个别的属于第二种。

- 依你的了解，吴王阖闾发动的战争属于哪一种？

- 照他的性格分析，不会发动什么正义战争，多半是恃强凌弱的侵略战争，或出于一时冲动——和我们小孩子差不多嘛！

- 向小孩子传授兵法，首先应该怎么讲？

- 怎么讲，听孙子的吧……

Sūn zǐ yuē bīng zhě guó zhī dà shì yě   sǐ sheng zhī dì   cún wáng zhī dào
孙子曰：兵者，国之大事也。死生之地，存亡之道，

bù kě bù chá yě
不可不察也。

- 孙子开谈兵法，开宗明义是警告："战争，乃是国家的大事。人民生死的所在，社稷存亡的关键，不可不慎重考察。"

- 兵的本义是兵器，这里引申为战争……

- 不过，当孙子对吴王阖闾说出"兵者……"二字时，指的并非笼统的、抽象的战争，而是侵略战争！

☺ 难道孙子这部兵书，是为侵略战争而写？

☻ 别一听到"侵略"就紧张。也许人生就是一场战争，也许侵略就是人的本性……

☺ 可侵略战争，毕竟是非正义战争。

☻ 孙子的时代，是一个优胜劣败、弱者先亡的时代。诸侯间的战争，就是相互间争霸和兼并，无所谓正义非正义。当时的周天子，已失去天下共主的地位，齐、秦、晋、楚等强国先后称霸，不断扩大自己的领土和势力范围；面对这样形势，如果你安于现状，不具有侵略性，除了甘心成为大国附庸，就是坐以待毙……

☺ 吴国的形势如何？

☻ 我们看地图——东方的齐国，自两百年前齐桓公去世，国内陷入动乱，早已不复昔日霸主气象；北方的晋国，正图谋复兴晋文公的事业，继续称霸中原；南方的楚国，仗着地广兵多，毫不相让。中原地带，虽说形成了晋楚两强争霸的局面，但经过几十年战争消耗，两国国力已大不如从前。至于我们吴国，地处东南，虽属后起的蛮夷小国，但从吴王寿梦开始……

☺ 吴王寿梦，是哪一代吴王？

☻ 就是吴王阖闾的祖父——大概七十年前，寿梦王与北方的晋国结盟，远交近攻，将开疆拓土的锋芒直指楚国，七十年来，此一战略获得极大成功，吴楚间历经大小二十余战，吴国胜多败少，即是明证；今天，吴国已成为东南方一股迅速崛起的势力。

☺ 别忘了，吴国南面，还有越国……

☻ 越国的潜力不可小视，与我吴国也有些过节和冤仇，但目前尚不成气候，待我诛灭楚国，完成平定中原的大业，再来收拾它不迟。

☺ 看来，孙子面前的吴王，野心不小。看他对于剑的狂热，可以想象，这是个易冲动、好冒险的家伙。

☻ 这一点，很像他的父王吴王诸樊……

☺ 吴王阖闾的父亲，就是吴王寿梦的儿子了。

☻ 三十多年前，吴王诸樊率军伐楚，包围了楚国的巢邑。你知道楚军守将是怎么算计他的吗？那位守将说："吴王好斗而轻率，如果将城门稍稍开启，他一定亲自冲向城门，只要进入射程，我一箭就可要他的命……"

☺ 结果怎样？

☻ 结果不出这位守将所料，吴王诸樊身先士卒，率军攻打城门，楚军守将躲在短墙后，瞄准，射击……就这样,诸樊死在了楚军箭下。

☺ 嗯,这是个头脑容易发热,好逞匹夫之勇的国君。眼前的吴王阖闾,身上流淌着父王的血液,看来也充满野性……

● 不仅吴王——当时的吴国,地处江苏太湖一带,尚是一片半开化的蛮夷之地,这里民风强悍,人们好勇轻死,有所不忍,便挺剑相斗,动不动刎颈自杀,极为惨烈悲壮……

☺ 人情风俗与中原截然不同,确实像小孩子。

● 你看孙子书中闪烁而出的"死生"、"存亡"诸字,仿佛在告诫:战争有如一把双刃剑,它可以帮助你实现野心,也可以毁灭你。

☺ 看来,在把握敌人命脉之前,孙子首先把握了吴王的命脉:想要实现野心,需要适当收敛野性。

● 对,问题不在于是否需要出剑,而在于身为国君,当你拔剑出鞘时,是否具备了必胜的把握? 是否掌握了对手的命门? 是否能做到一剑致命?

☺ 孙子的第一招,果然是寒光内敛,不动声色……

---

gù jīng zhī yǐ wǔ　jiào zhī yǐ jì　ér suǒ qí qíng　yī yuē dào　èr yuē

故经之以五,校之以计,而索其情:一曰道,二曰

tiān sān yuē dì　sì yuē jiàng　wǔ yuē fǎ

天,三曰地,四曰将,五曰法。

● 刚才孙子出了第一招,你可领悟到那一招的关键?

☺ 那一招的关键,是不是那个"国"字? 他在警告吴王:战争不是斗气,斗气仅是个人之事,战争则关乎整个国家的命运……

● 你说的不错,但那属于认知层面。就行动而言,孙子那一招的关键,不在"国",而在"察"!

☺ 那个"察"字,无非表示战争事关重大,需要重视而已……

● 你说的"重视"只是态度,作为将军,除了表明态度,还得有后续的方法。

☺ 后续方法? 孙子没说啊……

● 孙子的方法,就是那"察"字:它看上去非常冷静,既是第一招的收势,更是后面一系列招法的起势,真好比一道神脉,绵绵不绝,贯穿了孙子十三篇整部兵法……

☺ 这,有点夸张吧?

☻ 以战略的眼光洞察长远目标,准确的应变,料敌制胜,剑无虚发,从战略、战役到个人间的战斗,都离不开"察"。

☺ 看来孙子是洞察了吴人的性格,才提出这"察"字:吴王诸樊死于非命,是因为不"察",吴王阖闾要实现野心,就必须"察"……

☻ 所以这"察"字,可不像你轻飘飘一句"重视重视"就完了,它是要你针对即将进行的战争,拿出一份实实在在的考察报告,阐明自己的计划,提交给国君参考……

☺ 那,那我该怎么着手?

☻ 想象一下,当你准备推出一件新产品,或者,你要击败对手赢得大选,会怎么做?

☺ 这我们学过:先进行市场调研,分析自己在市场上的优势和弱势,分析竞争对手的现状,然后对目标进行评估,制定相应的策略……

☻ 开拓地盘,击败对手,也就是发动战争——当然,如果你的目标只是自保,那便是另一套做法了。

☺ 吴王的目标,显然不会满足于自保……

☻ 你呢?

☺ 我? 潜意识里,我们都具有侵略性吧。

☻ 那接下去……

☺ 接下去,我们着手计划吧。

☻ 孙子说:"所以,必须就五个方面进行评估,再通过计算,对敌我双方的实力进行比较,以探求真实情况……"经:考量、评估。校:通"较",比较。情:实情。

☺ 这就是"察"的具体方法了。

☻ 对,着手计划的第一步,就是评估自己的实力,然后再与对手进行比较。

☺ 需要评估的五个方面是……

☻ 孙子说:"一是道,二是天,三是地,四是将,五是法。"

☺ 这五个评估项目,很玄啊……

☻ 孙子这是在传授方法呢——发动一场战争,或启动一项工程,甚至规划自己的未来,只有经过这样的思考流程,才能达成预定目标。

☺ 想必吴王发动战争,头脑一热,血气上涌,就拍板决定了,哪有这么复杂!

☻ 这样的战争,只是毫无章法的乱战、浪战,战争的过程和结局,完全不受自己掌控,即使胜了,也是侥幸……

☺ 那我们就跟着孙子,一项一项评估吧。

dào zhě　　lìng mín yǔ shàng tóng yì　yě　　gù　kě　yǔ zhī　sǐ　　kě　yǔ zhī

道者，令民与上同意也，故可与之死，可与之

shēng　　ér bù guǐ yě

生，而不诡也。

☺ 第一项评估要素：道。

● 孙子说："所谓'道'，就是使民众与国君同心一意，可以与国君同生，可以与国君共死，而没有二心。"意：意愿、意志。诡：违背。

☺ 就是说，你要发动对外战争，首先得争取国内民意的支持。

● 民意支持，是发动战争的政治基础，也是最终赢得战争的条件。如果你国内搞不定，这战争即使发动起来，也难以维持下去。

☺ 嗯，到时候国内的反战运动一起，怕就骑虎难下了——只是，他所谓的"道"，指的不是道义、正义？

● 作为一个职业军事家，孙子只关注决定战争胜负的因素，并不在意战争的性质。在他看来，只要赢得民众支持，就是有道，就可发动战争。

☺ 明白，倘若民众的支持率没有达到一定程度，就不可作出战争决定——这样看来，他说的那个"令"字，就很重要……

● 哦，为什么？

☺ 我理解这个"令"字，包括战前的煽动、宣传、教育、承诺……

● 我想，光凭战前动员，可赢得一时支持，怕还不足以激发全民的战斗热忱，以至和你同生共死。

☺ 就如我们常说的团队精神，需要平时不断激励，始终保持凝聚力？

● 对。孙子所说的"道"，就是一种全民凝聚力。在他看来，只有唤起并始终保持这种凝聚力，才能于战时激发全民的敌忾心，共赴危难。在胜利的形势下可以勇敢争先，在失败的环境中亦能挺立不动……

☺ 不然的话，人们可以与之生，却未必愿意与之死。

● 我想，这也许是在提醒吴王，战争不是一个表现个人英雄主义的舞台……

☺ 嗯，战争需要个性，但也不能太有个性，是不是？

● 差不多，我们先看下去吧。

tiān zhě   yīn yáng hán shǔ shí zhì yě
天者, 阴阳、寒暑、时制也。

☺ 第二项评估要素:天。

● 孙子说:"所谓'天',就是自然的阴阳、气候的冷暖、季节的更替。"

☺ 他这里讲的"阴阳",不是"阴阳五行"的"阴阳"?

● 古代兵家中有"兵阴阳家"一派,这我们后面会说。孙子这里讲的"阴阳",只是指天气的阴阳变化,包括昼夜、晴雨等等。

☺ 难道天气不好,就不能发动战争?

● 你以为只要民心沸腾,就可以大手一挥,号召出征了?古人有"冬夏不兴师"的说法:隆冬季节兴师远征,不仅战士们要饱受风霜之苦,粮草供应亦会发生问题;至于盛夏,更是疾病流行的季节……

☺ 嗯,有时候一场大雪,也会使战争形势逆转。

● 战争有战争的规律,作为将帅,不能把自己等同于一般民众。冷兵器时代,天时对战争的制约很大,尽管也有利用天时以克敌制胜的战例……

dì zhě gāo xià yuǎn jìn xiǎn yì guǎng xiá sǐ shēng yě
地者, 高下、远近、险易、广狭、死生也。

☺ 第三项评估要素:地。

● 孙子说:"所谓'地',就是高低、远近、险易、广狭、死生等。"

☺ 刚才说天时,现在说地利。别的都可理解,就是这"死生"……

● 死生,即"死地"与"生地",那是孙子的军事术语——主要指有利和不利的地形及战场环境,这在后面的《行军篇》、《九地篇》会详细讨论。

☺ 我想,在战场地形方面,还得考虑南方和北方不同的水土特点……

● 哦,说说你的理由。

☺ 因为北方多平原山地,南方多沼泽湖泊,你进攻南方国家和进攻北方国家,考虑的重点必然也会有所不同。

● 呵呵,有道理,会举一反三了。

☺ 反正当时的战争以陆战为主,作战双方对地形条件的依赖度,应该超过天时。

---

jiàng zhě   zhì   xìn   rén   yǒng   yán   yě

将者,智、信、仁、勇、严也。

☺ 第四项评估要素:将。

● 孙子说:"所谓'将',就是智慧、诚信、仁慈、勇敢、严正。"

☺ 古人称赞将军,常说其"文能附众,武能威敌,真大将之才也……"

● 对,这所谓的"大将之才",在孙子看来,共有五项指标,你不妨依次对照一下自己。

☺ 第一是"智"——人家都说我脑子灵,有点小聪明,这算不算?

● 所谓智,既包括随机应变的机智,更包括战略上的大局观。指挥庞大的军队作战,需要有清晰的思路和冷静的头脑,面对复杂情况,更得有超凡的分析和判断能力,光凭拍脑袋要小聪明,你可以当个团长或团参谋长……

☺ 看来"智"的方面,还得加强综合性的磨炼。看第二项……

● 第二是"信",也就是赏罚有信,言出必行。

☺ 我一向认为,一个人可以不聪明,但不能言而无信,这一条我自信做得不错。

● 在军中实行赏罚,可没你想象的那么简单——这我们后面再说。先看第三项……

☺ 第三是"仁"。

● 这里的"仁",就是爱兵如子,能与士兵同甘共苦……

☺ 哦,那是一种自上而下的仁慈之心,我现在还不好说,至于将来,如果能当上将军,不客气地说,我能做到。

● 我看你这个"仁",八成是做将军最忌讳的妇人之仁。

☺ 这个却也难说,我们看下去吧。

● 第四是"勇"。

☺ 勇,如果指勇气,有时我头脑发热,匹夫之勇倒是有一些,但往往无济于事;如果指身手不凡、武功高强,那我就没辙了。

● 对将帅来说,武功是次要的。我理解孙子说的"勇",除了冒险、果断、大胆,还应具有一种临危不惧的精神力……

☺ 就像古人说的:"猝然临之而不惊,无故加之而不怒,此天下之大勇也。"

● 是啊,作为一军之主帅,必须深明"大勇"和"匹夫之勇"的区别。真正的勇敢,还要敢于作出重大决定,并承担责任。

☺ 嗯,胆小鬼的一大特征,就是不敢承担责任……

● 第五是"严",就是具有三军主将的威严,不但号令严明,更能震慑部下。

☺ 这恐怕是我的软肋,我这人的一大特点,就是拉不下脸面……综合评估下来,分数不高啊,看来这辈子与将军怕是无缘了。

● 何必那么丧气!孙子所说的五项指标,若能身体力行,我看不仅足以治军,更可以治国平天下了。对我们来说,兵法的修习,无非为了完善人格,应对乱世,并非真要去当什么将军的。

☺ 这我能接受——只是有个问题,既是为将,为何孙子把"智"列在第一,而"勇"却落在第四?

● 这很关键。有一部托名姜太公所著的兵书《六韬》,也曾说到"将有五材",它的次序是"勇、智、仁、信、忠"。

☺ 这部《六韬》,特别看重"勇"……

● 对。"大将之才"是一种很特殊的才能,严格来讲,只有五材兼备,才足以统率千军万马,缺少其中任何一项,或则不能应变制敌,或则难以服众,都有问题。至于孙子特别强调"智",恐怕与他面对的对象有关。

☺ 哦,在孙子看来,所向无敌、视死如归的匹夫之勇,无论吴王还是吴国将士,都已具备,他要传授的,首先是智。

● 另一个重要原因,就是春秋末期的作战形式,正从一天之内解决战斗的中小规模车战,发展到大规模长距离的机动野战……

☺ 前者主要斗勇,后者需要斗智——作战形式不同,对将帅的要求也不同。

● 是啊。放眼朝中,如果尽是有勇无谋的莽夫,或能谋不能断、临大事就没有主张的所谓聪明人,这战争的决定还是不能下。

☺ 理想中的大将之才,应是能谋善断、智勇双全。

---

fǎ zhě qū zhì guān dào zhǔ yòng yě
法者,曲制、官道、主用也。

☺ 第五项评估要素:法。

● 孙子说:"所谓'法',就是军队的组织编制、将吏的职务职责、军需的供应管理。"

☺ 曲制,就是师、旅、团以及作战部、参谋部之类;官道,就是师长、旅长、团长之类;主用,则是后勤部管辖的范围,包括军费、器械、粮草……

☻ 可以这样理解,具体应该更复杂。

☺ 这些要素,相对次要一些?

☻ 哪里。我甚至觉得,一个有效的管理系统,其重要性绝不亚于一个天才将军。对于军队这架庞大的机器来说,如果没有高效率的组织和控制系统,一旦面临战争,轻则运转失灵,重则立马瘫痪。

☺ 看来在我那份计划书中,这部分也很重要。

☻ 是啊,你想想看,如果你的部队编制不完备,上下职责不清晰,培训不善,粮草储备不足,通讯系统落后……

☺ 好啦好啦,我那正规军,都被你说成一群乌合之众了,还打什么仗啊。

---

fán cǐ wǔ zhě　jiàng mò bù wén　zhī zhī zhě shèng　bù zhī zhě bú shèng

凡此五者,将莫不闻,知之者胜,不知者不胜。

☻ 以上五项要素加起来,就是所谓的综合战斗力,被历代的兵法家称为"五事"。

☺ 天时、地利、人和,加上人才、制度……

☻ 孙子总结道:"以上五项,将帅都不能不知道。只有深切地了然于胸,方能赢得战争;不然,就不能赢得战争。"

☺ 他说的"知",不只是过问一下,而是需要深入了解?

☻ 所谓"五事",乃是战略决策的依据,你不经过深入调查,就弄个出扎实的考察报告;你考察报告写得虚无缥缈,上层凭什么作出正确决策?

☺ 可是,战争的发动,主要是政治家的事,将帅只须奉命执行就行了吧?

☻ 即使执行,也得对"五事"了然于胸才行;何况在孙子看来,将帅是要参与决策的。

故校之以计，而索其情。曰：主孰有道？将孰有能？天地孰得？法令孰行？兵众孰强？士卒孰练？赏罚孰明？吾以此知胜负矣。

● 经过对上述"五事"的评估之后，接下去……

☺ 接下去是比较敌我双方的实力。

● 孙子说："所以，通过计算，对敌我双方的实力进行比较，以探求真实情况。包括……"

☺ 慢点慢点，他说的"计"，是计算的意思？

● 这里的"计"，指计算结果。校之以计，就是将敌我双方的综合战斗力计算出来，进行比较。现在我们作战略研究和竞争对手分析，其实也这样。

☺ 看不出，两千多年前的孙子，居然这样先进——我们一项一项计算吧。

● 第一："国君方面，哪一方更能获得民意支持？"孰：疑问代词，谁。

☺ 道，就是上下一心——经过定量调查，我吴王的民众支持率，已达到8.7个百分点，他楚王的支持率，目前仍在5.5到6百分点之间徘徊……

● 呵呵，像真的一样。

☺ 不好意思，很粗糙的评估，战争真打起来，我可不会这样啊。

● 第二："将帅方面，哪一方更有才干？"

☺ 我军猛将如云，精于剑术，有万夫不当之勇者达三十多位，楚王手下的将领，能达到这一程度的仅六位……

● 别忘了，将帅必须五材兼备。

☺ 该死，"将孰有能"的"能"，应包括智、信、仁、勇、严五个方面的综合比较，怎么刚学就忘！我们分析下去吧。

● 第三："天时地利方面，哪一方更有优势？"

☺ 这就是五事中"天"和"地"两项评估要素了。就天时而言，战争必须在一个月内结束，不然进入隆冬季节，我远征的南方士兵就会陷入困境；就地利而言，对方国家湖泊纵横，我军则习于水战，机会均等，问题不大。

● 第四："军队的法律和号令，哪一方更能贯彻执行？"

☺ 我知道,对方的法令虽也完备,但执行力很成问题,这方面我军占有优势。

● 第五:"武器装备、物资保障方面,哪一方实力更强?"兵:指兵器。

☺ 我军科研部门研制出一种新型弓箭,可杀人于数百步之外,最近已用于装备军队;至于军粮物资的保障,看看双方的民众支持率就清楚了。

● 第六:"士卒方面,哪一方更训练有素?"士:甲士。卒:步卒。士卒:泛指士兵。

☺ 既然早有战争准备,针对性的训练一天也没停止;对方呢,经我方间谍来报,正规军兵力有限,投入战斗的多为临时征调的平民……

● 第七:"赏罚方面,哪一方更公正严明?"

☺ 这也有双方军队的调查数据可资比较,总的来说,双方差不多。

● 照你这样纸上谈兵,不用开打,战争就结束了。

☺ 呵呵,我觉得,战争和我们日常作业差不多,只是,工作要做得更细,战略情报的掌握要更准确,关键是不要像我这样报喜不报忧……

● 所以,孙子才说了两遍"以索其情",这"情"字,就是指真实情况。

☺ 这"索"字,便是深入细致的调查。

● 孙子最后说:"根据上述诸要素的比较,我就可以预知战争的胜负了。"

☺ 我发现,孙子的"七计",就是"道、天、地、将、法"五项要素的展开……

● "五事"偏重于治内,"七计"偏重于知外。后世兵法家把孙子这个评估体系合称为"五事七计",认为是他战略思想的核心纲领。

☺ 孙子不仅告诫我们"不可不察"的态度,还教导我们"察"的方法。我看他那套方法,隐含了统计学和数字化的思考模式……

● 按照"五事七计"的评估体系,你就必须在战前,对敌国的国力和资源做彻底考察,并随时拿来和自己作详细比较。

☺ 我们现在开展工作,是否也可以参照执行?

● 不但可以,而且应该——但你也不能太教条了,得根据自己的情况设定考察项目,可能是"三事六计",也可能是"七事十计"。孙子在这里建立的,是一套行动原则,也就是说,在任何行动之前,必须制定完备周密的计划,这一计划包括对内和对外两个方面的精确估计……

☺ 这个估计,也许就决定了今后的作战方针,决定了我方使用手段的范围和所用力量的大小,甚至可能影响到军事行动的最小环节。

● 不过,眼前的"五事七计"还只是孙子兵法的开局——自此以后,从战略到战法,从战术到战斗,从进攻到防御,层层深入,层层展开,每一篇展现一片奇景,真可谓波谲云诡,波澜壮阔……

---

jiāng tīng wú jì yòng zhī bì shèng liú zhī jiāng bù tīng wú jì yòng zhī

将 听 吾 计 , 用 之 必 胜 , 留 之 ; 将 不 听 吾 计 , 用 之

bì bài qù zhī

必 败 , 去 之 。

● 讲完五事七计,孙子话锋一转:"如果认同我的计划,用于战争一定获胜,我便留在这儿;如果不认同我的计划,用于战争一定失败,我就向您告辞。"将:如果之意。

☺ 突然插上这句话,什么意思?

● 就像你去应聘一个高级主管的位置,总不会把你的计划和盘托出吧?何况孙子讲的五事七计,属于国家战略的核心内容,如果在这一点上与最高决策者达不成共识,后面的一切就免谈了。

☺ 嗯,可以想象他讲话时的态度,既显示了充分自信,又非常策略。不知吴王阖闾看到这里,心情如何……

● 不单是地处一隅的吴王,我想,即便当时中原诸国,甚至在后世兵法家中,像孙子这种天才的构想,这种战略性的恢弘开局,也非常罕见。

☺ 他这套战略,总有来历吧。

● 我想这与孙子出身齐国,恐怕有些关系——齐国位于今天山东的东北部,东临渤海,在当时的诸侯列国中,也算一个物产丰富、实力强盛的大国。而说到齐国,就要说到姜太公……

☺ 姜太公钓鱼,愿者上钩——是他吗?

● 正是。姜太公又名姜子牙,老年时辅助周文王、周武王励精图治,兴兵伐纣,统一了天下。周朝建国后,其后代被封在齐国。司马迁在《史记·齐太公世家》中说,姜太公"多兵权与奇计,故后世之言兵及周初之阴权,皆宗太公为本谋……"

☺ 看来姜太公还是兵家的始祖,他有兵书流传后世吗?

● 后世有一些托名姜太公的兵书,大部分失传了。今天能见到的,就剩我们前面提到的《六韬》,包括"文韬"、"武韬"、"龙韬"、"虎韬"、"豹韬"、"犬韬"六卷,虚拟了姜太公与周文王、周武王谈兵论道的言论,虽属伪托之作,但看他们君臣问你来我往、一问一答，多少也可领略旧时的阴谋奇计——只是就兵学境界而言，比孙子是差远了。

☺ 孙子出身于齐国，其兵法的渊源，受到了姜太公影响？

● 一国有一国风尚，一地有一地习俗。就山东一带来说，以中部的泰山为界，北部为齐国，齐国的国都临淄，也就是今天的淄博，曾是一个非常繁荣的都市。由泰山往南，就是鲁国，鲁国的都城就是曲阜，鲁国的始祖，便是周文王的儿子、周武王的弟弟周公……

☺ 就是那个制礼作乐的周公？

● 是的。周公的鲁国和姜太公的齐国，代表了两种风尚：南方的鲁国民风纯朴，礼乐制度发达；北方齐国的民风急功近利，经济和军事比较发达，后世称"齐人好议兵"，就源于这个传统。到春秋时期，齐国出了个管仲……

☺ 我知道，管仲帮助齐桓公九合诸侯，一匡天下，使齐国成为春秋五霸的第一霸。

● 管仲在齐国改革军制和政治，据传他与齐桓公讨论攻伐之道时，曾说："计必先定于内，然后兵出于境……"

☺ 这与孙子的思想一脉相承啊。

● 管仲死后大概一百多年，齐国的孙子来到吴国，向吴王阖闾呈上他的兵法，与此同时，鲁国的孔子则在家乡广收门徒，开始宣讲他的儒家学说。

☺ 呵呵，山东那一带可真是神奇，有时间得去淄博和曲阜拜访拜访。

● 现在那里的状况却不知如何了。反正在当时，齐鲁两国的文化如双峰对峙，兴盛一时：齐国讲究智，鲁国讲究仁；齐国讲究利，鲁国讲究礼；齐国人老练世故，鲁国人忠厚质朴；齐国尚武，鲁国崇文……

☺ 孔子重理想，孙子重行动；孔子目标遥远，孙子目标现实；孔子的理想缺乏计划性和执行力，孙子的行动，目的明确，计划周密……

● 呵呵，差不多。不过我们有点扯远了，还是回到孙子吧。

---

jì lì yǐ tīng，nǎi wéi zhī shì，yǐ zuǒ qí wài。shì zhě，yīn lì ér zhì

计利以听，乃为之势，以佐其外。势者，因利而制

quán yě

权也。

☺ 现在"五事七计"的构想得到认可，各方面的优势也已确立，下一步怎么做？

● 计划可以在战前从容不迫地制定，但临到大军出征，乃至两军对峙，还是会有许多意想

不到的情况发生……

☺ 是否必须告诉前线指挥官,根据实际情况灵活应变?

● 孙子说:"通过计算,一切都处于有利地位,并且被采纳,便需要设法制造'势',用以辅助对外行动……"以:并且之意。听:听从。

☺ 他说的"势",具体指什么?

● 如果说"五事七计"属于内部计划制定,"势"就是对外战略的具体部署。

☺ 就是说,对外的战略部署,必须配合"五事七计"进行,就如军事战略必须符合政治战略,具体战役必须符合整体战略……

● 所以孙子接着说:"所谓'势',就是根据有利的原则,制定应变的谋略。"权:权变。

☺ 这个"权"字,值得玩味。

● 所谓"权",原意是秤锤,引申为"称量",古人云:"权,然后知轻重……"

☺ 就像拿着秤杆称物,那秤锤必须随着物体的轻重,不断地调整。

● 对手强大,有针对强大的部署;对手弱小,有针对弱小的部署;对手戒备森严,有针对其森严的部署;对手防守松懈,有针对其松懈的部署……

☺ 充分权衡利害得失,怎样有利,怎样部署。

● 对。前面讲的"五事七计",有点类似统计学,属于不变的常法;这里讲"因利而制权",告诫我们根据对手情况,灵活部署,以形成有利态势……

☺ 嗯,你会"五事七计",对手也会。战争是一门艺术,需要在"五事七计"的基础上展现创造性,光凭科学统计,打不赢战争。

● 所以孙子讲完常法,马上提出"因利而制权"的变法——以科学统计为基础,然后进入艺术的创造,逻辑非常紧凑严密。

☺ 接下去,我们看他如何变法……

---

bīng zhě　　guǐ dào yě
兵者,诡道也。

● 孙子说:"用兵,是一种违反常理的'道'。"

☺ 这里的"兵"字,不是指战争,而是指用兵?

● 对,从这里开始,我们进入用兵阶段,也就是你说的艺术创造领域。

☺ 可是,通常都说"诡道"是一种诡诈之道。

☻ 那是大家理解错了！诡，有违反、违背之意，与"正"相对。用兵之道，有正道，有诡道：正道是常规之道，诡道是反常之道；正道是直接之道，诡道是间接之道……

☺ 正道诡道合参，方能领悟孙子的用兵之道？

☻ 对啊，道家的祖师老子曾说："反者，道之动"，有一股相反的力量出现，万物才会运行。在用兵上，凡采用违反常理的计划和行动，都可称为诡道。

☺ 看似这样，却是那样；应该这样，我偏那样；逆向思维，不循常理，每一次出招，犹如每一步棋，都出人意料……

☻ 孙子的诡道，须从哲学层面理解，不仅隐含用兵的要诀，更贯通着人性和社会的许多道理——这，哪里是简单的欺诈可以包括的。

☺ 那兵法书上常说"兵不厌诈"……

☻ 诡是反常之"道"，诈是欺诈之"术"，属于两个层次上的概念。孙子的诡道，当然包括战术层次的欺诈，这我们在后面会谈到——不然，孙子何不直接说"兵者，诈道也"？

☺ 还是有点抽象，能否具体点？

☻ 具体点，就是下面的"诡道十二法"……

---

gù néng ér shì zhī bù néng　yòng ér shì zhī bú yòng　jìn ér shì zhī yuǎn
故 能 而 示 之 不 能 ，用 而 示 之 不 用 ，近 而 示 之 远 ，

yuǎn ér shì zhī jìn
远 而 示 之 近 。

☻ 关于诡道的运用，孙子说："……所以，有能力，要显得没有能力；想开战，要显得不想开战；靠近，要显得趋远；趋远，要显得靠近……"

☺ 为了达成目的，所有的行动，都循着相反的路径。

☻ 这儿的关键词是"示"，也就是兵家常说的"示形"，属于制造假象的心理战范畴。

☺ 看他连用四个"示"，算是"诡道十二法"中的前四法？

☻ 是的。大概四年之后，吴王阖闾用这"四示"之法，在豫章之战中大败楚军……

☺ 豫章，那是在哪里？

☻ 豫章的范围争议比较大，这里大约指今天的安徽巢湖一带。我们不管这些了，说眼下的战事吧——那一年夏天，桐国背叛了楚国……

☺ 桐国又在哪里？

● 安徽桐城县北面——吴王阖闾接获桐国叛楚的情报后，即派遣间谍到楚国的领地散布谣言，声称吴国惧怕楚军进攻，希望以讨伐桐国来讨好楚国。楚国君臣信以为真，认为有机可乘，便在这年秋天，派令尹子常率大军伐吴。

☺ 这就是"能而示之不能，用而示之不用"了……

● 吴军的行动方案是：一方面大张旗鼓调集水军前往豫章地区，将战船布满桐国以南江面，摆出进攻桐国的架势；另一方面暗集军队奔赴楚国的另一重镇巢邑，就是今天安徽巢县东北一带。

☺ 这算是"近而示之远，远而示之近"……

● 楚将子常得报，以为吴军真要进攻桐国，便将大军松松垮垮地驻扎在豫章地区，静观其变。不料这年十月，吴军突然向豫章的楚军发起攻击，楚军猝不及防，大败而逃；与此同时，巢邑告急，随即被吴军出其不意地攻占，驻守巢邑的楚国公子亦被俘虏……

☺ 这场战争，是孙子指挥的吗？

● 史书上没说，按时间推算，他应该参与其事吧。

☺ 看这场战役的战法风格，"四示"连环使用，确实有孙子的影子。

● 宋代的兵法家王皙，看到孙子的"四示"之法，觉得不够，便继续发挥道：强示弱，勇示怯，治示乱，实示虚，智示愚，众示寡……

☺ 够了够了，凭我的领悟力，不用他发挥，也能一通百通。我们听孙子继续说吧。

---

lì ér yòu zhī luàn ér qǔ zhī shí ér bèi zhī qiáng ér bì zhī nù ér
利而诱之，乱而取之，实而备之，强而避之，怒而
náo zhī bēi ér jiāo zhī yì ér láo zhī qīn ér lí zhī
挠之，卑而骄之，佚而劳之，亲而离之。

● 前面的"四示"之法，是为了迷惑对手，我方主动造成的"势"；接下去，就该根据对手的状况，进行针对性的部署了。

☺ 目前敌我双方的态势如何？

● 按原定计划，十月初八日太阳下山前，我军必须对敌人的营寨形成合围之势，并将其一举歼灭……

☺ 呵呵，那就按计划执行。

● 正式接敌前，必须考虑几种可能的状况。孙子说："对手贪利，就以小利诱惑；对手混

乱,就趁机攻取……"

☺ 哦,如果对手贪利,可以引蛇出洞,未必一定采用围歼战术;如果对手陷入混乱,现在就可下令出击,也不必等到什么十月初八……

● 孙子说:"对手兵力充实,就严加防备;对手兵力强大,就暂时回避……"

☺ 如果真是这样,原定的围歼计划得做些调整,另谋他策了。

● 孙子说:"对手愤怒,设法使之泄气;对手卑怯,设法使之骄傲;对手安逸,设法使之疲劳;对手团结,设法使之离心离德。"挠:挫败之意。

☺ 对手,对手,对手,每一项部署,都针对对手而来……

● 这就叫"因利而制权"。

☺ 上述八项临战应变之策,可否称作"八权"?

● 可以啊,不过得说明理由。

☺ 我认为实施这"八权"有一个共同前提,就是必须对敌情了如指掌,比如敌将的个性,军力的虚实,乃至士卒的背后议论,都得调查清楚……

● 对,这和实施"四示"之法不同:"四示"的目的,在于隐瞒自己的兵力和动向;"八权"的重点,在于掌握敌情。

☺ 但也必须防备敌人的疑兵之计啊……

● 这孙子早已安排,具体他会在最后一篇透露,现在不便说明。

☺ 万一掌握敌情有误,比如那位将军并非真的贪利……

● 放心吧,一切都安排妥帖,非常严密。我们回到本题——前面的"四示",加上这里的"八权",被后世兵法家合称为"诡道十二法"或"十二诡道"——紧接着"十二诡道",孙子就提出了他关于用兵的千古名言……

---

gōng qí wú bèi　chū qí bú yì　　cǐ bīng jiā zhī shèng　bù kě xiān chuán yě
攻 其 无 备,出 其 不 意。此 兵 家 之 胜,不 可 先 传 也。

● 孙子说:"进攻的目标,总在对手毫无防备之处;出击的方式,总在对手意料之外。"

☺ 这句名言,应该是"十二诡道"的精髓……

● 哦,为什么?

☺ 仔细品味那"十二诡道",感觉处处显示了我方的主动性和控制力,所有的部署和行动,都在诱导对手,令对手陷于"无备"和"不意"之中。

☻ 对于作战部队来说，要达到这个境界，必须具有极强的机动性。

☺ 嗯，计划周密，行踪飘忽，机会一旦出现，便疾如电光石火，剑指对手咽喉。

☻ 最后，孙子总结道："这就是兵家获胜的奥秘，不可能事先传授。"

☺ 他不是在传授了么，怎么又说不能传授？

☻ 孙子的意思是，他的"五事七计"有一定章法可寻，可事先了解，他的"十二诡道"却必须根据对手的情况灵活应变，战前并不能预先知道……

☺ 哦，敌变我变，确实难以传授。

<ruby>夫<rt>fú</rt></ruby> <ruby>未<rt>wèi</rt></ruby> <ruby>战<rt>zhàn</rt></ruby> <ruby>而<rt>ér</rt></ruby> <ruby>庙<rt>miào</rt></ruby> <ruby>算<rt>suàn</rt></ruby> <ruby>胜<rt>shèng</rt></ruby> <ruby>者<rt>zhě</rt></ruby> <ruby>得<rt>dé</rt></ruby> <ruby>算<rt>suàn</rt></ruby> <ruby>多<rt>duō</rt></ruby> <ruby>也<rt>yě</rt></ruby> <ruby>未<rt>wèi</rt></ruby> <ruby>战<rt>zhàn</rt></ruby> <ruby>而<rt>ér</rt></ruby> <ruby>庙<rt>miào</rt></ruby> <ruby>算<rt>suàn</rt></ruby> <ruby>不<rt>bú</rt></ruby> <ruby>胜<rt>shèng</rt></ruby>

夫未战而庙算胜者，得算多也；未战而庙算不胜

<ruby>者<rt>zhě</rt></ruby> <ruby>得<rt>dé</rt></ruby> <ruby>算<rt>suàn</rt></ruby> <ruby>少<rt>shǎo</rt></ruby> <ruby>也<rt>yě</rt></ruby> <ruby>多<rt>duō</rt></ruby> <ruby>算<rt>suàn</rt></ruby> <ruby>胜<rt>shèng</rt></ruby> <ruby>少<rt>shǎo</rt></ruby> <ruby>算<rt>suàn</rt></ruby> <ruby>不<rt>bú</rt></ruby> <ruby>胜<rt>shèng</rt></ruby> <ruby>而<rt>ér</rt></ruby> <ruby>况<rt>kuàng</rt></ruby> <ruby>于<rt>yú</rt></ruby> <ruby>无<rt>wú</rt></ruby> <ruby>算<rt>suàn</rt></ruby> <ruby>乎<rt>hū</rt></ruby>

者，得算少也。多算胜，少算不胜，而况于无算乎！

☻ 这样，从治内、知外到应变的战略规划就接近完成了……

☺ 以"察"字为灵魂，由"兵者，国之大事"开始，到"五事七计"、"十二诡道"，分别对应于治内、知外和应变……真是一篇令人惊叹的伟大开局！

☻ 这对你个人的生涯规划，或者，对你们团队制定未来的计划，是否有些启发？

☺ 个人与团队的规划——虽说规模没那么宏大，但原理还是一样。

☻ 差别在于你们的规划在小范围内制定，吴王阖闾的战略计划，则在庙堂进行……

☺ 庙堂，就是朝廷吧？

☻ 庙，原指太庙，为古代举行祭祀大典、兴师命将等重大活动的场所，朝廷在庙堂中进行的战争筹划和决策，被称为"庙算"，或"庙策"、"庙谋"……

☺ 孙子的《计篇》，讲的就是"庙算"？

☻ 是的。孙子说："战争发动前，能在庙算阶段战胜对手的，是因为取胜的筹码多；战争发动前，不能在庙算阶段战胜对手，是因为取胜的筹码少……"庙算之"算"：指决策。得算多少之"算"：指计数用的筹码。

☺ 筹码筹码，怎么像赌博一样？

☻ 即使近代的军事理论家，也曾感叹：战争无论就其客观性质来看还是就其主观性质来看，都近似赌博。

☺ 既然是赌博，筹码的多少，和赌博结果就很有关系……

● 所以孙子说："取胜筹码多的胜，取胜筹码少的不胜，何况根本就没有取胜的筹码呢！"

☺ 看来，孙子没有因为战争的赌博性质而显得消极。

● 对，孙子相信筹码，相信只要掌握足够多的筹码，就掌握了战争。他所谓的"算"，本来就有两个意思，一个作为动词——

☺ 就是计算的意思。

● 另一个作为名词，是一种长六寸，直径一分，用竹棍制作的计算工具，也叫"算筹"，相当于古人的计算器。

☺ 所谓"运筹帷幄之中，决胜千里之外"，就是这意思吧？

● 正是，比如刚才孙子讲的，国君支持率的比较，天时地利诸要素的比较，将军能力指数的比较，军队战斗力的比较……

☺ 拥有坦克数量的比较，拥有航母数量的比较……

● 呵呵是啊，如果各方面都具备压倒性的优势，结果如何，便可想而知了。

---

wú yǐ cǐ guān zhī　shèng fù xiàn yǐ
吾以此观之，胜负见矣。

● 通过一系列计算、比较和评估，孙子下结论了："我们从这些方面考察，胜负就很明显了。"见：同"现"。

☺ 可单单的统计比较，就能决定胜负？

● 决定战争胜负的因素，当然不止这些。目前我们考察的，也就是孙子这一篇的主题，还只是"计"——回到本篇的篇名，什么是"计"？

☺ 孙子的"计"，应该是计算和计划，也就是对敌我双方综合实力的估算和对比，属于战略层面的规划和决策。

● 所谓计谋，就是先计而后谋，先计划全局，再决策具体。

☺ 原来我一直以为他讲的计，无非是诡计妙计，或三十六计呢——看来后世兵家大多满足于"眉头一皱，计上心来"的灵感，也是没能领会孙子的精髓，在于全局的计划对于行动的重要性。

● 问你一个问题，曹操认识吗？

☺ 三国的曹操，挟天子以令诸侯，谁都认识。

● 曹操博览群书，几乎读遍了当时能见到的所有兵书，不仅深深服膺于《孙子》，还对它进行了全面整理和注解,我们今天看到的《孙子》,就是经他整理流传下来的……

☺ 那真得好好感谢他——不过,他注解《孙子》,见解如何?

☻ 他的见解,许多非常精到,但对于孙子的"计",他的解释是:"计者,选将、量敌、度地、料卒,远近、险易,计于庙堂也。"

☺ 错是没错,但感觉缺乏战略高度——我倒觉得,《计篇》给人印象最深的,在于其宏大的构思和严密的体系。

☻ 可在当时,曹操也算得上最具战略眼光的政治家和军事家了……

☺ 那又怎样,至少他对于"计"的理解,也仅此而已。

《计篇》通读

孙子曰：

兵者，国之大事也。死生之地，存亡之道，不可不察也。

故经之以五，校之以计，而索其情：一曰道，二曰天，三曰地，四曰将，五曰法。道者，令民与上同意也，故可与之死，可与之生，而不诡也。天者，阴阳、寒暑、时制也。地者，高下、远近、险易、广狭、死生也。将者，智、信、仁、勇、严也。法者，曲制、官道、主用也。凡此五者，将莫不闻，知之者胜，不知者不胜。

故校之以计，而索其情。曰：主孰有道？将孰有能？天地孰得？法令孰行？兵众孰强？士卒孰练？赏罚孰明？吾以此知胜负矣。

将听吾计，用之必胜，留之；将不听吾计，用之必败，去之。

计利以听，乃为之势，以佐其外。势者，因利而制权也。

兵者，诡道也。故能而示之不能，用而示之不用，近而示之远，远而示之近。利而诱之，乱而取之，实而备之，强而避之，怒而挠之，卑而骄之，佚而劳之，亲而离之。攻其无备，出其不意。此兵家之胜，不可先传也。

夫未战而庙算胜者，得算多也；未战而庙算不胜者，得算少也。多算胜，少算不胜，而况于无算乎！吾以此观之，胜负见矣。

作战篇

● 吴王阖闾与孙子的"庙算"已定……

☺ 看来这场战争必须打,而且八成打得赢。

● 下一步该干什么?

☺ 标题上写着呢——作战,就是开战,就是投入战斗。

● 还没到战斗的时候——这里的"作",是发动、兴起之意;"作战"就是战争的启动。国家战略制定后,必须制定军事战略,而孙子的军事战略,主要集中于战略进攻……

☺ 他不讲防御?

● 孙子不屑于防御。在他的兵法十三篇中,从不谈战略防御,如果要谈的话,也只是战役和战术上的攻防战法。

☺ 对孙子这一风格,同样崇尚进攻的吴王阖闾应该非常认同——好,讲下去。

● 制定进攻战略的第一步,是算账……

☺ 战士们都摩拳擦掌了,你还有心思算账?

● 记住,你是将军,不是战士,也不是那位只崇尚进攻不讲究算账的吴王。

☺ 你所谓的算账是……

孙子曰:凡用兵之法,驰车千驷,革车千乘,带甲十万,千里馈粮,则内外之费,宾客之用,胶漆之材,车甲之奉,日费千金,然后十万之师举矣。

● 孙子说:"出兵作战的一般法则,需动用轻车千辆,重车千辆,士卒十万,并运粮于千里之外……"带甲:泛指士兵。馈:运送。

☺ 驰车和革车,都是当时的战车?

● 春秋时代的战争,以车战为主。每车载甲士三名,并配备一定数量的步卒。战车通常分为轻型战车和重型战车：轻型战车主攻，因其快速轻便，又称驰车、轻车；重型战车主守，因表面蒙有兽皮，又称革车。

☺ 千里馈粮，意味着将部队开到境外作战？

● 是的，孙子讲的战争，大多是针对邻国的掠夺和兼并战争，也就是侵略战争。

☺ 发动一场侵略战争，才出兵十万，似乎规模不大……

● 规模不小了。春秋时代大国用兵，出动兵车一般不过数百辆，很少兴师十万，据说只有到了战国时代，才有超过十万之众的大规模战争——有人还据此怀疑这部兵书是否真为孙子所撰呢。

☺ 这不重要——孙子的重点，在于大量的军车、大量的军队、大量的粮草以及千里之长的运输线，他又在计算了……

● 发动战争，就得花钱，所以孙子得计算战争的经济代价。

☺ 嗯，不仅需要筹集大量军需物资，还得设法护送这些物资与军队一同长途跋涉，战线越长，一路上的损耗也就越大——如此惊人的开销，庙算阶段为何没有提及？

● 庙算阶段，重点在于国家战略的决策；作战阶段，重点在于军事战略的制定，包括战争的规模、战争所采用的方式……

☺ 哦，属于战争启动阶段的工作。

● 孙子思考问题的层次非常清楚，哪像你啊，一听说作战，就兴冲冲提剑上阵，完全没有章法。

☺ 看来又得做一份计划……

● 孙子继续算账："……这样的话，国内与国外的费用，包括招待宾客使节的开支、胶漆等军用器材、车辆盔甲的补充，每天需花费千金之巨，然后十万大军才能出动。"宾客：指各国使节及游士。胶漆之材：指制作与维修弓箭等兵器的材料。奉：保养、补给。

☺ 国外的开销，主要是外交；国内的开销，主要在军事后勤方面——这是一笔间接费用，看来也非常庞大……

● 怎么样，战争没想象的那么刺激和浪漫吧？

☺ 可是，你问题摆得太多，会不会影响国君的决心啊？

● 问题还不止这些呢……

qí yòng zhàn yě   shēng jiǔ zé dùn bīng cuò ruì   gōng chéng zé   lì   jué   jiǔ pù
其 用 战 也, 胜 久 则 钝 兵 挫 锐, 攻 城 则 力 屈 , 久 暴

shī zé guó yòng bù zú   fú dùn bīng cuò ruì   jué lì dān huò   zé zhū hóu chéng qí bì
师 则 国 用 不 足。 夫 钝 兵 挫 锐, 屈 力 殚 货, 则 诸 侯 乘 其 弊

ér qǐ   suī yǒu zhì zhě   bù néng shàn qí hòu yǐ
而 起, 虽 有 智 者, 不 能 善 其 后 矣。

● 孙子说:"像这样投入战斗,时间一长就会损耗军队、挫伤锐气;攻城之时,兵力便已用
尽……"胜:任;胜久:意为持久。

☺ 还没开战,说这些是否有些丧气?

● 孙子继续说:"军队长期在国外作战,国内的财政便会日益困难。"暴:即"曝";暴师,指军队
长期在外,蒙受风霜雨露。

☺ 国力耗尽,士气受挫,财政困难——我说将军,我请你来,是想听你有什么克敌制胜的高见,
不是听你诉说困难的。

● 更严重的状况还在后面,孙子按照自己的思路继续说:"这样损耗军队,挫伤锐气,兵力耗
尽,国用枯竭,诸侯各国便会乘此危机制造事端……"屈:不足,穷竭。殚:枯竭。货:财货。
弊:疲困,这里指危机。

☺ 螳螂捕蝉,黄雀在后,这就陷我于两线作战的不利局面了……

● 是啊,你周边的那些小国,平日里夹在大国之间,看似没有确切立场,但只要情势一变,便立
即见风转舵,落井下石。

☺ 这些小人!

● 面对这种局面,孙子也只能感叹:"……即便有足智多谋的人,也难以挽回局面了。"

☺ 看来战争的结果,就是让我内外交困——罢了罢了,我决定收回成命……

● 看你,庙算阶段还意气风发,雄心勃勃,怎么突然收回成命了?

☺ 你老兄摆出这么一堆问题、危机,明摆着不想动手呢。

● 恰恰相反,这只是一个忠告,并非叫你不要发动战争——从刚才那一系列言论中,你就没听
出一点端倪?

☺ 我听到的只是困难、困难、困难……

gù bīng wén zhuō sù   wèi dǔ qiǎo zhī jiǔ yě   fú bīng jiǔ ér guó lì zhě   wèi

故 兵 闻 拙 速，未 睹 巧 之 久 也。夫 兵 久 而 国 利 者，未

zhī yǒu yě

之 有 也。

- 孙子说："所以，发动战争，只听说笨拙的速决，没见过弄巧而持久的……" 巧：工巧。久：拖延。

- 明白了——孙子摆了一大堆困难，目的是反对持久战！

- 对孙子来说，军事战略的制定，或者说，采用持久战还是速决战，首先不是一个单纯的军事问题，而是一个经济问题。

- 战争，首先得花钱；时间，就是金钱……

- 对侵略者来说，为避免先前提到的一系列可怕后果，最佳的选择，就是在军事上采取速决战：让战争如闪电般开始，如旋风般结束！

- 他所谓的宁可"拙速"，也不"巧久"，就是在这个意义上说的？

- 对。这里有两层概念：其一是时间上的迅速和持久，其二是谋略上的巧妙与笨拙，组合起来便有四种战法，四种选择……

- 第一，巧妙的速决战；第二，巧妙的持久战；第三，笨拙的速决战；第四，笨拙的持久战——笨拙，就是仗打得很难看？

- 或者，伤亡多一点……

- 照此说来，理想的境界固然是"巧速"，当这一境界达不到，即使笨拙的速决，也要胜于巧妙的持久。

- 所以，孙子说："战事久拖不决而有利于国家的情况，从来没有过。"

- 战前计划周密，战时干净利落，绝不拖泥带水，就侵略战而言，这是真理。但如果我是被侵略一方，就未必如此了。

- 这就对了！兵者诡道，一切都从相反的角度考虑——这才是学习兵法的正确方法。

- 就是说，站在孙子的对立面思考问题……

- 用兵如对弈，现在，孙子已经下了一手——怎么样，请吧……

- 那我就恭敬不如从命了！面对孙子强大的攻势，我的战略是："故兵闻拙久，未睹巧之速也"——宁愿采用笨拙的持久战，也不追求巧妙的速决战。

● 呵呵，与孙子对着干起来啦。说说你的理由……

☺ 很简单，对孙子来说，最不愿看到战事久拖不决，因为这意味着他开始积蓄的一切能量和优势，都渐渐被消解；相反，作为反侵略一方，由于是被迫接受战争，所以全部的战略就是拖，只要战局僵持不下，便意味着具有了化被动为主动的机会。

● 嗯，侵略者的短板，正好可以成为反侵略的战略。

☺ 当然，我那"拙久"战法，只是就战略层面而言，个别的战役，我仍会要求各部队追求"巧速"的……

● 你小子，居然和孙子斗起法来了，还头头是道。

☺ 不好意思，人在江湖，各为其主，抱歉了……

● 好啦，我们进入正题吧。

---

gù bú jìn zhī yòng bīng zhī hài zhě   zé bù néng jìn zhī yòng bīng zhī lì yě
故不尽知用兵之害者，则不能尽知用兵之利也。

● 战争的主动挑起者，大多容易高估自己，轻视对手……

☺ 这我有体会，头脑发热时，容易放大有利的一面，忽视或回避不利的一面——没办法，人性的弱点。

● 对此，孙子特别提醒道："所以，不彻底了解用兵的危害，就不能彻底了解用兵的利益。"

☺ 呵呵，又是一个反向思维：决定或采取任何一项行动之前，首先考虑的不是行动所带来的利益，而是可能引发的最坏结果……

● 战争是一项趋利避害的游戏，孙子是一位非常理性的战略家，所以他的思考重点，首先放在"害"的一面。

☺ 嗯，他没对吴王拍胸脯说：没问题没问题，以我孙子的才干，加上大王的英明和全体将士的英勇，击败楚国，踏平中原，包在我身上。

● 你以为是你啊。

☺ 我开玩笑。除了这一点，我还发现孙子的一个特点……

● 说说你的发现。

☺ 我想象中，一般所谓的善于用兵，关注点都集中于战场，孙子不一样，他的着眼点，首先放在战场之外，比如第一篇，关注的是政治，这第二篇，关注的似乎是经济。

● 战争,并非只是率领军队上战场。一个优秀的战略家,本就应该具备看透天下大势、制定全局性策略的头脑,不会把眼光仅仅局限于两军交战……

☺ 嗯,决战于战争之前,决胜于战场之外!

<ruby>善<rt>shàn</rt></ruby><ruby>用<rt>yòng</rt></ruby><ruby>兵<rt>bīng</rt></ruby><ruby>者<rt>zhě</rt></ruby>,<ruby>役<rt>yì</rt></ruby><ruby>不<rt>bú</rt></ruby><ruby>再<rt>zài</rt></ruby><ruby>籍<rt>jí</rt></ruby>,<ruby>粮<rt>liáng</rt></ruby><ruby>不<rt>bù</rt></ruby><ruby>三<rt>sān</rt></ruby><ruby>载<rt>zài</rt></ruby>,<ruby>取<rt>qǔ</rt></ruby><ruby>用<rt>yòng</rt></ruby><ruby>于<rt>yú</rt></ruby><ruby>国<rt>guó</rt></ruby>,<ruby>因<rt>yīn</rt></ruby><ruby>粮<rt>liáng</rt></ruby><ruby>于<rt>yú</rt></ruby><ruby>敌<rt>dí</rt></ruby>,<ruby>故<rt>gù</rt></ruby><ruby>军<rt>jūn</rt></ruby><ruby>食<rt>shí</rt></ruby><ruby>可<rt>kě</rt></ruby><ruby>足<rt>zú</rt></ruby><ruby>也<rt>yě</rt></ruby>。

● 尽量多的考虑"用兵之害",目的是什么?

☺ 目的在于制定有针对性的进攻战略,先立足于避害,再考虑趋利……

● 目前我军遇到的最大挑战是什么?

☺ 是经济问题,比如装备保证、粮草补充、运输线的安全和畅通等等——好像都属于一些军事后勤工作……

● 孙子说:"善于用兵的人……"

☺ 善用兵者——就是全军之主帅了,这后勤保障工作,也要负责?

● 制定军事战略时,充分考虑后勤物资的来源、筹措、运输、储存、补给等,是孙子的一个特点。

☺ 兵马未动,粮草先行,不是单纯的后勤问题,而是一个战略问题。

● 冷兵器时代,充足的粮草就意味着充足的战斗力——你可以想象一下,我现在给你十万兵马,首先令你头痛的,是克敌制胜的谋略,还是全军的吃饭问题?

☺ 难怪当时许多将军,一听说对手袭击粮仓或切断运输线,就会大惊失色;也难怪当时许多军队,不是败于战场,而是败于粮草。

● 所以孙子说:"善于用兵的人,兵员不多次征集,粮草不多次运输……"役:兵役。籍:名册。载:运载、输送。再、三:泛言多,不止一次。

☺ 只动员一次兵力,只携带一次粮草,那是准备速决战了——多少有些冒险吧?

● 孙子说:"……武器装备取用于国内,粮草则依靠敌国补充,这样,军队的粮食供应就可得到满足。"因:依靠。

☺ 这便是孙子的解决之道?

● 相对来说,武器装备不属于消耗品,所以尽量取用于国内。粮草不同,当时军队所消耗的各类物资中,以粮草所占比例最大,如果再加上组织力量长途运输所占的份额,这每日的消耗,非常惊人,所以孙子提出"因粮于敌",希望粮草尽量取用于敌国。

☺ 你以为你很聪明,可我还是有疑问……

☻ 呵呵,既然是军事会议,就把你的问题摆出来嘛。

☺ 你要"因粮于敌",就必然要攻打敌国的城邑和乡村,夺取敌军的粮仓,或袭击敌人后方的运输线,在此过程中,部队推进速度受阻,士兵在战斗中阵亡,难道不是消耗?

☻ 那我们就继续算账……

---

guó zhī pín yú shī zhě　yuǎn shī zhě yuǎn shū　yuǎn shū zé bǎi xìng pín　jìn shī
国 之 贫 于 师 者 : 远 师 者 远 输 , 远 输 则 百 姓 贫 , 近 师

zhě guì mài　guì mài zé cái jié　cái jié zé jí yú qiū yì
者 贵 卖 , 贵 卖 则 财 竭 , 财 竭 则 急 于 丘 役 。

☻ 当你率领十万人马越境出征,一路攻城略地,想过国内的状况如何吗?

☺ 全国人民翘首以待,等待我们的胜利捷报。

☻ 那是你想当然了。孙子说:"国家因出兵而贫困的原因在于:远征军需要长途运输,长途输就造成了百姓的贫困。"

☺ 出征国外,这是必然的,请大家理解,克服一段时间吧。

☻ 孙子说:"靠近军队驻扎的地方,物价一定飞涨……"

☺ 那是因为战场附近,有很多奸商聚集?

☻ 哪里啊——你想,如果你是一个小贩,趁着战争之际,牵牛驾车,千里迢迢赶到战场附近设摊,你出售的货物会不涨价?

☺ 冒着生命危险做点小生意,这是什么成本啊,我的货当然不便宜……

☻ 孙子说:"物价飞涨,国家的财力就会枯竭;国家财力枯竭,就会加重百姓赋役的压力。"丘:古代地方行政单位。丘役:指按丘征发的赋役。

☺ 这赋役是怎么回事?

☻ 赋是军赋,役是劳役,具体制度有多种说法,不管它了,反正战事一起,国家就会按照行政单位,规定每家每户出马牛、车乘、甲胄兵器若干,规定每家每户出劳力若干。战事如果长年不息,这赋役征发的力度自然也不断加强。

☺ 看来问题比想象的严重……

屈力中原，内虚于家，百姓之费，十去其七。公家之费，破车罢^疲马，甲胄矢弩，戟楯矛橹，丘牛大车，十去其六。

- 即使你一路高奏凯歌，但战事久拖不决，问题还是存在。
- 时至如今，孙子还在强调"用兵之害"。
- 就百姓而言，孙子说："兵力消耗于中原战场，国内则十室九空，百姓的财物，折损十分之七……"中原：原野之意，指国外的战场。
- 如果是现在，反战的声浪就会随着战争的拖延而渐渐高涨。
- 就政府而言，孙子说："公家的财政，因战车损坏、战马疲惫，以及盔甲、箭弩、戟楯、矛橹等武器装备损耗，辎重车辆的征用，折损十分之六。"罢：同"疲"。甲：铠甲。胄：头盔。楯：同"盾"。橹：大盾。丘牛：大牛。丘牛大车：泛指辎重车辆。
- 可是，我们在规划"五事七计"时，进行过民意调查，战争发动前，已有效地动员了民众，做到"令民与上同意"了……
- 你以为你想玩多久，大家就会陪你玩多久？你以为民众的耐心指数，会永远保持在你期望的高度？

故智将务食于敌：食敌一钟，当吾二十钟；萁秆一石，当吾二十石。

- 后方的账算好了，接下去算前线的账……
- 也就是"因粮于敌"的账。
- 孙子说："所以，聪明的将军求在敌国解决粮草：消耗敌国一钟粮食，相当于从本国运输二十钟；动用敌国一石饲草，相当于从本国运送二十石。"钟：容量单位，每钟六十四斗。萁秆：

泛指饲草。石:重量单位,每石一百二十斤。

☺ 是否因粮于敌,会有二十倍差距?

● 你想,千里运粮,除了保证前线部队的补给,这一路上,押运的部队,随军的役夫,大量的牲口,岂不也要消耗粮草!

☺ 哦,可以想象,那满载粮草的笨重车辆,前后相属,一望无际,蜗牛般地沿着崎岖的运输线爬行,一旦进入敌境,还免不了担惊受怕,万一半道上遭遇敌军偷袭……

● 如能因粮于敌,不仅可以减免我方的负担和损失,同时也在消耗对手的粮草,这样合计下来,岂止二十倍啊!

☺ 而且,如能夺得敌国粮草,又可打击对手士气,提升我军士气……

● 这恐怕就难以用数字计算了。

☺ 嗯,这"因粮于敌"四字,确实大有意味……

● 看来你不仅同意孙子的战略,还有了新的体会?

☺ 我觉得"因粮于敌",有点类似借力使力的战法——就如高手对决,当你把对方手中的剑视为自己的剑,无形之中,就等于多了一把剑。

● 对,此消彼长的道理,可运用干很多方面……

☺ 你是说,不仅仅限于粮草?

● 我们看下去……

---

gù shā dí zhě　　nù yě　　qǔ dí zhī lì zhě　　huò yě　　　gù chē zhàn　dé chē

故杀敌者,怒也;取敌之利者,货也。故车战,得车

shí shèng yǐ shàng　shǎng qí xiān dé zhě　　ér gēng qí jīng qí　　chē zá ér chéng zhī

十乘巳上,赏其先得者,而更其旌旗,车杂而乘之,

zú shàn ér yǎng zhī　　shì wèi shèng dí ér yì qiáng

卒善而养之,是谓胜敌而益强。

● 孙子说:"所以,要士卒英勇杀敌,就必须激起他们士气;要夺取敌人物资,就必须以财货奖赏他们。"怒:激励。货:货财,这里指用货财奖励。

☺ 既有精神激励,又有物质奖励,这是讲方法……

● 古话说"军无财,士不来;军无赏,士不往",当时很多士兵,尤其那些步卒,多是临时征调而来的平民,大家都冲着"财"和"赏"随军征战……

☺ 具体怎么执行呢？

☻ 孙子说："所以，在车战中，凡缴获战车十辆以上，要奖赏最先缴获的士卒，并更换战车旗帜，混合编入我方车队之中，优待俘虏，善加使用……"已：同"以"。杂：配置。

☺ 这是在"因粮于敌"之外，又增加了"因战车于敌"……

☻ 当时的战争，车兵是军队主力，由贵族武士担当，孙子强调夺取敌方战车，并以此作为激励士气的手段，一方面出于擒贼擒王的战术考虑，另一方面恐怕与吴军的车战能力不强有关……

☺ 吴国地处江南水乡，水网密布，丘陵纵横，本不适合车战。

☻ 是啊，在当时的中原诸国，车战已有数百年历史，各种编队、阵法、战法已非常成熟，至于吴国，知道有车战这么回事，大概也只有七十年……

☺ 那还是吴王寿梦在位的时候。

☻ 当时，北方的晋国和南方的楚国为争夺中原霸主地位，正打得不可开交。楚国叛臣申公巫臣向晋景公建议，联合吴国从南方夹击楚国，并亲自带了三十辆兵车出使吴国，受到了吴王寿梦的欢迎。巫臣向吴军传授车战的技术和阵法，鼓动吴人进攻楚国……

☺ 吴楚交恶，是否由此开始？

☻ 是的。也许正因为吴军掌握车战技术不久，如能在战斗中夺取敌方战车，并插上自己的旗帜，这对鼓舞士气、提升自信心的作用多大啊！

☺ 除了"因战车于敌"，还有"因士卒于敌"……

☻ 春秋时代对一般战俘的处理，或则罚作奴隶，或则以"献俘"方式杀死。由于这些士卒并非贵族武士，只要善加安抚，很容易成为我方战斗人员。

☺ 敌人的战车、士卒均能为我所用，则我的战斗力又增强不止一倍了。

☻ 除此之外，想想还有什么可"因"的？

☺ 什么都可以"因"吧——我想，尽量利用敌国的一切资源，应是侵略战的一项原则，比如当地的宣传机器，当地的行政资源，当地有号召力的人物，甚至当地的政府机构，如果可能的话……

☻ 所以孙子说："……这就是所谓战胜了敌人，又使自己更加强大。"

☺ 看来这"胜敌而益强"五字，亦是兵法的至高境界。

☻ 哦，说说你的理由……

☺ 我认为，胜敌并不等于强，胜敌的结果如不能使自己更强，就没必要采取行动。

☻ 是啊，经过一场战争，战胜者不但占不到任何便宜，反而使军队损失惨重，国家元气大伤，也是常有的事……

☺ 所以孙子才这样强调因粮于敌,因战车于敌,因士卒于敌……

● 尽量利用敌国资源,用尽可能少的代价和风险;谋取最大的利益,这就是孙子的行动原则——近代军事家提出的"以战养战"思想,也是基于同样考虑。

☺ 如果真能做到,这一笔账算下来,还是值得。

gù bīng guì shèng　bú guì jiǔ
故兵贵胜,不贵久。

● 孙子重申:"所以,用兵贵在取胜,不在持久。"

☺ 看来对于持久战,孙子有强烈的心理障碍——当时一场战争,究竟会持续多久?

● 春秋时代,车战仍是主要作战方式:战争双方多选择平坦之地为战场,布阵完毕,战鼓响起,双方或以阵形对抗,或混战厮杀,虽一时间旌旗翻滚,杀声震天,只要一方的车兵被击溃,战斗便告结束……

☺ 所谓"一鼓作气",指的就是这类战斗吧——那用不了多久,顶多几个时辰。

● 据史书记载,发生于春秋时的一些著名大战,都在一天之内决出胜负,人们概括当时的战争规模是"车不过千乘,兵不过十万,战不过一天……"

☺ 难道说,持续时间较长的战争,当时还没出现?

● 有啊。早在八十年前,楚庄王为争霸中原,大举进犯宋国,就发生了一场持续时间长达九个月的攻城之战……

☺ 被围的城市现在哪里?

● 宋国的都城,就是现在的河南商丘——这场围城之战除了时间长,战况惨烈,还为后世贡献了至少三条著名成语。

☺ 第一条是……

● 〔鞭长莫及〕战争从这一年的九月爆发,直到第二年春天,双方还是相持不下。宋国派使者向北方的晋国告急。晋景公正准备派兵援助,大夫伯宗却劝止道:"不可,古人有言曰:'虽鞭之长,不及马腹。'既然老天爷要把宋国授予楚国,我们又何必与其争锋……"就是说,马鞭虽长,也不能打马肚子,即便有力量,也不能用在不该用的地方。

☺ 后来比喻虽然愿意去做,但力量达不到——下一句成语呢?

● 〔易子析骸〕夏季来临,宋国没有盼到晋国援兵,却仍然固守城池,楚军面对如此顽强的抵抗,无计可施,楚庄王甚至一度萌生退意。一天深夜,宋国的执政大夫华元悄悄潜入楚军主将子反的营帐,对他说:"我们国君派我把宋国的艰难状况告诉您:城中已经易子而食,析骸以爨……"

☺ 就是说,粮草吃光,大家交换孩子当饭吃;柴草烧光,大家拆散尸骨当柴烧。战争打到这份上,真是触目惊心——后来呢?

● 华元继续说:"……虽然如此,但想让我国订立屈辱的城下之盟,那我们宁肯与国家共存亡;如果贵军能退兵三十里,我们将惟命是从!"

☺ 接下去,应是第三条成语——

● 〔尔虞我诈〕第二天,楚庄王下令楚军退兵三十里。华元作为人质,前往楚营订立盟约,盟约上写着八个字:"我无尔诈,尔无我虞。"

☺ 这意思是——

● 尔,就是"你";虞,猜测之意。

☺ 意思就是"我不欺骗你,你也不用防着我",真是非常理想化的盟约……

● 是啊,盟约这样写,实际上双方仍然"尔虞我诈",我欺骗你,你防着我——扯得够远了,我们回到正题吧。

☺ 我想此战下来,楚庄王虽占得一点便宜,但这历时九个月的围城之战,应该也把他消耗得够呛,没什么值得夸耀——侵略战久拖不得,看来是千古不易的真理。

● 夜长梦多,所以孙子才这么强调"兵贵胜,不贵久"……

☺ 看到或听到那"易子而食,析骸以爨"的惨象,任何负责任的将军或国君,都该好好反省才是。

● 孙子确实陷入了反省:如何在双方不受损失的情况下,战胜对手?

☺ 这又有点钻牛角尖了,战争嘛,尽量避免我方损失还说得过去,怎能奢望对方也不受损失……

● 不管如何,经过深切反省,孙子得出了他的结论——这我们看下去就知道了。

---

gù zhī bīng zhī jiàng　mín zhī　sī mìng　guó jiā　ān wēi zhī zhǔ yě

故知兵之将,民之司命,国家安危之主也。

● 孙子最后说:"所以,懂得用兵的将帅,是民众生命的掌管者,国家安危的主宰。"司:主管、掌管。

☺ 这部兵法开宗明义的第一句话,仿佛又在这里浮现……

☻ 是啊,"兵者,国之大事也;死生之地,存亡之道……"战争拖延一天,你背后的人民就多付出一天牺牲,国家就多一分危险。

☺ 不以单纯的杀敌立功为能事,可见他是一位负责任的将军。

☻ 我怀疑,这不过是对吴王阖闾的又一次警告——宋代的兵法家何氏读到这里,也颇为感叹:"孙子首尾言兵久之理,盖知兵不可玩,武不可黩之深也……"

☺ 嗯,战争不是儿戏,战争需要算账……

☻ 这一篇的中心,基本上就是一份战争预算报告。

☺ 对了,你刚才提到的那位何氏,他是谁?

☻ 何氏,据说名叫何延锡——顺便说明一下:自曹操之后,历代为《孙子》作注解的人层出不断,宋代以前,主要有十一家,人们习称"十一家注孙子",何氏便是其中一家……

☺ 其他各家,都有哪些人物?

☻ 曹操之后,有南朝的孟氏,唐朝的李筌、贾林、杜佑、杜牧、陈皞,宋朝的王皙、梅尧臣、何氏、张预……

☺ 那个杜牧我认识,人称"小杜",是个诗人,居然也谈兵法。

☻ 诗人为何不能谈兵法?

☺ 这倒是,曹操也是诗人——关键是这位小杜的注解水平如何?

☻ 反正他的注解,是十一家中话最多的,相比之下,有实战经验的曹操,却是十一家中话最少的——其余的,你自己去看吧。

☺ 文人就是话多,想必和你我一样,尽是纸上谈兵……

☻ 呵呵,闲话少说,战争马上开始,我们还是关注孙子吧。

《作战篇》通读

孙子曰:

凡用兵之法,驰车千驷,革车千乘,带甲十万,千里馈粮,则内外之费,宾客之用,胶漆之材,车甲之奉,日费千金,然后十万之师举矣。其用战也,胜久则钝兵挫锐,攻城则力屈,久暴(曝)师则国用不足。夫钝兵挫锐,屈力殚货,则诸侯乘其弊而起,虽有智者,不能善其后矣。

故兵闻拙速,未睹巧之久也。夫兵久而国利者,未之有也。故不尽知用兵之害者,则不能尽知用兵之利也。善用兵者,役不再籍,粮不三载,取用于国,因粮于敌,故军食可足也。

国之贫于师者:远师者远输,远输则百姓贫。近师者贵卖,贵卖则财竭,财竭则急于丘役。屈力中原,内虚于家,百姓之费,十去其七。公家之费,破车罢(疲)马,甲胄矢弩,戟楯矛橹,丘牛大车,十去其六。

故智将务食于敌:食敌一钟,当吾二十钟;䓚秆一石,当吾二十石。故杀敌者,怒也;取敌之利者,货也。故车战,得车十乘已上,赏其先得者,而更其旌旗,车杂而乘之,卒善而养之,是谓胜敌而益强。

故兵贵胜,不贵久。

故知兵之将,民之司命,国家安危之主也。

谋攻篇

● 什么是攻?

☺ 攻,就是攻击,就是主动进攻。我们讲过,孙子这部兵法,就是为吴王阖闾制定的侵略计划。

● 发动侵略战争,目的是什么?

☺ 用武力给对手一些教训,或者,掠夺对方的土地、资源……

● 但孙子的进攻,是"谋攻"。

☺ 那应该是运用智慧,运用谋略发动进攻……

● 孙子的战略,是"全"。

☺ 这就意味着,征服,不局限于使用武力?

● 对,所谓全,就是实施整体战,除了动用武力,还包括谋略战、外交战、情报战、心理战等等……

☺ 照此说来,还应包括经济控制,文化渗透……

● 是的。整体战的目标,就是在没有任何损耗的情况下,战胜对手。

☺ 这就是上一回提出的问题了,不但自己没有损耗,连对手也没有损耗,真是闻所未闻的战略……

● 这是孙子对战争进行整体反省后得出的结论。

☺ 以不战而胜为目标,虽令人神往,但是否太理想化了,怎么可能?

孙子曰:凡用兵之法:全国为上,破国次之;全军为上,破军次之;全旅为上,破旅次之;全卒为上,破卒次之;全伍为上,破伍次之。

● 孙子说:"一般用兵的原则是:使一个国家完整地屈服为上策,用武力击败这个国家次之;使一个军完整地屈服为上策,用武力击败这个军次之……"国:国都,亦泛指国家。

☺ 感觉孙子讲这两句话时,站在高高的云端……

☻ 怎么会有这感觉?

☺ 说不清楚,反正这两句话,流露出一种驾驭全局的控制力,一种征服者的气魄——仿佛敌国君臣和上百万敌军,都匍匐在他的脚下……

☻ 思考大战略和部署军队一样,首先得占领制高点——相对于当时甚至后世,孙子思考战争的高度和宽广度,确实难以企及。

☺ 对不起,听了两句就忍不住打岔,他还没说完吧……

☻ 孙子继续说:"使一个旅完整地屈服为上策,用武力击破这个旅次之;使一个卒完整地屈服为上策,用武力击破这个卒次之;使一个伍完整地屈服为上策,用武力击破这个伍次之。"

☺ 这里涉及军队的编制……

☻ 周朝的军制,也有不同说法,一般分为军、师、旅、卒、两、伍等级,其中,12500 人为军、2500 人为师、500 人为旅、100 人为卒、25 人为两、5 人为伍——当然,这只是大概情况。

☺ 古代和现代的军制,其实也大同小异。

☻ 不仅军队,只要是有组织的人群,不是乌合之众,都差不多吧。

☺ 照他的意思,不仅全军之主帅需要掌握"全胜"的整体思想,连我那些旅长、排长、班长们也要深刻领会……

☻ 是的,不仅战略和战役,甚至小规模的战斗,都必须以"全胜"为首要目标。

☺ 仍然觉得这个要求有点高……

☻ 这个高,应该是高超的高——我们看下去。

---

shì gù bǎi zhàn bǎi shèng　fēi shàn zhī shàn zhě yě　bú zhàn ér qū rén zhī
是 故 百 战 百 胜 , 非 善 之 善 者 也 ; 不 战 而 屈 人 之
bīng　shàn zhī shàn zhě yě
兵 , 善 之 善 者 也 。

☻ 孙子说:"因此,百战百胜,算不上高明中的高明;不动用武力就使敌军屈服,才是高明中的高明。"

☺ 他是说,用武力摧毁敌国和敌军,并非战略上的首选?

☻ 是的,战争的最高境界,就是孙子讲的"不战而屈人之兵",也即古兵书所谓的"全胜不斗"。

☺ 我却认为,百战百胜同样能达成目标,并且可以更有力地震慑对手,有一句古诗说得

好："但得将军能百胜,不须天子筑长城!"

☻ 那我问你,发动战争的目的是什么?

☺ 自然是打垮对手,如果是侵略战,还应包括掠夺敌国的领土、资源……

☻ 那么,战争本身不是目的?

☺ 战争只是手段……

☻ 也就是说,只要达到屈人之兵的目的,迫使对手服从我们的意志,既可使用武力,也可采用其他手段,是不是?

☺ 应该是吧。

☻ 那么,在诸多手段之中,哪一项成本最高?

☺ 自然是战争,这在《作战篇》探讨过……

☻ 我们在作战略选择时,是选择成本高的手段,还是成本低的手段?

☺ 这个——自然是成本越低越理想。

☻ 发动战争,不是为了炫耀武力,也不是为你手下的将军们提供一个表现勇敢精神的舞台,战争乃是国之大事,死生之地、存亡之道……

☺ 这我知道。问题在于,这么高的境界是否具有现实性? 如何实施?

☻ 这个他后面会说……

---

gù shàng bīng fá móu   qí cì fá jiāo   qí cì fá bīng   qí xià gōng chéng

故 上 兵 伐 谋 , 其 次 伐 交 , 其 次 伐 兵 , 其 下 攻 城 。

☻ 什么是伐?

☺ 伐,就是砍伐,如伐木;还有就是进攻,如讨伐、征伐……

☻ 伐的本义,是杀人。你看这"伐"字,左边"人",右边"戈",或指杀人,或指掌握生杀之权的人;后来引申出讨伐、征服的含义……

☺ 孙子不是不主张杀伐么?

☻ 这要看用什么手段了——接下去,他提出了四种杀伐之道……

☺ 目标制定了,接下去是手段……

☻ 孙子说:"所以,上等的用兵之道,是以谋略征服对手;其次,是以外交征服对手;再其次,是以武力征服对手;最下等的,才是攻打对手的城邑。"

☺ 有几个问题……

☻ 但讲不妨。

☺ 第一,他所谓的"伐谋",就是运用谋略,使敌国缴械投降?

☻ 是的。就如后世兵家常说的"攻心为上,攻城为下;心战为上,兵战为下",孙子的伐谋,核心就是攻击对手的心理,摧毁其精神力量和战略企图……

☺ 有什么具体手段?

☻ 比如威慑、分化、制裁、封锁,再比如策反敌国高层人员,培植反政府力量,动用宣传机器展开攻心战,和平演变……

☺ 嗯,伐谋的目的,不在杀死对手,而在控制和瓦解对手。所谓兵不血刃,杀人于无形——不过多少有点不厚道。

☻ 你以为"一将功成万骨枯"才是厚道?如果哪一天,全世界的冲突都用伐谋的方式解决,那才是真正的厚道呢。

☺ 第二个问题,伐谋是谋略战,伐交是外交战,是不是?

☻ 是的,外交上所谓的折冲樽俎,也是兵法。

☺ 那请问,伐谋和伐交,有什么区别?与此相关,伐兵和攻城,又有什么区别?

☻ 这是以战略目标为核心,通过成本核算,对进攻手段进行的细分:伐谋和伐交,都以"全胜"为目标,但伐交的成本高于伐谋,所以退居次席;同样道理,伐兵以消灭对手有生力量为目标,攻城则需要动用大量人员和器械,并且要实施占领,成本最高,所以最为下策。

☺ 这么说来,伐交也就是伐谋,差别只在于成本?

☻ 是的。比如说,战国时代产生的纵横家,就专业从事伐交工作……

☺ 据说这些纵横家非常了得,个个能以三寸之舌退百万之师。

☻ 纵横家又称策士,非常雄辩,算是十分特殊的外交政治家。他们流浪天下,以布衣之身游说诸侯,利用各国间的利益和矛盾,分析形势,充分运用威胁、离间、讹诈、利诱等手段,期望不战而屈人之兵……

☺ 以最少的损失,换取最大的利益。

☻ 但对孙子来说,伐交需要动用国际力量,你想,派出外交使节或利用纵横家进行穿梭外交,争取同盟国和国际舆论支持,岂不都得花钱?

☺ 那些所谓的同盟国,都不是省油的灯……

☻ 是啊。相对来说,伐谋求诸己,伐交求诸人,伐谋比较主动,伐交多少有些被动……

☺ 嗯,有道理。孙子这段话,至少给我两点启发。

☻ 说来听听。

☺ 第一点启发是，实力第一，求人不如求己。因为无论伐谋还是伐交，自身拥有强大的实力，最为关键。

● 孙子所谓的"不战而屈人之兵"，本身就是一种强势战略，是实现霸权的一种途径。

☺ 实力雄厚，才有伐谋和伐交的本钱。想那些小国和弱国，自顾尚且不暇，哪里还谈得上不战而屈人之兵。

● 这一点我略有异议……

☺ 你也请讲。

● 小国和弱国运用伐谋或伐交战略，可以暂时自保，可以拖延时间，可以迷惑对手，可以神不知鬼不觉地发展自身实力，赢得有利的国际环境，不知哪一天，一跃成为强国大国，也未可知。

☺ 哦，或远交近攻，制衡对手，或韬光养晦，含羞忍耻……

● 扯远了。说说你的第二点……

☺ 第二点是，凡事都要考虑成本。像吴国那样的新兴强国，如欲称霸天下，就得把好钢用在刀刃上，在无谓的争斗中消耗过多武力，不符合可持续发展的需要。

● 所以，孙子才向吴王阖闾递交了关于伐谋、伐交、伐兵、攻城的四份预算报告，让他比较一下……

☺ 呵呵是吗，说不定那吴王，此刻正热衷于伐兵和攻城呢。

● 下面，孙子就描绘了一幅春秋时代的攻城战图景……

---

gōng chéng zhī fǎ　wéi bù dé yǐ　xiū lǔ fén wēn　jù qì xiè　sān yuè ér hòu
攻 城 之 法，为 不 得 已：修 橹 轒 辒，具 器 械，三 月 而 后

chéng　jù yīn　yòu sān yuè ér hòu yǐ
成 ；距 堙，又 三 月 而 后 已。

● 谈到攻城，孙子首先说："攻城，是不得已采用的办法……"

☺ 谈到攻城，他脑海里一定浮现出八十年前楚庄王对宋国发动的那场围城之战，历时九个多月，太惨烈了……

● 春秋时代战争频繁，各诸侯国出于军事防御需要，其城堡建筑也出现了各种形式，有组合的内城外城，有连体的大城小城。即使像吴楚之间那个不起眼的蔡国，据一份考古报告说，其城墙的总长度就有 10490 米，宽度 15～25 米，最厚处达到 70～95 米；外城墙还被一条宽

70～103 米的护城河保护……

☺ 像这样坚固的城池，我想，只要粮草充足，即使守军再不济，也能将攻城大军抵挡上几个月吧。

● 我们看孙子做的预算："修造攻城的各种战车，准备攻城的器械，三个月才能完成；构筑攻城的土山，又要三个月才能竣工……"橹：大盾。轒辒：攻城用的四轮车。距堙：用以攻城而堆积的土山。

☺ 这里好像出现了几件攻城的武器……

● 先说"轒辒"——那是一种覆盖犀牛皮的四轮车，以粗壮的木材制成，下面可容纳十个人；其任务主要有两项：第一是运土填壕……

☺ 就是运送泥土将城墙前的壕沟填满？

● 是的。第二项任务是，城壕填满后，将攻城器械运至城下，攻击或挖掘城墙。由于这种攻城车覆盖有犀牛皮，可有效抵挡城墙上敌军的弓箭和石块、火器等抛掷物。

☺ 那"距堙"又是什么？

● 距堙，就是在城外构筑高于城墙顶部的土山，以便俯瞰城内的防守状况。据说，也有将高高的土山一直堆到城墙边，形成入城的通道。

☺ 真是工程浩大。孙子在这里还只是举例说明，实际的攻城器械远不止这些吧？

● 那当然，除了轒辒、距堙，还有钩、冲、云梯……

☺ 可惜，当时没有远程精确制导的武器，没有轰炸机和侦察卫星，才这么麻烦。

● 你以为这些现代武器就不需要成本了？ 科研经费、仪器、时间、人力资源等等，你做一份预算试试，投入恐怕更惊人呢。

☺ 这倒也是，战争，在任何时候其实都一样。

● 何况这个时候，对手也没闲着……

---

jiàng bù shēng qí fèn ér yǐ fù zhī shā shì sān fēn zhī yī ér chéng bù bá
将 不 胜 其 忿 而 蚁 附 之，杀 士 三 分 之 一，而 城 不 拔
zhě cǐ gōng zhī zāi yě
者，此 攻 之 灾 也。

☺ 攻城之战打响后，情况怎么样？

● 孙子描述道："将帅抑制不住内心愤怒，驱使士卒蚂蚁般地攀爬城墙，士卒损失了三分之一，

敌城仍未攻破,这就是攻城带来的灾难啊。"蚁附:像蚂蚁一样爬梯攻城。

☺ 蚁附,是一种攻城战术吗?

● 那是一种人海战性质的密集攻城方式。

☺ 看来这位将军也属于冲动型的,等不及轒辒、距堙等攻城器械完成,就大旗一挥,组织攻城了。

● 吴国将士,本来就充满血性,极易冲动。

☺ 城池本是易守难攻之处,你必须了解其结构和弱点,再择机攻击,强攻不成,也可以另想办法呀……

● 你在想办法攻,你的对手在想办法守——大概也是在春秋战国之际,出了一位著名的"守城"专家,名叫墨翟……

☺ 墨翟我知道,就是墨家的宗师墨子,有一个词叫"墨守",是不是与此有关?

● 是的。墨家是春秋战国之际出现的一个学派,一个产生于战乱中的准军事集团,有严密的组织纪律,聚集了一批为信仰敢于赴汤蹈火、视死如归的人物,他们吃苦耐劳,在损人利己的时代,专门从事损己利人、扶危救困的事业,很有一些侠气……

☺ 这个组织倒是很令人神往,听起来比孙子孔子他们高尚许多。

● 那当然,只不过理想的主张都不容于世——比如墨家有一个重要主张,就是"非攻";为了对抗"攻城"之战,他们专攻"守城"技术,并为此奔波于各个弱小国家之间。

☺ 孙子和墨子交过手吗?

● 墨子的身世不见记载,大概比孙子晚五六十年吧。墨子的守城技术,记载于深奥难懂的《墨子》一书中,包括守城的组织原则,对付十二种攻城技术的防御方法、防御器械等等,从字里行间透露的科学而又详尽的程度,可以想见那批墨家子弟的认真精神,非常令人感佩……

☺ 以刚才孙子说的攻城之术,墨子会如何应对?

● 就以"蚁附"为例吧,墨子提供的战法有:在城墙下散布铁蒺藜和碎陶片,并埋设尖铁桩,以阻滞敌人前进;城墙上的士兵除了装备通常的守城兵器,还配备特制的长柄锤和长柄斧;对于攀爬城墙的敌军士兵,墨子建议向他们头上倾倒燃烧物、沸水、砂石……

☺ 难怪孙子会说"此攻城之灾也",也难怪楚庄王围城九个月会萌生退意——罢了罢了,我们撤兵吧。

● 这就是孙子所作的"攻城"预算报告:包括粮草的成本,武器装备的成本,时间的成本,现在,又搭上了三分之一士兵生命的成本……

☺ 说到底，还是一个成本问题：以最少的成本，获得最大的利益，才是善之善者。

☻ 于是，孙子得出了关于战争的一个重要结论——

---

gù shàn yòng bīng zhě   qū rén zhī bīng ér fēi zhàn yě   bá rén zhī chéng ér fēi

故 善 用 兵 者，屈 人 之 兵 而 非 战 也，拔 人 之 城 而 非

gōng yě   huǐ rén zhī guó ér fēi jiǔ yě   bì yǐ quán zhēng yú tiān xià   gù bīng bú

攻 也，毁 人 之 国 而 非 久 也。必 以 全 争 于 天 下，故 兵 不

dùn ér lì kě quán   cǐ móu gōng zhī fǎ yě

顿 而 利 可 全，此 谋 攻 之 法 也。

☻ 孙子说："所以，善于用兵的将帅，使敌军屈服，不一定动用武力；夺取敌人城池，不一定依靠强攻；毁灭敌人的国家，不一定经过久战。"

☺ 也就是说，制定战争计划，不一定局限于军事行动……

☻ 通常的军事行动，无非是进攻和防御，孙子的整体战计划，却在单纯的进攻和防御之外，提出了战略上的控制之道，即通过伐谋、伐交以及伐兵的配合运用，控制局势，瓦解对手，不战而屈人之兵。

☺ 我想，即使在战术上，也可实施整体的控制战法……

☻ 哦，你倒说说。

☺ 我看古人攻城，如果碰上顽固的敌将据城不降，聪明的将军就会向城内射出箭书，威胁利诱，分化瓦解敌军和城内百姓，这一招有时也很灵。

☻ 这就是"拔人之城而非攻也"。

☺ 孙子的这种想法，吴王阖闾一定觉得非常新鲜——想必他原先认为，战争无非就是伐兵。

☻ 对于现代战法，新兴的吴国才刚熟习，而孙子却来自齐国……

☺ 齐国是现代兵学的发源地……

☻ 据说，当年管仲在辅佐齐桓公时，曾说："至善不战，其次一之……"意思就是：至高的境界是不动用武力，其次的境界是一战而定胜局。

☺ 孙子的思想，可能就来自管仲。

☻ 齐国成为春秋五霸的第一霸，非常倚重外交战，对此，孔子曾评价说："桓公九合诸侯，不以兵车，管仲之力也……"

☺ 可不管怎样，你想通过外交战控制天下，也得以强大的实力为后盾……

☻ 对,从管仲辅佐齐桓公的第一天起,其政策就是充实内政,富国强兵,由此构成了最基本的威慑力。

☺ 不战的目的,说到底,还是为了称霸。

☻ 所以孙子说:"务必采用整体谋略来争胜于天下,这样,才能在不损伤军队的前提下,赢得整体利益。这就是谋攻的艺术。"顿:通"钝",受挫之意。

☺ 整体战的谋略,就是伐谋、伐交和伐兵的综合运用,就是"全"……

☻ 是啊,把战争视为整体争胜,而不仅是武力争胜,这样,你的争胜手段就会更丰富、更灵活。

---

gù yòng bīng zhī fǎ　　shí zé wéi zhī　　wǔ zé gōng zhī　　bèi zé zhàn zhī　　dí
故 用 兵 之 法,十 则 围 之,五 则 攻 之,倍 则 战 之,敌
zé néng fēn zhī　　shǎo zé néng shǒu zhī　　bú ruò zé néng bì zhī
则 能 分 之,少 则 能 守 之,不 若 则 能 避 之。

☻ 我们的最高战略目标是"不战而胜",是吗?

☺ 是,已经阐述得很透彻了……

☻ 目前的状况是,我们面对的那个邻国,伐谋不成,伐交也不成,那该如何?

☺ 那就不能和他干耗着了,照我说,一个字:打!

☻ 第一,打还是不打? 第二,如果打的话,怎么打? 想过没有?

☺ 这个,你说呢?

☻ 孙子按照他一贯的风格,开始计算……

☺ 孙子比较善于数字化思考,虽然很先进,但会不会失之死板?

☻ 先不忙下结论,我们看他怎么制定战略和战术……

☺ 那好,我洗耳恭听。

☻ 孙子说:"所以,用兵的法则,有十倍于敌人的兵力,就四面包围敌军……"

☺ 常言道,大军无兵法。这种态势,我去指挥也能获胜。

☻ 不过,你得注意孙子用了一个"围"字,没用"攻"字、"战"字,也是有讲究的。

☺ 哦,既然十倍于敌,围了未必要打,争取不战而胜,才是上策。

☻ 孙子说:"有五倍于敌人的兵力,就正面进攻敌军……"

☺ 五倍于敌,照理说优势已很明显,但孙子还是比较谨慎。

☻ 你觉得他太谨慎了?

☺ 不,我觉得非常正确。

☻ 说说你的理由。

☺ 我方五倍于敌,尽管占有明显优势,但如果全力合围,也许某些部分会显得单薄,容易被敌军集中兵力各个击破,因而影响全局;但用于正面进攻,应该绰绰有余了,说不定还可分出一部分兵力迂回到敌军后方,实施夹击……

☻ 呵呵,还蛮有道理,就这样定了。

☺ 下面,一倍于敌军怎么打?

☻ 孙子说:"有一倍于敌人的兵力,就列阵而战胜敌军……"

☺ 一倍于敌,以二当一,采用正面进攻的方式,从理论上讲不应该吃亏。但我觉得不必把全部兵力投入正面进攻,你觉得呢?

☻ 哦,为什么?

☺ 可以考虑适当分出一部分兵力进攻其翼侧……

☻ 分兵的战法,孙子马上要讲到了。

☺ 哦,一定是在双方兵力对等的状况下,采用分兵战法。

☻ 孙子说:"与敌人兵力相等,就要善于分散敌军……"敌:对等之意。

☺ 双方兵力相等,正面对决的话,胜率只是五五开,恰当的做法,是派出小股部队引开一部分敌军,然后再正面进攻,这样,我军便可形成局部优势……

☻ 看他用的这个"能"字,其实很有意味。

☺ 那表示分兵有不同分法,具体采用哪一种,得看你的智慧。继续……

☻ 稍等——我们插一个简单的练习,测试一下你的谋略。

☺ 嗯,可以试试。

☻ 这里的"倍则战之"、"敌则能分之"两句,在许多《孙子》版本中,却写作"倍则分之"、"敌则能战之"……

☺ 两种写法,代表了两种战法,我们以哪一种为准?

☻ 以哪一种为准,你自己判断呀……

☺ 让我想想——首先,如果双方兵力相等,我认为一定得采取分兵的战法,才有把握取胜,所以,"敌则能战之"显然不是最佳选择;其次,如果我军数量一倍于敌,正面进攻是正确选择,分兵则是更佳方案。

☻ 尽管很多《孙子》版本都写作"敌则能战之",但早期兵家在引用《孙子》时,却常常说

"敌则能分之"……

☺ 那可能是后来的《孙子》版本弄错了。我们看下面,兵力少于对手时怎么办……

● 孙子说:"兵力少于敌人,就要善于防守……"

☺ 他又用了一个"能"字,说明即使兵力少于对手,也不可消极防守,而应运用谋略,采用积极防守的战法。继续……

● 孙子说:"实力不如对手的话,就要善于回避。"

☺ 请教一下,"少"和"不若"有何区别?

● 前者指数量,后者指综合实力,包括数量、装备、士气、将军的才能、后勤保障等等……

☺ 哦,数量少,还可以一战,综合实力不如对手,那就得识时务了……

● 怎么,不坚持战斗吗?

☺ 明知不敌对手,还坚持战斗,不是自取灭亡么?

● 孙子在这里仍然用了一个"能"字,说明即使回避或撤退,还是得有一定章法,不但不可失了士气,甚至不排除以退为进的目的。

☺ 自双方兵力相等开始,他都用了"能"字,可见谋略在此时的重要。

---

gù xiǎo dí zhī jiān   dà dí zhī qín yě
故小敌之坚,大敌之擒也。

● 刚才你说,力量过于悬殊的话,就不必坚持战斗了?

☺ 不然的话,岂不是以卵击石,不自量力……

● 针对这一情况,孙子再次强调:"所以,弱小的军队固执硬拼,就会被强大的敌军俘虏。"坚:固执。

☺ 尽管孙子讲得很在理,但我还是有疑问。

● 很好啊,就怕你没疑问。

☺ 我感觉孙子太注重数量优势,似乎不建立数量上的绝对优势,就难以战胜对手,可历史上很多以弱胜强、以小胜大的战例,如何解释?

● 孙子并非只注重数量优势的兵法家,这我们后面会看到——不过我同意你的看法,战斗力的强弱不能仅看数量,它应该是一个综合指标;有时候,仅凭高昂的士气,就可战胜三倍甚至五倍于己的敌人……

☺ 我想,他之所以特别强调"小敌之坚,大敌之擒",可能是针对吴人的性格……

☻ 有可能啊。吴人强悍好斗,知进而不知退,崇尚那种"生往死还,不受其辱"的勇士作风;由这批家伙组成军队,其战斗力爆发出来,确实恐怖,但如果调教不当,结果也很可怕。

☺ 他们不在乎死,只在乎个人行为的壮烈。

☻ 为了荣誉和承诺,他们会不惜"小敌之坚,大敌之擒",拿着鸡蛋往石头上碰……

☺ 孙子的警告,真是用心良苦。

---

fú jiàng zhě　guó zhī fǔ yě　　fǔ zhōu zé guó bì qiáng　fǔ xì zé guó bì ruò

夫 将 者,国 之 辅 也。辅 周 则 国 必 强,辅 隙 则 国 必 弱。

☻ 还记得《计篇》中,孙子讲完"五事七计"后,突然插了一句话吗?

☺ 记得,他当时说:你吴王如果同意我的计划,我就跟着你干,如果不同意,我就走人。

☻ 在这里,他又一次对"将军"的职责给予明确定位。

☺ 他是担心吴王阖闾欣赏他,却不信任他?

☻ 孙子说:"将帅,是国家的辅佐……"

☺ 三军统帅,自然是国家的辅佐,社稷的重臣,这有什么疑问吗?

☻ 据说春秋时代,尚无专职领兵的将军。平日里,国君和卿大夫忙于政务,战事一起,国君就是三军统帅,卿大夫也各司军职,将兵出征……

☺ 哦,军政不分,连政府首脑、行政官员都披挂上阵——他们行吗?

☻ 当时贵族阶级的所有成员,都是武士出身,自幼接受系统的文化和军事训练,所以大多文武兼备,当兵打仗是他们的责任,也是他们的光荣;至于平民百姓,除非你有特别的才能和表现,才有资格参军……

☺ 难怪当时的诸侯、卿大夫常常亲赴前线,还常常战死。

☻ 据说到了春秋战国之际,军政才逐渐分开,出现了专职的"将军"职位和称号。至于孙子对"将军"一职的定位,恐怕与他推崇伐谋、伐交、伐兵的整体战思想有关。

☺ 嗯,在整体战中,三军之统帅,必须具有全局性的政治远见,不能只知军事。

☻ 孙子接着说:"……辅佐得周密,则国家一定强大;辅佐有缺陷,则国家一定衰弱。"隙:漏洞、缺陷。

☺ 辅,是相辅相成之意……

☻ 就将军而言,自应恪尽职守,思虑周密;但是,在与国君的配合方面,也应明确各自的职责,不能有太多模糊区域。

☺ 这是管理上最重要的问题,孙子说在前面,说明他脑子很清楚,也很职业。

● 他没有因国君一时的欣赏而犯糊涂,他知道,一切取决于今后实际作业时不出状况,所以才把丑话说在前面。

☺ 接下去,就是丑话了吧……

故君之所以患于军者三:不知军之不可以进而谓之进,不知军之不可以退而谓之退,是谓縻军;不知三军之事,而同三军之政,则军士惑矣;不知三军之权,而同三军之任,则军士疑矣。三军既惑且疑,则诸侯之难至矣,是谓乱军引胜。

● 就国君一方,孙子说:"所以,国君对军队可能构成的危害,表现在三个方面……"

☺ 这就开始讲丑话了,而且是三个方面……

● 第一:"不了解军队不可以进军,却命令进军,不了解军队不可以退却,却命令退却,这叫做束缚军队。"縻:羁绊、束缚。

☺ 这是国君在干涉前线的具体指挥……

● 第二:"不了解三军的事务,却要参与三军之事的管理,军士就会迷惑。"

☺ 这是国君介入军队基层的管理……

● 第三:"不了解三军的权变,却要参与三军职务的委任,军士就会疑虑。"权:权谋、权变。任:任用。

☺ 这是国君插手将帅职责内的人事安排……

● 关于由此造成的后果,孙子说:"三军将士既迷惑又疑虑,那么诸侯各国制造的祸端就会降临……"

☺ 孙子所说的三军,包括哪三个兵种?

● 当时的三军不是指兵种,而是指主力和非主力。春秋时,大国一般设中军、上军、下军,以中军之将为三军统帅;或设中军、左军、右军,以中军为主力。后以"三军"泛指全军。

☺ 军队的体制和管理,以及对人员的要求,确有其特殊性……

● 所以古兵法有"国容不入军,军容不入国"的规定,就是说朝廷的制度重在礼让,不能用于军队,军队的纪律重在义勇,不可用于朝廷。

☺ 可是,我军内部管理出了问题,何以会引来诸侯各国制造的祸端?

● 春秋之世,诸侯之间互相觊觎,尔虞我诈,各国的内部动向,很快会传到邻国,邻国的君臣,马上会在朝廷上讨论此事……

☺ 嗯,他们会讨论说:那吴国如今是君臣不和,上下猜忌,军无斗志,何不趁此之机,或以大军侵掠边境,或派奸细制造事端……

● 所以,孙子感叹道:"这就是自乱其军,而把胜机留给了敌人。"引胜:引敌人胜我之意。

☺ 攘外必先治内,不然大家都将致力于内耗——可是我想,那吴王并非不知用兵之人,怎么也会这样?

● 不知用兵倒也罢了,问题可能就在于他当过将军,如今又兼国君,孙子不趁现在将双方职责讲清楚,将来一旦开赴前线,也许更加麻烦。

☺ 看来当时,军政之职尚未完全分离,所以孙子才这样反复申说。

● 现在,双方的职责既已明确,就可举行授权仪式了……

☺ 就是出师拜将的仪式吧,都有哪些规矩?

● 仪式举行前,国君会委派太史进行占卜,选定良辰吉日,亲自斋戒三日。

☺ 国之大事,不可不慎重其事。

● 仪式通常在太庙举行,文武百官肃立恭迎,国君手执代表权力的斧和钺,进行授权;将军北向而立,接受任命。授钺时,国君手持钺首,将钺柄递给将军,说:"从此上至于天,将军制之。"授斧时,国君手持斧柄,将斧刃递给将军,说:"从此下至于渊,将军制之……"

☺ 将军怎么回应?

● 将军会郑重地说:臣奉命出征,将在外,君命有所不受;国君不于朝内遥制将军,将军就可在前线专心杀敌;不获全胜,绝不回朝。

☺ 这套仪式的目的,也在提醒国君,用人不疑,疑人不用……

gù zhī shèng yǒu wǔ　zhī kě yǐ zhàn yǔ bù kě yǐ zhàn zhě shèng　shí zhòng

故知胜有五：知可以战与不可以战者胜，识众

guǎ zhī yòng zhě shèng　shàng xià tóng yù zhě shèng　yǐ yú dài bù yú zhě shèng

寡之用者胜，上下同欲者胜，以虞待不虞者胜，

jiàng néng ér jūn bú yù zhě shèng　cǐ wǔ zhě　zhī shèng zhī dào yě

将能而君不御者胜。此五者，知胜之道也。

● 接着，孙子总结了致胜的几项要点："所以，从五个方面可以预知胜利……"

☺ 我看他是希望在战前，就这五个方面和国君达成共识……

● 第一："了解什么情况下可以作战、什么情况下不可以作战，能够获胜……"

☺ 这是整体战的思想，前面讲过了，战争并非只有伐兵一条途径，而应综合伐谋、伐交。

● 第二："懂得兵力多和兵力少的不同运用之道，能够获胜……"

☺ 这是军事战略，前面讲过了，"十则围之，五则攻之……"，甚至不排除必要时候"避之"。

● 第三："上下齐心协力，可以获胜……"同欲：同心、齐心之意。

☺ 这是精神准备，强化团队凝聚力，类似"五事七计"中的"道"，前面也讲过了……

● 第四："以准备充分对付准备不足，能够获胜……"虞：警惕、准备之意。

☺ 这是战略计划，在"庙算"阶段就开始谋划了……

● 第五："将军才能出众，国君又不加干预，能够获胜。"御：这里指牵制、干涉。

☺ 这是——呵呵，转了一圈，孙子又回到了这个敏感问题！

● 关于这个敏感问题，历来还是有不同看法——比如《尉缭子》这部兵书说："夫将者，上不制乎天，下不制乎地，中不制乎人……"

☺ 这观点似乎比孙子更绝对。

● 战国时代的法家韩非子则认为，对于带兵出征的将帅授权太多，以至于他们经常不请示而擅自行动，这是亡国的征兆之一。

☺ 说得挺严重——这是职业军人和政治家的视角不同吧？

● 这课题太复杂，先搁一边吧，我们回到原来的话题——最后，孙子再次强调："这五个方面，就是预知胜利的途径。"

☺ 就是说，只要就上述五点与国君达成共识，胜利就如探囊取物一般——这，我想还不至于吧……

☻ 仔细体会孙子这五点教训,可以发现他的重点,还只是"治内"的一面。

☺ 治内,就是自身的修炼,虽是首要之务,但还不是全部?

☻ 所以,孙子才讲出了下面一段至理名言……

故曰:知彼知己,百战不殆;不知彼而知己,一胜一负;不知彼不知己,每战必殆。

☻ 回到《计篇》,主要阐述了什么道理?

☺ 阐述了政治问题,涉及国家战略的制定,对敌我双方综合实力的计算和评估……

☻ 回到《作战篇》,主要阐述了什么道理?

☺ 阐述了经济问题,涉及军事战略的制定,提出了侵略战争的速胜论……

☻ 回到《谋攻篇》,主要阐述了什么问题?

☺ 阐述了政治、外交、军事的整体战构思,涉及攘外和治内的关系问题……

☻ 于是,孙子开始作总结……

☺ 不仅仅对本篇,而是对他整个战略构思的总结吧?

☻ 孙子说:"所以说:了解对手,也了解自己,虽经百战,也无任何危险;不了解对手,只了解自己,胜负的可能,各占一半;不了解对手,也不了解自己,每战必败。"

☺ 这段著名的话,不仅对侵略战,也不仅对战争的进攻方或防御方,对任何有关生存竞争的活动,都具有启发。

☻ 所有的关键,就在于这个"知"字。

☺ 看到这个"知"字,《计篇》开头那个冷静的"察"字,又浮现了出来,居然一直贯通到这里……

☻ 不止贯通到这里,你等着瞧,它还会一直贯通下去。

☺ 就目前而言,这所谓的"知",应该是谋攻的关键所在:胜,因为知;败,因为不知……

☻ 在中国古文字中,"知"和"智"本是同一个字,说明在当时中国人的观念中,了解和掌握情况,与拥有智慧是同一回事。

☺ 有知就有智,谋攻需要运用智慧,但前提却是了解和掌握情况。

☻ 问你一个问题——就"知"而言,你认为知己重要,还是知彼重要?

☺ 应该同等重要吧……

☻ 二选一呢?

☺ 我想,如果你生来就没有企图心,而只想保全自己,知己重要一些;相反,如果你有野心,哪怕只有一点进取之心,那就非知彼不可——是不是这样?

☻ 是不是这样,我也在想——

☺ 但是,通观目前所学的内容,孙子讲的,大多还是知己……

☻ 具体的知彼工作,他早已安排,不过现在不便说。

☺ 是这项工作太隐秘?

☻ 在这部兵书的最后,他会透露其中奥秘,我们到时再说吧。

☺ 看来,真正的战争,早已开始……

《谋攻篇》通读

孙子曰：

凡用兵之法：全国为上，破国次之；全军为上，破军次之；全旅为上，破旅次之；全卒为上，破卒次之；全伍为上，破伍次之。是故百战百胜，非善之善者也；不战而屈人之兵，善之善者也。

故上兵伐谋，其次伐交，其次伐兵，其下攻城。攻城之法，为不得已：修橹轒辒，具器械，三月而后成；距堙，又三月而后已。将不胜其忿而蚁附之，杀士三分之一，而城不拔者，此攻之灾也。故善用兵者，屈人之兵而非战也，拔人之城而非攻也，毁人之国而非久也。必以全争于天下，故兵不顿而利可全，此谋攻之法也。

故用兵之法，十则围之，五则攻之，倍则战之，敌则能分之，少则能守之，不若则能避之。故小敌之坚，大敌之擒也。

夫将者，国之辅也。辅周则国必强，辅隙则国必弱。

故君之所以患于军者三：不知军之不可以进而谓之进，不知军之不可以退而谓之退，是谓縻军；不知三军之事，而同三军之政，则军士惑矣；不知三军之权，而同三军之任，则军士疑矣。三军既惑且疑，则诸侯之难至矣，是谓乱军引胜。

故知胜有五：知可以战与不可以战者胜，识众寡之用者胜，上下同欲者胜，以虞待不虞者胜，将能而君不御者胜。此五者，知胜之道也。

故曰：知彼知己，百战不殆；不知彼而知己，一胜一负；不知彼不知己，每战必殆。

形篇

😈 战争开始了,我们上前线吧……

🙂 马上发起进攻吗?

😈 我问你,两军对垒之时,你首先看到什么?

🙂 看到双方剑拔弩张,空气在颤抖,仿佛天空在燃烧……

😈 嗯,暴风雨要来了——这就是"形"。

🙂 具体说来……

😈 本篇的"形"和下一篇的"势"属于一对概念,是孙子特有的军事术语。

🙂 现在常说的"形势形势",就是由此而来?

😈 差不多,先说"形"吧——所谓"形",我想,应该源于孙子对春秋时代车战阵形的观察和体验……

🙂 阵形,就是战前双方排兵布阵?

😈 排兵布阵就是构筑"形"。车战是一种非常贵族化的作战形式,所谓"结日定地,各居一面,鸣鼓而战,不相诈",就是双方约定时间、地点,在一片开阔地上布好阵形,讲究先礼后兵,阵而后战。阵形一般呈几何图形,阵法就是阵形的不同组合方式,目的在于使军队在攻守之际,最大限度地发挥战斗力。

🙂 不知当时都有哪些阵形?

😈 据古兵法记载,有方阵、圆阵、疏阵、数阵、锥行之阵、雁行之阵、钩行之阵、玄襄之阵、火阵、水阵……

🙂 听上去很神秘,也很复杂……

😈 以上十种阵形,应是战国时代骑兵、步兵发展起来之后形成的,车战的阵形没那么复杂,不过,我们从中也可隐约感受到当时的气氛。

🙂 这些阵法果然有用吗?

😈 有一部古兵书,我忘记哪一部了,在描述敌我双方对阵形势时,曾说:"彼以直阵来,我以方阵应之;方来,锐应之;锐来,曲应之;曲来,圆应之;圆来,方应之。"

🙂 这里出现了直阵、方阵、锐阵、曲阵、圆阵,讲的虽是防守应敌,但其中的攻守之道,竟也有相生相克、循环无穷的感觉。

😈 阵法的一个重要特征,就是讲究攻守,攻有攻的阵法,守有守的阵法……

☺ 看来孙子说的"形",就是攻守之形,虽然源于车战阵法,但引申开去,战争无非就是攻和守,用兵之道,也无非就是攻守之道。

☻ 不但战争,生活岂不也是一个战场?人生岂不也充满了攻守之道?

☺ 你是说,我们日常的学习、修炼,掌握各种知识技能,也在为自己布阵,有的阵形攻守兼备,有的阵形则有严重缺陷……

☻ 想要赢得生存竞争,就得不断学习和修炼,不断完善自己的阵形……

Sūn zǐ yuē xī zhī shàn zhàn zhě xiān wéi bù kě shèng yǐ dài dí zhī kě shèng

孙子曰:昔之善战者,先为不可胜,以待敌之可胜。

● 关于"形",孙子首先说:"从前善于用兵的人,首先做到自己不可战胜,然后等待敌方出现可被战胜的机会。"

☺ 感觉孙子在下棋……

● 哦,怎么讲?

☺ 围棋的布局,总是先守角,后占边,然后根据形势向中腹发展,其中的道理,也就是先为不可胜……

● 所谓阵必定,守必固,战必胜——回想《计篇》中的"五事七计":着重于治内的五事,目的是先为不可胜;评估双方实力的七计,目的在于待敌之可胜。

☺ 先为不可胜,需要知己;待敌之可胜,需要知彼——虽说在布阵,似乎也贯穿着《谋攻篇》的"知彼知己"之道。

● 孙子在构筑他的兵法体系时,的确像在行棋布阵,从战略到战术,层层相应,环环相扣,犹如行云流水,我们看下去,体会会更深。

☺ 不过,我还是有个问题……

● 请讲。

☺ 孙子讲的道理我懂,只是不太同意"待敌之可胜"的"待"字,感觉太被动了……

● 这里的"待",并非消极等待,其中蕴含了"准备"和"待机"之意——就像高手比武,总是先严守门户,稳扎下盘,可那双锐利的眼睛,却始终紧盯着对方。

☺ 这双紧盯对方的眼睛,就是"待",待对手露出破绽,待对手露出弱点……

● 因为战争不是单方面的游戏——即使以我强大的兵力主动进攻,我的每一项进攻部署,也都隐含着防御;即使对付像你这样的弱小之敌,也是一样。

☺ 那我的每一项防御措施,也都会隐含进攻,你也别过于托大了。

● 嗯,对手也是人,也许更高明,更狡猾……

☺ 比如我,虽然遭到了你的进攻,但请别忘了,任何时候,任何地点,我都在研究你的弱点,随时准备给你致命一击。

● 呵呵,你真的站到我的对立面去啦……

☺ 哼,你等着瞧吧。

---

bù kě shèng zài jǐ　kě shèng zài dí　　gù shàn zhàn zhě　néng wéi bù kě

不 可 胜 在 己,可 胜 在 敌。故 善 战 者,能 为 不 可

shèng　bù néng shǐ dí bì kě shèng　　gù yuē　shèng kě zhī　ér bù kě wéi

胜 ,不 能 使 敌 必 可 胜 。故 曰:胜 可 知,而 不 可 为。

● 孙子说:"不可战胜的关键,在于自己;可以战胜的机会,在于敌方……"

☺ 就是说,你在期待我犯错,我不犯错的话,你也没辙……

● 孙子接着说:"所以,善于用兵的人,能够做到自己不可战胜,却不能做到使敌方一定被我战胜。"

☺ 可是,既然是侵略战,你可诱使我犯错啊?

● 这一点非常重要,孙子后面会谈到,目前我们谈的,还只是"形"。

☺ 形,就是构筑守中有攻、攻中有守的阵形……

● 孙子的结论是:"所以说:胜利可以预知,但无法强求。"

☺ 对你来说,这个结论是否有点悲观?

● 为什么我要悲观?

☺ 你是侵略者,你是进攻一方啊。照孙子的看法,尽管你大兵压境,构筑的"形"也很强大,似乎掌握着胜负的主动权,但可惜,战争胜负不是你单方面能决定的,你的对手,比如我,如果不给你机会,你根本就无可奈何。

● 是啊,机会没有出现,我不会勉强出击……

☺ 头痛了是吧! 面对你这强大之敌,我会牢记孙子的教导:"不可胜在己……"严守门户,不露破绽,我们就这样耗卜去吧,反正时间在我这一边……

● 为什么时间在你那边?

☺ 既然战争是贵国挑起的,贵国的国君,一定会催促你进攻进攻,而我却没这个压力。

● 真是狡猾的对手——战争才刚开始,你也等着瞧吧。

---

bù kě shèng zhě shǒu yě   kě shèng zhě gōng yě

不可胜者,守也;可胜者,攻也。

● 刚才你讲,双方都是人?

☺ 是啊,都是有头脑的大活人,我和你一样,也在研读《孙子》,也在构筑守中有攻之形,即使处于守势,但你要知道,防御战,也是很难对付的……

● 嗯,对手也是人,这一点对战争,尤其对侵略战,太重要了。所以孙子说:"不被战胜的关键,在于防御;赢得胜利的关键,在于进攻。"

☺ 单纯的防御,仅足以自保——不过,就我方而言,目前也只能这样;对你可不一样……

● 对我来说,要赢得这场战争,非进攻不可。

☺ 可是,你以为我只会消极防御?你以为我不会瞅准机会发起进攻?

● 所以说,防御的一方也有机会……

☺ 对我来说,即使进行防御战,就不会放过任何一个进攻机会。我知道防御的一方如要真正有效的防御,必须适时进攻——进攻者虽然总体上强大,但既然是进攻,就不会没有弱点和破绽。

● 那对我来说,进攻之时,就不能忘记防御。近代的军事理论家也认为:战争中的进攻行动,特别是战略上的进攻行动,是进攻和防御的不断的交替和结合……

☺ 战争就是攻守,攻中有守,守中有攻。

● 古人说:"攻是守之机,守是攻之策。"这攻守之道,确实隐含了无穷的玄机……

---

shǒu zé yǒu yú gōng zé bù zú

守则有余,攻则不足。

● 双方僵持得太紧张了,我们歇会儿,去一趟山东临沂……

☺ 去那里干嘛?

● 我们边走边聊——却说那《孙子》诞生后,在战国时代曾流行一时,被当时的贵族武士奉为经典,几乎家家收藏。几百年后,经过辗转传抄,《孙子》出现了不同版本。直到东汉末年,曹操……

☺ 曹操,前面我们讲过,他第一个注解了《孙子》……

☻ 曹操自称平生所读兵书多矣,但没有一部及得上《孙子》。他不但为之精心作注,还对这部兵书进行了整理,我们今天看到的《孙子》完整版,就是经过他整理的。

☺ 照这个说法,这部《孙子》已不是孙子的原著?

☻ 应该说比较接近吧。只是流传了那么长时间,其中的记载难免出现不同……

☺ 我们去山东临沂,与《孙子》有关吧?

☻ 临沂是一座小城,北屏蒙山,南面是一片平坦原野,古老的沂河由北向南流过……

☺ 哦,临沂之所以叫临沂,因为它面临沂河。

☻ 临沂城南一公里处,有两座隆起的小山,东面一座名为金雀山,西面一座名为银雀山,两山东西对峙,默默度过了两千余年,直到 1972 年 4 月,西岗的银雀山突然间名噪天下……

☺ 是发现了什么宝贝?

☻ 那一年,在银雀山的山顶上,发现两座西汉前期墓葬,墓葬中埋藏着几千枚竹简,竹简上密密麻麻写满了文字……

☺ 很神秘啊,都是些什么文字?

☻ 经过清理辨认,那多达四千多枚的竹简,竟是一批古兵书,除了《孙子》、《尉缭子》、《六韬》等先秦兵书外,失传一千多年的《孙膑兵法》也在其中出现……

☺ 孙膑,就是那位指挥"围魏救赵"战役的兵法家?

☻ 是的,孙膑也被后人称为"孙子",据司马迁的《史记》记载,孙膑晚于孙武一百多年出生,是孙武的后世子孙。我们前面提到的十种战国时代阵法,就记录在《孙膑兵法》中,那应该是中国最早的关于阵法的记录,失传了一千多年……

☺ 我更关心银雀山出土的竹简《孙子》,那要比曹操整理的版本早很多年吧?

☻ 起码早三四百年,是现今我们能够看到的《孙子》的最早抄本……

☺ 那曹操版的《孙子》和竹简版的《孙子》,有什么差别吗?

☻ 据查,两者的差异达三百多处,不过大多不是原则性的;只有个别内容上的差异,比较意味深长……

☺ 有没有透露什么玄机?

☻ 我们看眼前这句话——曹操版的《孙子》写作"守则不足,攻则有余",竹简版的《孙子》却写作"守则有余,攻则不足"……

☺ 两种说法,正好相反,这怎么解释?

- 按照竹简上的"守则有余,攻则不足",意思是:"*防御,常常可以做到绰绰有余;进攻,常常会感到兵力不足。*"

- 按照曹操版的"守则不足,攻则有余",意思是:"防御,是因为兵力不足;进攻,是因为兵力有余。"

- 现在我出一道选择题:请问上述两种说法,哪一种更恰当?

- 曹操版的说法很容易理解,白痴也知道,无非是弱者防守,强者进攻。

- 那么,竹简版的呢?

- 竹简上"守则有余,攻则不足",看似无理,却是非常值得玩味。

- 说说你的感觉。

- 我想,这是就双方兵力相等的情况讲的……

- 哦,说下去。

- 实战经验丰富的人都有体会:如果双方兵力相等,采取攻势的一方,由于要承担更大的消耗,必然是常常觉得兵力不足;至于防守一方,相对来说反而比较主动。

- 嗯,攻者在明处,守者在暗处……

- 联系刚才孙子讲的"先为不可胜,以待敌之可胜"、"不可胜者,守也;可胜者,攻也……"可知这句"守则有余,攻则不足",是在提醒进攻一方:不要以为进攻就等于强势,如果不在进攻的兵力和战法上有所突破,结果就很难说。

- 看起来,银雀山的竹简,还是给你一些启发——我再给你一个例证:同样出土于银雀山的《孙膑兵法》中,有一句"居者有余,而用者不足"……

- 嗯,居者守也,用者攻也,意思一样。孙子的思维,经常是反向的,他对攻守关系的认识,也应该这样吧。

- 这样看来,曹操版的说法相对比较平庸?

- 我感觉是的……

- 那曹操也很平庸了?

- 哈哈,他属于智者千虑必有一失吧。

- 那千百年来那么多兵法家围绕着曹操版《孙子》的种种解释……

- 没有见识到真正的武学秘本,尽是瞎折腾。

shàn shǒu zhě　cáng yú jiǔ dì zhī xià　shàn gōng zhě　dòng yú jiǔ tiān zhī
善 守 者 ，藏 于 九 地 之 下 ；善 攻 者 ，动 于 九 天 之

shàng　gù néng zì bǎo ér quán shèng yě
上 ，故 能 自 保 而 全 胜 也 。

- 我们回到战场上吧。
- 现在的我仍然处于守势，你呢，气势汹汹大兵压境……
- 孙子说："善于防守，就如藏匿于九地之下；善于进攻，就如纵横于九天之上……"
- 感觉就如两名剑士，守的一方，招数严密无比，令你难以窥测……
- 呵呵，攻的一方，招数凌厉倏忽，一旦出手，便如电光急闪，让你无从防范。
- 就"形"而言，防守一方在暗处，这就是守则有余；你进攻一方呢，别忘了，攻则不足，还是考虑增援部队吧……
- 孙子说"动于九天之上"，就是叫我利用广阔的空间，利用时间上的主动性，对你进行突然的打击，让你防不胜防……
- 哦，"动于九天之上"的战法，可以解决"攻则不足"的问题？
- 这样，你就没辙了吧？
- 我在九地之下，你根本就无从进攻……
- 这攻守之道玩到这里，便如鬼魅一般，动无踪，行无影，令人难以捉摸，可以在突然之间，制敌于无形。
- 其实，无论攻方守方，都应攻中有守，守中有攻；守方不知何时突然发动进攻，攻方也可能把自己的进攻时间、进攻点深藏不露。
- 所以，孙子总结道："这样，就能在保存自己的前提下，赢得完整的胜利。"
- 呵呵，即使你是进攻一方，万一不小心，也难以自保。
- 对侵略战来说，如果不考虑自保，即使杀得昏天黑地赢得最后胜利，也谈不上"全胜"。孙子的思想非常一贯，在大战略方面，他追求"全胜"，在纯军事领域，也追求战略和战术的"全胜"。
- 老想着"全胜"，要求太高了，孙子如果是个艺术家，一定是完美主义者……

> jiàn shèng bú guò zhòng rén zhī suǒ zhī   fēi shàn zhī shàn zhě yě   zhàn shèng ér
>
> 见 胜 不 过 众 人 之 所 知，非 善 之 善 者 也；战 胜 而
>
> tiān xià yuē shàn   fēi shàn zhī shàn zhě yě   gù jǔ qiū háo bù wéi duō lì   jiàn rì
>
> 天 下 曰 善，非 善 之 善 者 也。故 举 秋 毫 不 为 多 力，见 日
>
> yuè bù wéi míng mù   wén léi tíng bù wéi cōng ěr
>
> 月 不 为 明 目，闻 雷 霆 不 为 聪 耳。

- 😑 在《计篇》，我们学过"兵者，诡道也……"
- 😊 是的，所谓"能而示之不能，用而示之不用，近而示之远，远而示之近……"
- 😑 这个"示"，就是"示形"。
- 😊 是的，战争中所有表面的"形"，都是伪装出来的假象，必须时刻警惕。
- 😑 双方都在玩"形"，就看你玩得聪明不聪明；倘若这个"形"如棋子般一动不动的明摆着，那傻瓜也能打胜仗了。
- 😊 所以说大家都是聪明人么。如果双方都在暗处，都在玩花招，这仗就难打了。
- 😑 孙子说："看到胜利，不过是普通人的见识，不是高明中最高明的；战胜对手，天下人都说高明，也不是高明中最高明的。"
- 😊 普通人看到的胜利，或被天下人称赞的高明，都是表面的，明摆的"形"。
- 😑 孙子接着说："所以，能够举起秋毫，算不上力量大；能够看见日月，算不上眼光好；能够听见雷霆，算不上耳朵灵。"秋毫：鸟兽在秋天新长的细毛，比喻细微、轻微。
- 😊 呵呵，那孙子如何做到不为人知呢？
- 😑 我们听他说下去——

> gǔ zhī suǒ wèi shàn zhàn zhě   shèng yú yì shèng zhě yě   gù shàn zhàn zhě
>
> 古 之 所 谓 善 战 者，胜 于 易 胜 者 也。故 善 战 者
>
> zhī shèng yě   wú qí shèng   wú zhì míng   wú yǒng gōng   gù qí zhàn shèng bú
>
> 之 胜 也，无 奇 胜，无 智 名，无 勇 功。故 其 战 胜 不
>
> tè   bú tè zhě   qí suǒ cuò bì shèng   shèng yǐ bài zhě yě
>
> 忒；不 忒 者，其 所 措 必 胜，胜 已 败 者 也。

- 😑 现在，你的前方有一处战略要地，如被敌军攻占，全局就会陷入被动……
- 😊 那就赶快派部队上去，扼守要塞，阻击敌军！

😊 准备派谁出战?

😐 呵呵,你让我想想——嗯,我手下有两员战将,一位叫慕容不败,一位叫独孤求胜,各有特点……

😊 各有什么特点?

😐 那位慕容将军,虽然没有耀眼的战功,却也从未有过溃败的记录;独孤将军则相反,要么打个令人咋舌的胜仗,要不就吃个不可思议的败仗——这个,你说派谁合适?

😊 据传唐代的两位大军事家,也探讨过这个问题。

😐 你说的是哪两位?

😊 唐太宗李世民和他手下的头号名将李靖。两人关于兵法的高峰对话,被记录在《唐李问对》这部兵书里。

😐 真是他们俩论兵的记录?

😊 据考证,那兵书是宋代一位兵法家伪造的,不过,伪造的还真有点意思,自宋朝开始,就被奉为武学经典。

😐 有空了找来看看——现在还是回到原来的话题:究竟派哪一位将军合适?

😊 对此,李靖将军的看法是:"不求大胜亦不大败者,节制之兵也;或大胜或大败者,幸而成功者也。"

😐 他的看法是,一会儿大胜一会儿大败的将军,只凭侥幸成功——有道理!目前战局诡异,容不得丝毫差池,我们需要派出的将军,必须谨慎,有节制……

😊 那就是慕容将军了,是吗?

😐 就这样定了。我们回到孙子……

😊 孙子说:"古时候所谓善于用兵者,是在很容易取胜的条件下战胜对手。"

😐 战胜很容易战胜的对手,也值得炫耀?

😊 孙子也认为不值得炫耀,他说:"所以,善于用兵者所取得的胜利,没有异常的胜利,没有机智的名声,没有勇武的战功。"

😐 哦,看上去平淡无奇,实际上却是无形胜有形,是不是?

😊 差不多是这个意思。

😐 不过有点玄,还是不太明白……

😊 孙子接着说:"所以,他取得胜利,是因为从不失误……"忒:差错、失误。

😐 从不失误?

😊 在胜负的征兆显现之前,他已预见到胜机,见于未形,察于未成,所以能攻之必取,战之必胜。

☺ 对手未露败象，便贸然攻击，则胜负未可知；即使力战取胜，也不值得夸耀？

☻ 对，孙子说："所谓从不失误，是因为他的部署，都建立在必胜的基础上，他所战胜的对手，已经注定要失败了。"措：措施、处置。

☺ 好像有点明白了，他的部署，都针对着对手显露的败象——战胜已经失败的对手，本就是顺理成章的事。

☻ 相反，你越激动兴奋，说明你胜得越侥幸……

---

gù shàn zhàn zhě   lì yú bú bài zhī dì   ér bù shī dí zhī bài yě
故善战者，立于不败之地，而不失敌之败也。

☻ 所以高手之间对决，绝大多数比拼的并非武功……

☺ 那是什么？

☻ 看你能否抓住对手露出的破绽，哪怕这破绽稍纵即逝，连对手自己也没察觉。

☺ 嗯，战机的显现，有时就在一分一毫之间。

☻ 孙子说："所以，善于用兵的人，首先立于不败之地，同时绝不失去造成敌人失败的机会。"

☺ 要做到"立于不败之地"，就必须思虑谨密，计出万全。

☻ 也就是不给对手任何机会。

☺ 要做到"不失敌之败"，就必须具有敏锐的洞察力。

☻ 也就是把握对手给你的机会。近代的军事理论家也认为：正确而准确的眼力比诡诈更为必要……

☺ 那是基于求胜的考虑。问题是你求胜欲望越强，就越容易露出破绽，给对手机会……

☻ 于是，孙子制定了一个用兵的法则，也可以说是行动的法则——

---

shì gù   shèng bīng xiān shèng ér hòu qiú zhàn   bài bīng xiān zhàn ér hòu qiú shèng
是故，胜兵先胜而后求战，败兵先战而后求胜。

☻ 孙子说："所以，胜利的军队，总是先赢得胜机，然后再投入战斗；失败的军队，总是先投入战斗，然后再寻求胜机。"

☺ 非常精辟——就是说,凡用兵,必须先定必胜之计,然后出战。

☻ 对。就像古代兵家常说的:先谋后战,其战可胜;先战后谋,其谋可败……

☺ 不过,孙子有孙子的谋划,我却有我的主张……

☻ 你不同意孙子的观点?

☺ 我这人做事,向来无计划无章法,我信奉一句话,船到桥头自然直,结果每一次都逢凶化吉,遇难呈祥……

☻ 那是瞎猫撞上死老鼠——再说,你自己靠撞大运混到现在也算了,你想让你手下的弟兄,让国家前途、人民生死也跟着你撞大运吗?

☺ 别急啊,我开玩笑呢——不过话说回来,战争毕竟还是有赌博成分,有时候,人算不如天算……

☻ 近代军事理论家也认为,战争近乎于一种在黑暗中、至少是在蒙蒙胧胧的领域中进行的活动,充满了不确定性。但我想,我们的计划,仍然应该建立在必胜的前提下。

☺ 是为了减少因误算而导致失败的概率吧?

☻ 是的,这就是"先胜而后求战"的目的——在孙子的思想中,几乎没有消极的、听天由命的成分。

☺ 嗯,不能因为人算不如天算,就不算了……

☻ 接下去,孙子又开始计算了。

---

shàn yòng bīng zhě xiū dào ér bǎo fǎ gù néng wéi shèng bài zhèng

善 用 兵 者,修 道 而 保 法,故 能 为 胜 败 正。

☻ 用兵必须"先胜而后求战",道理明白了吗?

☺ 其实我想,这道理在《计篇》的"五事七计"中,已经讲明白:战前对敌我双方的实力进行综合评估,决定战还是不战,不就是追求"先胜"吗?

☻ 那是在庙算阶段,在大战略层面确立"先胜"的优势,现在我们到了战场……

☺ 哦,那是军事部署层面的"先胜"之道……

☻ 孙子说:"善于用兵的人,遵循攻守之道,坚守兵力部署之法,所以能成为胜败的主宰。"修:遵循。正:意同"主"。

☺ 在《计篇》的五事中,曾出现过"道"和"法",这里又出现了"道"和"法",也是就两个不同层面讲的吧?

☻ 记住,现在我们到了战场,战场上的"道",是攻守之道……

☺ 战场上的攻守之道,就是"善守者,藏于九地之下;善攻者,动于九天之上";那么,战场上的"法",又是什么?

☻ 战场上的"法",就是根据具体战场情况,进行的兵力部署之法……

☺ 哦,这要具体指导我们如何构筑"形"了。

法:一曰度,二曰量,三曰数,四曰称,五曰胜。

地生度,度生量,量生数,数生称,称生胜。

☻ 战场上的兵力部署之法,也源于古代阵法,有五个衡量指标。

☺ 呵呵,他又拿出计算器开始计算了,这么复杂……

☻ 不复杂。你想,当你的上司把你安排到一个全新环境,是不是也要分析环境,排兵布阵?

☺ 这个——也对。通过部署兵力,站稳阵脚,并建立自己的优势;不然的话,如遇战斗任务,或有风吹草动,就会乱了阵脚……

☻ 你要确立自己的优势,必须从哪里入手?

☺ 从哪里入手,正在想这个问题呢……

☻ 孙子说:"所谓法:第一是度量,第二是容量,第三是数量,第四是衡量,第五是胜利的保障。"

☺ 计算开始,好像在进行测量工作……

☻ 是的,通过对敌我双方战场空间的测量,选择部署兵力的最佳方案。

☺ 有空间,才有可能……

☻ 孙子解释说:"地理环境,决定地形的度量……"

☺ 度,就是对地形状况的测量和估算……

☻ 包括战场空间的大小、远近、广狭、险易等,了解这一点,对于布阵,对于建立有利于我方的"形",非常重要。

☺ 第二是量……

☻ 孙子说:"地形的度量,决定战场面积的容量……"

☺ 就战场容量而言,有的地势广阔,有的地势狭窄,有的林木茂密,有的沟壑纵横,决定了我可利用的空间究竟有多大。

● 就像你进入一个新环境：有的比较明朗，容易发挥；有的比较阴暗，难以施展。

☺ 第三是数……

● 孙子说："战场面积的容量，决定兵力编制的数量……"

☺ 数，指的是兵力编制？

● 你是安排一个军，还是一个旅，是中军主力居前，还是左军右军居前，阵形的疏密，投入兵力的多少，都须依据战场容量而定。

☺ 嗯，有的地形容量太小，不适合投入太多兵力，只须投入一个人。

● 这是险要地带，一夫当关，万夫莫开……

☺ 第四是称……

● 孙子说："兵力编制的数量，决定双方兵力优劣的衡量……"称：比较、权衡。

☺ 称，就是双方兵力的优劣对比——孙子还是很看重数量上的优势。

● 占据有利的地形，就能投入强大兵力，摆出强大阵形。这时候，你只要站到制高点俯瞰双方的阵形，优劣之势基本上就可了然于胸……

☺ 下面是第五……

● 孙子说："双方兵力对比的衡量，决定双方的胜负。"

☺ 哦，所谓"称生胜"，就是把双方的"形"放在天平上称一下……

● 我们看下去。

---

gù shèng bīng ruò yǐ yì chēng zhū bài bīng ruò yǐ zhū chēng yì
故 胜 兵 若 以 镒 称 铢，败 兵 若 以 铢 称 镒。

● 孙子说："所以，胜利的军队，就好像以'镒'称'铢'，失败的军队，就好像以'铢'称'镒'。"

☺ 什么是"铢"？什么是"镒"？

● 那都是古代重量单位，一般认为二十四铢为一两，二十两为一镒。

☺ 我算一下，二十四乘二十，足足相差四百八十倍的力量对比，有些夸张了吧？

● 数量的优势，加上地势、阵形、装备、军纪、士气、战术素养，你必须占有压倒性的优势，才能战必胜、攻必克。

☺ 我知道了，胜兵就是以石头砸鸡蛋，败兵就是以鸡蛋砸石头。就像在天平上，一边放一铢,一边放一镒,其倾斜的态势,就是"形"……

称 胜 者 之 战 民 也,若 决 积 水 于 千 仞 之 谿 者,形 也。
(chēng shèng zhě zhī zhàn mín yě,ruò jué jī shuǐ yú qiān rèn zhī xī zhě,xíng yě)

- 😊 悬崖顶上,溪流渐渐汇聚。如果,我在崖口筑一道堤坝……
- 🙂 这样,溪流被堵在崖口,就会渐渐积聚,越积越厚,以至于不断向崖口涌动。
- 😊 悬崖下面,是深不可测的百丈深渊……
- 🙂 悬崖上面,一股可怕的力量,蓄势待发,轰然而下的态势,已然形成。
- 😊 孙子说:"实力对比处于优势的胜利者,其驱使军队投入战斗,就如决开积聚于千仞之高的溪水一样,这就是'形'。"民:指士兵。战民:即统帅三军之众与敌作战。谿:同"溪",山涧。
- 🙂 称胜者,就是称量下来的优势一方,也就是"以镒称铢"?
- 😊 是的——想要形成不可阻挡之"势",必先聚积威力强大之"形"。
- 🙂 积水,就是构筑"形";决水,就成了"势"……
- 😊 不知你注意没有,我们随着这《形篇》一路走来,全文居然没出现一个"形"字,一直走到最后,才突然显形……
- 🙂 嗯,临到悬崖边上,无形之间蓦地发现,强大的"形"已然在前。
- 😊 人们还不及反应,形势便急转直下……
- 🙂 下一篇,就是"势"。

《形篇》通读

孙子曰：

昔之善战者，先为不可胜，以待敌之可胜。不可胜在己，可胜在敌。故善战者，能为不可胜，不能使敌之必可胜。故曰：胜可知，而不可为。

不可胜者，守也；可胜者，攻也。守则有余，攻则不足。善守者，藏于九地之下；善攻者，动于九天之上，故能自保而全胜也。

见胜不过众人之所知，非善之善者也；战胜而天下曰善，非善之善者也。故举秋毫不为多力，见日月不为明目，闻雷霆不为聪耳。古之所谓善战者，胜于易胜者也。故善战者之胜也，无奇胜，无智名，无勇功。故其战胜不忒；不忒者，其所措必胜，胜已败者也。故善战者，立于不败之地，而不失敌之败也。是故，胜兵先胜而后求战，败兵先战而后求胜。

善用兵者，修道而保法，故能为胜败正。

法：一曰度，二曰量，三曰数，四曰称，五曰胜。地生度，度生量，量生数，数生称，称生胜。故胜兵若以镒称铢，败兵若以铢称镒。称胜者之战民也，若决积水于千仞之谿者，形也。

势篇

☻ 我军强大的"形"已然形成,为了击败敌军,现在需要造"势"……

☺ 形势形势,"形"是静态的潜在的力量,"势"则是由"形"的积聚而爆发出来动态的冲击力——只有积聚起强大的兵形,才能构成不可阻挡的战势,是不是?

☻ 是的。不过这"形势"关系,还得在实战中细细体会,意味很深啊。古人曾把汉代以前的兵家分成四大流派,"兵形势家"便是其中之一……

☺ 慢点——你说兵家有四大流派,是哪四派?

☻ 第一派是"兵权谋家",讲究以正守国,以奇用兵,先计后战;第二派是"兵形势家",讲究用兵的雷厉风行,后发先至,开合向背,变化无常;第三派是"兵阴阳家",测度星相五行,借助鬼神之力,讲究因时而动;第四派是"兵技巧家",擅长拳脚技击,长短兵器,攻防器械。

☺ 这样看来,孙子兼属"权谋"和"形势"两大流派。

☻ 不过,由于"兵权谋家"偏重军事战略的制定,所以一般也会兼形势、包阴阳、用技巧……

☺ 孙子不怎么谈"阴阳"和"技巧"……

☻ 技巧太具体了,有专人负责,不用战略家过分操心;至于孙子和"兵阴阳家"的关系,我们后面会说到——现在战场形势很紧,我们还是回到"形势"吧。

☺ 嗯,目前战场形势如何?

☻ 正面战场双方呈胶着状态,现在任命你为战区司令,给你五个军人马,开辟西线战区……

☺ 五个军人马,那有多少啊?

☻ 呵呵,看你茫然的眼神,就知道这战争已经失败啦——现代军队一个军的人数,不同国家的编制不尽相同,按照一般战时配置,给你四万左右,如何?

☺ 一个军四万,那五个军得有二十万,这个……

☻ 二十万都慌成这样,给你两百万,还不把你吓死!

☺ 二十万兵马,可不是二十万枚棋子,你想想,这粮草、装备、运输、通讯、宿营地、医疗,还有,还有不同兵种、各种轻重武器……

☻ 你以为要你布置二十万项任务啊,你那些军长,师长,都是吃干饭的吗?

☺ 啊,对了,我还有五个军长呢。

☻ 每个军,下辖三个师,每个师大概一万多人;每个师,下辖三个旅,每个旅大概五千人左右……

☺ 明白了。我,作为战区司令,只要统帅五个人,也就是五个军长。

● 当然不止五个人,必要的话,还可以给你配备几位参谋——不过在孙子时代,战争规模没那么大,军队编制也没那么复杂……

☺ 对军长来说,只要管好师长就行;对师长来说,只要管好旅长就行……

● 明白了这一点,就可以指挥大军了。

Sūn zǐ yuē fán zhì zhòng rú zhì guǎ fēn shù shì yě dòu zhòng rú dòu

孙子曰:凡治众如治寡,分数是也;斗众如斗

guǎ xíng míng shì yě

寡,形名是也。

● 孙子说:"管理千军万马,就如管理小部队那样顺畅,靠的是组织编制……"分数:指军队编制和战斗编组。

☺ 治众如治寡——说得真好,这是在讲阵法吗?

● 简单讲,"分"指层级,"数"指员额。孙子的"形势"理论,大多源于车战时代的阵法,既可用于日常训练,又能用于实际战斗。战国名将吴起在谈到"治兵"时曾说:"一人学战,教成十人;十人学战,教成百人;百人学战,教成千人;千人学战,教成万人;万人学战,教成三军……"

☺ 哦,军队的管理,靠的就是这种层级化的体制。有了这套体制,管理十个人和管理十万人,都是一样。按照这套体制,让我管理一个国家也不成问题;管理二十万兵马,更是小菜一碟……

● 这你有点过于自信了吧?

☺ 我只要说:独孤将军,你负责在明晨六点以前,占领凤凰山主峰,六点以前听不到你的捷报,提着脑袋来见我;慕容将军,你给我死守黑木崖的隘口,听着,一只苍蝇也不能让它飞过……

● 你以为管理你手下那几位将军,很容易吗?

☺ 这——这倒是,如果他们对我的部署有异议,争执不下怎么办?如果那几位将军,相互之间明争暗斗,不配合怎么办?

● 所以,"治众如治寡"是很高的管理境界。组织上的保证只是一方面,除此之外,你还得在治军理念、战略战术等方面,与各位主管达成共识;同时还要将这一切,通过贵军特殊的管理方式,贯彻下去……

☺ 看来,要使一支军队的各层组织,就如大脑指挥下的四肢一样运转自如,确实不易。

☻ 投入战斗时,部队编制会根据情况有所变化,但原理还是差不多。

☺ 那战场指挥的关键,又是什么?

☻ 孙子说:"指挥千军万马,就如指挥小部队作战那样自如,靠的是战场上的通信号令。"形名:指旗帜和金鼓。

☺ 哦,战场指挥的关键,在于信息系统的顺畅。

☻ 对,金鼓和旗帜就是当时的信息系统,它有多种用法,一般情况下,击鼓为进,重鼓则击;鸣金为止,重金则退;挥旌出令,挥旗回应。如果没有这些信息系统,就会形成一场混战……

☺ 即使现代战争,为了使各系统之间配合行动,也需要确保信息渠道的顺畅,信息内容准确而迅速的传递……

☻ 岂但战争,管理国家、城市、企业,道理都一样。比如中国后来形成的中央集权制,用的也是类似方法,将整个社会纳入到层级化的管理体制下,实现对全民的总体性控制……

☺ 也许这种富有效率的体制,正是在战争环境的逼迫下产生的。

☻ 差不多吧,你想实施有效的管理,就须把握这两项要素——第一是完善的组织编制,第二是畅通的信息系统。

☺ 可是,这和"势"有什么关系?

☻ 这是"势"的基础,没这个基础,即使具备强大的"形",你也无法指挥和调动,更不用说克敌制胜了。

☺ 现在,我想通过指挥调度,将"形"转化为"势",请问有什么方法?

☻ 我们看下去……

三军之众,可使毕受敌而无败者,奇正是也;兵之所加,如以碫投卵者,虚实是也。

☻ 刚才你问,如何将"形"转化为你想要的"势"?

☺ 对啊。不过得说清楚,我想请教的是具体方法,不是抽象理论。

☻ 孙子说,主要的方法有两种……

☺ 不多嘛,只有两种!

☻ 这两种方法,变化无穷,够你体会一辈子了。不但古往今来的名将克敌制胜,就是那些大政治家、外交家、艺术家、企业家创造奇迹,靠的也无非是这两招。

☺ 说得如此神奇,究竟哪两招?

☻ 孙子说:"统帅全军兵马,能使自己四面受敌也不导致失败,靠的是'奇正';军队攻击所向,就如以石头砸鸡蛋一般,靠的是'虚实'。"碬:砺石,即磨刀石。

☺ 用兵的方法,也就是"奇正"和"虚实"?

☻ 运用"奇正"和"虚实"二法,目的就在于形成克敌制胜所必需的势——我们回顾一下,上一篇主要讲什么?

☺ 主要讲攻守、强弱之形……

☻ 攻守、强弱之形是静态的,只有催生变化才可以成势;这催生变化的方法,其一来自"奇正",其二来自"虚实"……

☺ 下一篇才是《虚实篇》……

☻ 对,关于"虚实",孙子会在下一篇详细讲,本篇主要讲"奇正"。

☺ 所谓"奇正",指的是……

---

fán zhàn zhě　　yǐ zhèng hé　　yǐ jī shèng
凡 战 者 , 以 正 合 , 以 奇 胜 。

☻ 现在,你那二十万大军已侵入敌境,前方不远处,敌军正集结重兵构筑工事,严阵以待,准备严防死守……

☺ 对方投入的兵力有多少?

☻ 据探马来报,估计也有二十万之众。

☺ 让我复习一下兵法:"凡用兵之法,十则围之,五则攻之,倍则战之,敌则能分之……"二十万对二十万,兵力对等,那就应该"分之"!

☻ 请问如何分法?

☺ 我准备将我那二十万军队化整为零,从各个角度攻击敌军……

☻ 这样啊,我问你,如果敌军集中兵力,击破你的一点,你还不全军溃散?

☺ 那,那我该怎么办?

☻ 孙子说:"作战的一般法则:以'正兵'正面对敌,以'奇兵'出奇制胜。"合:会合、交战。

☺ 哦,"正"是正兵,"奇"是奇兵:以正合,就是在正面布阵,以正规形式与对手交战;以奇胜,就是另出一支奇兵,以出人意料的行动赢取胜利。

☻ 孙子的"奇正",其实也源于阵法,其中的"正"为常阵,"奇"为变阵。由此引申,可指军队编制的"奇正",如正规军为正,特种军为奇,野战军为正,游击队为奇;也可指战略战术的"奇正",如明攻是正,暗袭是奇,正面强攻是正,侧后迂回是奇,明修栈道是正,暗度陈仓是奇……

☺ 直拳是正,勾拳是奇,中路突破是正,两翼插上是奇……

☻ 呵呵,先不忙想象,解决眼下问题才是正事。

☺ 如今两军对峙,如果正面强攻,胜负很难预料。我现在决定,其他各军正面接敌,只须纠缠,不许恶斗,另外,独孤将军率所部神不知鬼不觉绕到敌军后方,打他一个措手不及——这样可以吗?

☻ 这还有点意思,符合"以正合,以奇胜"的战法。宋代兵法家王皙曾说:"奇正者,用兵之钤键,制胜之枢机也……"

☺ 奇兵的目的,在于分对手之兵,使敌人顾头不顾尾,顾尾不顾头……

☻ 这才是"敌则能分之"的正解。不过,还是要提醒你注意两点,第一,玩"奇正"时,不可忘记前面提到的"分数"和"形名"。

☺ 嗯,缺少了组织编制和信息系统,再绝妙的"奇正"也玩不起来。

☻ 第二,看你把全部兵力都投入战斗,似乎也有点鲁莽。一般作战,至少得配置一个预备队,以应不时之需……

☺ 我这个战法,已是万全之策了,还要什么预备队?

☻ 要知道,敌人也在读《孙子》……

☺ 哦,忘记这一点了,对手不是傻瓜!

☻ 对,这一点必须切记,比如,你千里迢迢越境作战,万一敌军也绕到你的后方,切断你的运输线……

☺ 他也玩"以正合,以奇胜"啊——那我的预备队,必须作为手中另一支奇兵,随时待命。

☻ 这便是"奇中出奇"了。有时候何者为正,何者为奇,确实很难界定……

☺ 正中有奇,奇中有正;正化为奇,奇反为正……

☻ 所以,孙子才有了下面的感慨。

gù shàn chū jī zhě　wú qióng rú tiān dì　bù jié rú jiāng hǎi　zhōng ér
故善出奇者,无穷如天地,不竭如江海。终而

fù shǐ　rì yuè shì yě　sǐ ér fù shēng　sì shí shì yě
复始,日月是也;死而复生,四时是也。

● 用兵而有"奇正",最大的好处是什么?

☺ 最大的好处是可以产生变化。这大概与计算机语言一样——单有0只能机械重复,加上个1,组合起来就变化无穷。

● 孙子说:"所以,善于出奇制胜的将军,其运转无穷有如天地,连绵不竭有如江海……"

☺ 个中的奥妙,看来不是靠读书获得的……

● 那当然,你可以到海边体验一下,静观那海潮的起伏进退,无休无歇,永不间断,好像背后有一股雄浑的力量在推动,非常可怕。

☺ 还有那惊涛拍岸,瞬间爆发,又爆发,其节奏和力度的变化,也是意味无穷……

● 孙子接着说:"入而复出,仿佛日月运行;去而复来,又如四季交替。"

☺ 大自然的每一个细节,居然也充满兵法。

● 是啊,日升月落,寒来暑往,花开花谢,云卷云舒,孙子仿佛在大自然的变化中,领悟战争的壮阔雄伟,奥妙无穷……

shēng bú guò wǔ　wǔ shēng zhī biàn　bù kě shēng tīng yě　sè bú guò wǔ　wǔ sè
声不过五,五声之变,不可胜听也;色不过五,五色

zhī biàn　bù kě shēng guān yě　wèi bú guò wǔ　wǔ wèi zhī biàn　bù kě shēng cháng yě
之变,不可胜观也;味不过五,五味之变,不可胜尝也;

zhàn shì bú guò jī zhèng　jī zhèng zhī biàn　bù kě shēng qióng yě
战势不过奇正,奇正之变,不可胜穷也。

● 除了天地四时、日月江海,还有音乐、绘画、厨艺……

☺ 刚才由宏观参悟微观,现在由微观参悟宏观。

● 孙子说:"音节不过五种,五种音节的变化,却听不胜听;色素不过五种,五种色素的变化,却看不胜看;滋味不过五种,五种滋味的变化,却尝不胜尝……"胜:尽的意思。

☺ 这五声、五色、五味……

● 五声,指宫、商、角、徵、羽五个音阶;五色,指青、黄、赤、白、黑五个色素;五味,指酸、甜、苦、辣、咸五种滋味。

☺ 他是说,高明的指挥员,就如高明的乐师、画师、厨师……

● 看孙子这里的描述,已分辨不清他是在讲战争,还是在讲自然,讲艺术,讲风花雪月,饮食下棋,歌舞剑法……

☺ 对,剑法如兵法——"昔有佳人公孙氏,一舞剑器动四方;观者如山色沮丧,天地为之久低昂……"

● 呵呵,"爡如羿射九日落,矫如群帝骖龙翔;来如雷霆收震怒,罢如江海凝青光……"这杜甫的《观公孙大娘弟子舞剑器行》,你居然记得。

☺ 不好意思,只记得前几句,这么好的诗,该背出来才是……

● 能从诗中领悟兵法,也不错啊。

☺ 虽然那是一个人的剑舞,却也是奇正相生,仿佛正调动着千军万马。

● 据说,唐朝的书法家张旭,因观赏这位公孙大娘的剑舞,悟出了草书的真谛,书风也变得豪荡感激,气象万千……

☺ 我看古人书法,亦如奇正相生的战争:每一笔都是正,每一笔相对于前一笔都是奇,奇正相生相胜,真如剑戟林立,奇兵迭出……

● 由你讲的书法,倒给了我启发——所谓奇,必须与正配合,与正呼应,才成其为奇。

☺ 这太重要了!不然的话,为奇而奇,为出人意料而出人意料,说不定会消解正的作用,自乱阵脚呢。

● 我们回到战争吧。孙子说:"用兵之势不过奇正,奇正的变化,却无穷无尽。"

☺ 这里的关键是"无穷"。

● 是的,空间上以正配正,时间上以正继正,都难以产生变化;只有以奇配正,以奇继正,一切就不同了——攻守,远近,刚柔,动静,明暗,疾徐,无穷的组合,可以变幻出无穷的战法,每一步,都隐含下一步难以预料的变化。

☺ 战争在孙子那里,好像有生命,有灵魂……

jī zhèng xiāng shēng   rú huán zhī wú duān   shú néng qióng zhī
奇 正 相 生 , 如 环 之 无 端 , 孰 能 穷 之 !

- 孙子的结论是:"奇正相互转化,如转动的圆环那样无始无终,谁能穷尽它呢!"孰:疑问代词,谁。

- 就是说,正可以转化为奇,奇可以转化为正……

- 在《唐李问对》中,李靖对唐太宗说:"善用兵者,无不正,无不奇,使敌莫测,故正亦胜,奇亦胜……"

- 看李靖的意思,除了"以正合,以奇胜",亦可"以奇合,以正胜"?

- 正兵与奇兵,本是一兵,就如一个人的左拳和右拳……

- 这便将刚才的定义翻转过来了:特种军是正,正规军是奇,暗袭是正,明攻是奇,侧后迂回是正,正面强攻是奇,勾拳是正,直拳是奇……

- 这就是奇正相生,循环无穷。

- 领悟了"奇正"的奥妙,真可以新意迭出,令人防不胜防。

- 兵法的修炼,足以开启心智。用兵如做人,也如做事,好好体会吧——下面,我们准备出击。

jī shuǐ zhī jí   zhì yú piāo shí zhě   shì yě   zhì niǎo zhī jī   zhì yú huǐ
激 水 之 疾 , 至 于 漂 石 者 , 势 也 ; 鸷 鸟 之 击 , 至 于 毁
zhé zhě   jié yě   shì gù shàn zhàn zhě   qí shì xiǎn   qí jié duǎn
折 者 , 节 也 。 是 故 善 战 者 , 其 势 险 , 其 节 短 。

- 江水奔涌,鸷鸟低翔,孙子伫立天地之间,体验出击之道。

- 没有"势",就无所谓出击……

- 孙子说:"湍急的水流飞速奔泻,以至于冲走巨石,是因为水势……"疾:急速。

- 当激水产生冲击力,就具有了漂走巨石的威力;"势"就是冲击力。

- 联系他在《形篇》结尾的观察:积水于千仞之高的山巅,属于静态的形;一旦冲破决口,倾泻而下,就构成了势。

- 积水为形,激水为势……

- 孙子说:"凶悍的飞鸟迅猛冲击,以至于扑杀猎物,是因为节奏。"鸷鸟:鹰、雕之类凶猛的鸟。毁折:指擒杀猎物。节:节制、节奏。

☺ 看似漫不经心的盘旋,一旦接近目标,便以短促有力的瞬间出击,实施突袭……

● 对,这就是所谓的"节"。

☺ 短促有力的"节",可以释放出巨大能量。

● 孙子说:"所以,善于作战的军队,其所造成的态势,往往险峻强力;其所发出的节奏,往往短促急骤。"

☺ 势险,如激水;节短,如鸷鸟……

● 这"险"和"短"二字所隐含的张力,很难描述,但很值得玩味。

☺ 是否像拳师出击时发出的"寸劲"?

● 对。拳法要求出击的力量"起于腿,发于腰,催于肘,达于手",你说的"寸劲",就是在动作即将结束的一瞬间爆发力量,据说厉害的话,可以震碎五脏六腑。

☺ 不过,我觉得"鸷鸟之击"除了把握瞬间节奏,还得目标精准……

● 嗯,继续说。

☺ 如果这鸷鸟,能量也具备了,突然性的节奏也把握了,却认错目标,一击不中;或击中对手无关痛痒之处,那岂不白费气力。

● 更糟的是,当对于反戈一击,你再想闪避,就难如登天了……

☺ 所以我想,任何出击行动,都必须有后续方案,不能奢望毕其功于一役。

● 不过这是后话,就眼下形势来说,孙子虽未讲到目标的准确性,却提及一件强力兵器……

☺ 看到了,就是强弓劲弩的"弩"……

---

shì rú guō nǔ　 jié rú fā jī

势 如 彍 弩 , 节 如 发 机 。

● 中国最早记载"弩"的文献,就是这部《孙子》;弩正式用于战场,应该也在春秋晚期。

☺ 那还是一种新式武器……

● 据传,孙子之前百年左右,楚国有位名叫琴氏的技师,他认为普通弓箭已不能制服天下,于是发明了这种强劲兵器。其后,在楚国和吴、越诸国,涌现了许多制弩高手……

☺ 在当时中国,这算是头等强劲的武器了吧?

● 是的。当时的弩,由弓身、托柄、机匣、板机等部件构成。制作弓身的材料,有角、木、筋、胶等;托柄又称"臂",用一段平滑的木材制成,上面嵌有机匣;构造精妙绝伦的青铜板机,悬于机匣之下,放箭时,只须轻轻一扣……

☺ 嗯,应该属于高科技的尖端武器了,看上去,孙子很感兴趣。

● 从弩的精巧结构中,孙子不仅看到了大家都看到的精确性和杀伤力,更领悟到了兵法。

☺ 他领悟到了"势"?

● 孙子说:"势,就如张满强弩;节,就如扣动板机。"旷:弩弓张满之意。

☺ 常言说:蓄劲如开弓,发劲如放箭。不同的是,弩比弓更强劲……

● 对,弩弓张满之时,蓄积的力量比传统的弓强很多,但外表却更平静;扣动板机发射时,节奏非常短促,但释放的威力却无比强大。古人说:发千钧之弩者,由一寸之机……

☺ 千钧,一寸,其势险,其节短……

● 你瞎念叨什么啊?

☺ 看来这"势险"和"节短",就是人为造势的奥妙所在……

---

fēn fēn yún yún　dòu luàn ér bù kě luàn yě　hún hún dùn dùn　xíng yuán ér bù

纷纷纭纭,斗乱而不可乱也;浑浑沌沌,形圆而不

kě bài yě

可败也。

● 现在,你那十几万大军已突入敌阵,与敌军混战成一团。

☺ 我没这么愚蠢吧。刚才,我已采用"奇正"之术,分兵绕道敌军背后,计划实施突袭,令敌军首尾难顾……

● 战场上什么都会发生,或许,你那奇兵在预定时间没有赶到预定地点,或者,在途中遭遇截击……

☺ 这个独孤求胜,回来我枪毙他……

● 大敌当前,埋怨无补于事。现实就是,你不能在这场战斗中落败,至少得战斗到独孤将军所率的奇兵出现……

☺ 这场主力间的对决,我方人数少于对方,而且,双方已进入混战状态。

● 孙子说:"旌旗纷乱交错,能主导混乱环境中的战斗,而不被混乱的环境扰乱……"纷纷纭纭:杂乱的样子。

☺ 这是说,即使在混战中,也必须始终保持队形,让战斗按照自己的节奏进行?

● 对,陷于混战的军队容易失去章法,变成不受控制的乱战;最可怕的是,不知不觉卷入对手的节奏……

☺ 周围尽是漫天尘土,乱箭纷飞,刀光剑影闪烁,人人血脉贲张,杀红了眼,在如此局面中想要掌握主动,确实不易。

☻ 战斗持续到傍晚,双方激战犹酣……

☺ 我靠,这个独孤求胜,讲好下午四点到达预定地点,何以至今没有动静!

☻ 春秋时代的战争,通常打到傍晚,双方都会同意休战,第二天再约战——可是目前,眼看天色渐暗,对手却丝毫没有收手的动静。

☺ 现在最大的问题是,混战在黑夜进行……

☻ 孙子说:"人马混沌难辨,能保持阵形的圆转自如,而不被敌人乘隙攻破。"浑浑沌沌:昏暗不清的样子。

☺ 古代阵法,一般是取方阵吗?

☻ 是的。因为天昏地暗,旌旗号令以难以分辨,变方阵为圆阵,可使军队的前后左右,彼此呼应,随时补充,而不至于被敌军趁夜突入。

☺ 这是一种以守为主的阵法……

☻ 总之,即使你那独孤将军不出现,即使战场情况的发展超出了你的预估,都不必摔茶杯骂娘,保持阵形,沉着镇定,办法总会有的。

☺ 就如身处这纷纷扰扰的人世,大家都陷入了混战,也得把握自己,不可乱了阵脚。

☻ 要做到阵脚不乱,首先得方寸不乱。

☺ 方寸,是心……

☻ 对,心不乱,则阵不乱——我们看孙子怎么说……

---

luàn shēng yú zhì　　qiè shēng yú yǒng　　ruò shēng yú qiáng　　zhì luàn　shù yě
乱 生 于 治 , 怯 生 于 勇 , 弱 生 于 强 。治 乱 , 数 也 ;

yǒng qiè　　shì yě　　qiáng ruò　　xíng yě
勇 怯 , 势 也 ; 强 弱 , 形 也 。

☻ 所谓的混乱,其实是相对的……

☺ 我军碰到的问题,敌军同样碰到,是不是?

☻ 孙子说:"对手混乱,是由于我方严整;对手怯懦,是由于我方英勇;对手弱小,是由于我方强大。"

- ☺ 关键时刻,就看谁的头脑更冷静,谁的意志力更坚强。

- ⚫ 始终保持严整的阵形,保持斗志,保持强大的实力,这样,你就不会随着敌军的节拍起舞,这样,对手便会陷入混乱。

- ☺ 可是目前,我的人数不如对手……

- ⚫ 孙子说:"严整与混乱,关键在于组织编制;英勇和怯懦,关键在于用兵态势;强大和弱小,关键在于军队阵形。"

- ☺ 组织编制有序,士兵就会严整不乱;制造有利的态势,士兵就会表现神勇;构筑合理的阵形,就能增强军队的战斗力——是这意思吗?

- ⚫ 正是此意。

- ☺ 这就对了,只要我阵形构筑合理,富有针对性,加上组织有效、士气高昂,可在一定程度上抵消人数的不足……

- ⚫ 而且,孙子说"强弱,形也",其实也在提醒你,强弱之形,是可以转化的……

- ☺ 强弱之形,如何转化?

---

gù shàn dòng dí zhě   xíng zhī   dí bì cóng zhī   yǔ zhī   dí bì qǔ zhī

故善动敌者,形之,敌必从之;予之,敌必取之。

yǐ cǐ dòng zhī   yǐ zú dài zhī

以此动之,以卒待之。

- ⚫ 孙子说:"所以,善于调动敌人者,示形于敌,敌人必会受骗;诱敌以利,敌人必会上当……"予:给予之意。

- ☺ 示形于敌,就是用假象迷惑敌人……

- ⚫ 当你和对手缠斗不休以至形势胶着时,就应及时改弦易辙,想办法调动敌军,开辟新的战场,形成新的战斗。

- ☺ 动用预备队,采取各种手段调动敌军?

- ⚫ 可以啊,通过调动敌军,也能转化敌我双方的强弱之形;但你要调动敌军,就得……

- ☺ 就得有所放弃——这道理我懂,舍不得孩子,套不得狼。

- ⚫ 只是,这孩子丢出去,得有十二分把握。你仔细体会孙子的两个"必"字……

- ☺ 所以他对将领的要求是"善动敌者";善和不善,就看敌人上不上钩。

- ⚫ 孙子说:"用这些办法调动它,派重兵严密守候它。"卒,指严兵精卒。

☺ 按照奇正之法,这"形之"和"予之"属于正兵,"待之"就是奇兵了。只是,现在孩子丢出去了,士兵也埋伏了,敌人不出现咋办?别孩子牺牲了,狼却没套到……

☻ 是啊,这确实是个问题——孙子在这里,也只是点到为止,具体招数他会在下一篇,也就是《虚实篇》里展开。

☹ 那我们就耐心点……

---

gù shàn zhàn zhě   qiú zhī yú shì   bù zé yú rén   gù néng zé rén ér rèn shì

故善战者,求之于势,不责于人,故能择人而任势。

☻ 孙子说:"所以,善于作战的将帅,寻求的是态势,而不是苛求下属……"

☺ 开始讲"势"与"人"的关系了。

☻ 刚才讲"勇怯,势也",就是说,只要形成有利的态势,即使怯弱的士兵,也能激发出英勇斗志。

☺ 可是,这制造有利态势的关键……

☻ 孙子接着说:"……所以,他能够选择合适的人才,去充分运用态势。"

☺ 关键在用对人。这"择人而任势"五字,意味深长。

☻ 也有一些学者解释说,这"择人",应读为"释人",也就是放弃人,不依赖人。

☺ 不依赖人而依靠势?说是说得通——但我觉得,读为"择人",更具启发性和操作性。

☻ 嗯,说说看。

☺ 比如,我要制造勇猛之势以震慑对手,就选择强悍的部将披挂上阵;我要制造怯懦之势以诱敌深入,就选择心思细密的部将担此重任,以避免行事鲁莽而暴露自己的意图……

☻ 用不同的人,制造不同的势,有那么点意思。

☺ 这叫因势以择人,因人以助势。

☻ 在《三略》那部兵书中,谈到"军势"问题时,有这么几句话:"使智,使勇,使贪,使愚……"就是说,你可使用的人才,包括智者、勇者、贪者、愚者……

☺ 哦,智者渴望建功,勇者不甘人后,贪者唯利是图,愚者奋不顾身,我可根据他们这些个性,派发不同任务,达到不同目的。

☻ 除了个性,还有特长……

☺ 这我知道,有的擅长车战,有的擅长步战,有的善于指挥调度,有的适合单打独斗……

● 那你选择的那位独孤将军……

☺ 呵呵,还提他啊!独孤将军善打硬仗,但鲁莽易怒,看来穿插敌后的任务,得派既足智多谋,又能严格执行战术纪律的将军执行。

● 你是说,独孤将军也许在穿插途中遭遇敌军,以他的个性,可能与敌军纠缠厮杀?

☺ 择人不当,我这"奇正"之势,便难以实现。

任势者,其战人也,如转木石。木石之性,安则静,危则动,方则止,圆则行。

● 孙子说:"能充分运用态势的将帅,他指挥士兵作战,就如滚动木头和石头一样……"战人:指挥士兵作战。

☺ 呵呵,不仅天地日月,声音滋味,连木头石头,在孙子眼里,也是兵法……

● 过去说读书,既要读有字之书,也要读无字之书,看来孙子非常善于领悟那充满天地间的无字之书。

☺ 他从木头和石头中,又参悟到了什么?

● 孙子说:"木头和石头的本性是,处于平坦之地则静止,处于倾斜之地则运动,呈方形则停止,呈圆形则滚动。"安:平坦。危:高而险。

☺ 这样简单的道理,还用他讲?

● 差别在于众人眼里的木头石头,就是木头石头;孙子眼里的木头石头,却是兵法。比如,你手下那些智者、勇者、贪者、愚者,就好比木头和石头……

☺ 此话怎讲?

● 凡是人,在一定环境中,都会显现其个性和潜能,就如木头与石头一样,你的任务,就是创造必要的环境,把他们的潜能尽量发挥出来。

☺ 那就是制造动力,制造态势——需要木头石头运动,就让平坦之地倾斜,需要木头石头剧烈运动,就加大倾斜的角度。

● 对,木头石头有大小方圆之别,看上去似有强弱优劣之分,但它们的战斗力,却因我们制造的势,会显出极大不同。

☺ 这个道理,好像也适用于对手……

☻ 此话又怎讲？

☺ 敌人也有智者、勇者、贪者、愚者，针对这一点，我同样也可以"使智、使勇、使贪、使愚……"

☻ 呵呵，高明的指挥者，不仅善于指挥自己的军队，还得善于指挥敌人的军队……

---

gù shàn zhàn rén zhī shì　　rú zhuǎn yuán shí yú qiān rèn zhī shān zhě　　shì yě

故善战人之势，如转圆石于千仞之山者，势也。

☻ 什么是"势"？

☺ 不可遏止，不可逆转，一往无前的力量和态势，就是"势"。如趋势、强势、气势、势不可挡、趁势而起、仗势欺人、得势不饶人……

☻ 孙子说："所以，善于指挥作战的将军，就如转动圆形巨石，从几百丈高的山顶滚下，这就是所谓的势。"

☺ 我好像听到隆隆的水声……

☻ 巨石从山顶滚下，怎会听到水声？

☺ 在《形篇》结尾，孙子说："称胜者之战民也，若决积水于千仞之谿者，形也……"

☻ 嗯，积水之静，那是"形"，倾泻而下，就成了"势"。

☺ 同样，圆石处于高山之巅，摇摇欲坠，就是蕴含了巨大能量的"形"；一旦触动，便会形成泰山压顶般的冲击力……

☻ 还有，漂石的激水，低翔的鸷鸟，绷紧的弓弩……

☺ 我的任务，就是聚积能量巨大的"形"，并按照战略需要，推动其成"势"。

《势篇》通读

孙子曰：

凡治众如治寡，分数是也；斗众如斗寡，形名是也。三军之众，可使毕受敌而无败者，奇正是也；兵之所加，如以碫投卵者，虚实是也。

凡战者，以正合，以奇胜。故善出奇者，无穷如天地，不竭如江海。终而复始，日月是也；死而复生，四时是也。声不过五，五声之变，不可胜听也；色不过五，五色之变，不可胜观也；味不过五，五味之变，不可胜尝也；战势不过奇正，奇正之变，不可胜穷也。奇正相生，如环之无端，孰能穷之！

激水之疾，至于漂石者，势也；鸷鸟之疾，至于毁折者，节也。是故善战者，其势险，其节短。势如彍弩，节如发机。

纷纷纭纭，斗乱而不可乱也；浑浑沌沌，形圆而不可败也。乱生于治，怯生于勇，弱生于强。治乱，数也；勇怯，势也；强弱，形也。故善动敌者，形之，敌必从之；予之，敌必取之。以此动之，以卒待之。

故善战者，求之于势，不责于人，故能择人而任势。任势者，其战人也，如转木石。木石之性，安则静，危则动，方则止，圆则行。故善战人之势，如转圆石于千仞之山者，势也。

虚实篇

● 什么是"虚实"?

☺ 虚实嘛,就是一会儿和你玩真的,一会儿和你玩假的……

● 重要的是,玩着玩着,别把自己也给玩了。

☺ 这是《虚实篇》要讲的内容吗?

● 宋代兵法家张预研究了《孙子》这前后几篇的关系,认为《形篇》主要讲攻守,《势篇》主
要讲奇正……

☺ 虚实的位置在哪里?

● 这位张预先生说:善用兵者,只有先通晓攻守平衡之法,然后才能把握奇正;只有先把
握奇正变化之术,然后才能运用虚实……

☺ 嗯,比较绕的说法,但明白他的意思——玩虚实的时候,要始终把握玩对手的态势,警
惕被对手给玩了。

● 再问你第二个问题:什么是"先手"?

☺ 这是围棋术语,你每下一子,必须使对方被动地应你一手,便是先手,那被动应你的一
手,就是后手……

● 为什么下棋时,双方都要争先手?

☺ 一般情况下,先手掌握主动,后手相对被动。

● 如何才能让对方被动地应你?

☺ 那得看你那手棋下在哪里了,下在对方的要害之处,他便不得不应你……

● 回到我们的战争——这场战争,是我们打响第一枪的吧?

☺ 明白你的意思,打响第一枪的一方,就如下第一个子的棋士,占有先手之利。

● 不过,对侵略战来说,主动不难,难的是始终保持主动。

☺ 你担心战端一开,一切就由不得自己了?

● 棋经上讲"宁输数子,勿失一先",争取和保持先手之利,确实性命攸关,如果不小心落
了后手,也许一辈子也翻不了身……

☺ 纠缠于芝麻绿豆的小利,或者斗一时之气,就如围棋上的数子之争?

● 差不多,数子之争,多出于局部利益的考虑;先手之争,牵涉到全局的主动性,属于战略
层面的问题,就看你有没有大局观………

☺ 兵法上也这么讲吗？

Sūn zǐ yuē   fán xiān chǔ zhàn dì   ér dài dí zhě yì   hòu chǔ zhàn dì   ér qū
孙 子 曰：凡 先 处 战 地 而 待 敌 者 佚，后 处 战 地 而 趋

zhàn zhě láo   gù shàn zhàn zhě   zhì rén ér bú zhì yú rén
战 者 劳。故 善 战 者，致 人 而 不 致 于 人。

● 孙子说："凡先到达战场以等待敌人的一方，就安逸；后到达战场以赶赴应战的一方，就疲劳。"处：到达、占据。佚：通"逸"；安逸、从容。

☺ 这是"待"与"趋"的差异所在："待"者相对安逸，自然准备充分；"趋"者显然落于后手，匆忙应战，也许就一步被动，步步被动了。

● 举这个例子，是为了说明一个千古不易的用兵法则……

☺ 哦，善用兵者，致人而不致于人！

● 孙子说："所以，善于作战者，总是调动对手却不被对手所调动。"致：招致、引来。

☺ 致，就是调动？

● 广义的理解，也可以是控制、指挥。常言说"将敌如卒"，一个出色的将领，不仅要善于调动自己的军队，还得善于调动敌人的军队……

☺ 你是侵略者，自然有先手之利，可是请问：如果先到达战场的是敌人，那该怎么办？

● 按照孙子"致人而不致于人"的用兵原则，你说该怎么办？

☺ 匆忙应战，自然不是办法，我想想——当接获敌军主力已抢先到达战场的情报，我会下令改变原定计划，停止前进……

● 选择放弃？

☺ 怎么会放弃！我有两套方案，不过还没最后决定……

● 说说看，哪两套方案？

☺ 其一，我会派一支先头部队继续赶赴战场，与敌军接战，只许败，不许胜，引诱敌军追击；主力部队则埋伏于先头部队的退路上……

● 知道你的第一方案了，请继续第二个方案。

☺ 其二，我会暂时放弃这个战场，带领主力部队奔赴另一个目标……

● 什么目标？

☺ 选择敌军防守松懈的所在，比如运输线、仓库等——如果敌军主力赶来支援，我就中途

截击;如果不来支援,我就顺手拿下这个目标……

● 哦,这第二方案里包括了两种选择……

☺ 你给参谋参谋,哪一套方案更好?

● 那得看战场及敌军的具体情况。不过,能考虑到调动敌军以掌握失去的先机,应该符合孙子的原则——在《唐李问对》那部兵书里,李世民和李靖讨论《孙子》时,李靖就说:"千章万句,不出乎'致人而不致于人'而已……"

☺ 感觉下来,这"致人而不致于人"的道理,也不仅仅在讲战争……

● 呵呵,这句话的含意大矣哉。它至少提醒你,在纷乱的竞争环境中,要具有比对手更广阔的视野,要始终保持清醒头脑,控制局势,掌握主动。

☺ 让对手进入自己设定的节拍,倘若出了什么差池,也能及时调整,化被动为主动……

● 我们继续下面的话题吧。

---

néng shǐ dí rén zì zhì zhě　lì zhī yě　néng shǐ dí rén bù dé zhì zhě
能 使 敌 人 自 至 者,利 之 也;能 使 敌 人 不 得 至 者,

hài zhī yě
害 之 也。

● 我们前面说过,我们的对手不是傻瓜……

☺ 问题是如何在对手不是傻瓜的前提下,致人而不致于人?

● 孙子说:"能使敌人自动前来,是以小利引诱它;能使敌人不得前来,是以危害阻止它。"利:指利诱。害:妨害、阻挠。

☺ 战争,无非是趋利避害;要赢得主动,就要善用运用"利害"调动对手……

● 不过在运用这手段时,还得把握分寸,比如向敌人设下诱饵,这诱饵过重或过轻,恐怕都有问题。

☺ 搞不成弄巧成拙,赔了夫人又折兵……

● 所以,想要对手听从指挥,必先掌握对手心理,知道对手期待什么,忌惮什么,便是重要一环。

☺ 文章做到这里,是越来越细了。

gù dí yì néng láo zhī　bǎo néng jī zhī　ān néng dòng zhī
故敌佚能劳之,饱能饥之,安能动之。

● 孙子接着说:"所以,敌人安逸,能使之疲劳;敌人饱食,能使之饥饿;敌人安定,能使之行动……"

☺ 设法使对手按照我方设定的方向和节奏奔波,并从中发现战机。

● 可见一个高明的指挥员,要善于指挥两支军队……

☺ 明白你的意思,一支是自己的军队,一支是敌人的军队——不过我有个疑问……

● 哦,又有什么疑问?

☺ 争取战场主动权,固然重要,但如何才能有效调动敌军,才是关键所在。如果碰上一个聪明对手,也学过《孙子》——你示我以利,我偏不上钩;你示我以害,我就明白不是那么回事,偏和你拧着来……

● 看不出你脑子还挺清楚。

☺ 怎么样,没辙了吧?

● 请问,本篇的篇名是什么?

☺ 虚实……

● 那"利害"二字,如果加上"虚实"二字,你说可以组成多少变化?

☺ 你是说,只要掌握"虚实"之道,就能处处争取主动——好像有点意思了。

● 想当年,吴王阖闾披阅了《孙子》十三篇后,迫不及待就要对楚国发动全面进攻。这时,伍子胥从旁劝道……

☺ 伍子胥,就是那位从楚国逃亡而来的著名人物?

● 正是此人。他建议吴王阖闾分派三支军队袭扰楚军,并"如此如此,这般这般……"嘱咐了一番,结果强大的楚军便乖乖听从调动,以至疲于奔命……

☺ 他献的什么计,竟有如此效果?

● 第二年秋天,吴军开始实施伍子胥计划:首先进攻楚国东部边境的一座城邑,当楚军火速赶去救援时,吴军马上消失得无影无踪;楚人刚把这座城邑的居民迁往他处,另一支吴军又出现在楚国北方边境的一座城邑,等楚军再次赶到,吴军又迅速撤走……

☺ 那伍子胥骚扰的目标城邑,都在哪里?

● 都在安徽、河南一带,或在潜,或在六,或在弦,反正行踪飘忽,说不清楚……

☺ 看来,那伍子胥一定读过《孙子》。

☻ 可别小看伍子胥,此人的谋略不在孙子之下。何况这两位当世奇才,本就是英雄相惜的密友,孙子也是经他三番五次推荐,才得以面见吴王。

☺ 这位伍子胥,大概称得上是中国游击战的先驱了。

☻ 伍子胥的游击战,是具有战略规划的整体行动,并非战术性的小打小闹——吴国针对楚国的这种轮番袭扰,持续了六年之久,楚军无计可施,只能徒劳地往返奔波,在吴楚相争的格局中,楚国由此陷入被动。

☺ 这"虚实"之道玩得好,确实难以应付:他声东击西,打一枪换个地方,你去救援,他马上撤退,你不去救援呢,他便顺手牵羊……

☻ 这说明,掌握主动的关键,在于掌握对手的命脉。

☺ 掌握对手的命脉,就得知道对手的命门。

☻ 这就是我们下面要讨论的。

---

chū qí suǒ bì qū   qū qí suǒ bú yì
出其所必趋,趋其所不意。

☻ 刚才你说,掌握主动的关键,在于知道对手的命门?

☺ 因为只有这样,对手才会不得不跟着你的节奏,按照你的意图行动。

☻ 嗯,这"不得不"三个字,很有意思。

☺ 可是,如何才是让对手"不得不"的最佳途径,还没具体说……

☻ 孙子说:"我方出击的目标,要选择于敌人必须赶赴之处;我方赶赴的方向,要选择在敌人意料不到之处。"

☺ 出其所必趋,就是攻击对手必须解救之处……

☻ 解释之前,我们先做一道战术选择题,练练脑子。

☺ 请出题。

☻ 银雀山墓葬中出土的那批竹简,还记得吗?

☺ 记得啊,出土了一大批两千多年前的古兵法,其中有《孙子》十三篇……

☻ 上述这句话,流行的《孙子》版本写作"出其所不趋……",银雀山的竹简《孙子》出土后,发现这句话写作"出其所必趋……"

☺ 哦,"出其所必趋","出其所不趋",一字之差,完全两种战法。

☻ 请听题:上述两种战法,哪一种更正确?

☺ 我想想——"出其所不趋",就是说我军出击的目标,应选择在敌人不会前往的地方……这属于"以实击虚"吗?

☻ 敌人不会前往,你出击什么?

☺ 出击那里的守军啊……

☻ 再问你一遍,本篇的主题是什么?

☺ 是"虚实"。

☻ 运用"虚实"的目的是什么?

☺ 是掌握主动……

☻ 你出击的目标,选择在敌人不会前往的地方,这主动从何而来?

☺ 你是说,只有打击敌人必须救援的地方,也就是"出其所必趋",才能掌握主动?

☻ 历史上不是有一个著名战例么?

☺ 哦,围魏救赵——那是孙子的后人孙膑指挥的著名战例。

☻ 这场战役的关键在哪里?

☺ 当赵国求援的急报传来,孙膑并不直接奔赴主战场与魏军主力决战,而是出人意料地进攻兵力空虚的魏国国都——这是避实击虚;当魏军主力不得不从异国战场回师救援,孙膑设伏于魏军回师途中,从而给长途跋涉、精疲力竭的魏军致命一击——这是以逸待劳。

☻ 关键中的关键,还是那一句:善用兵者,致人而不致于人……

☺ 仅凭这一仗,孙膑就足以光宗耀祖了——不知他是否看到祖上写的"出其所必趋"才想出这条妙计的?

☻ 有可能啊,据说我们看到的《孙子》,也经过了孙膑及其弟子的整理……

☺ 这样看来,这后面一句"趋其所不意",他也应该看到了:正因为"围魏"是一个出人意料的行动,才使得敌军这么慌乱和匆忙。

☻ 讲到出人意料,近代军事理论有两个基本观点,可以给你参考:其一,在所有战场上,一定总有一个决定点,占领这个点,要比其他一切的点,更有助于胜利的确保。

☺ 呵呵,用兵真如下棋一样,关键是找到这个点——其二呢?

☻ 其二,要争取相对的优势,就必须处处做到出敌不意,成功的出敌不意会使对手陷于混乱和丧失勇气,从而会成倍地扩大胜利。

☺ 嗯,最终的目的,还是为了"致人而不致于人……"

xíng qiān lǐ ér bù láo zhě   xíng yú wú rén zhī dì yě
行千里而不劳者,行于无人之地也。

● 掌握了虚实战法,是不是觉得用兵的空间,一下子开阔了许多?

☺ 嗯,倘若虚而不实,心里会觉得空荡荡的没有把握;倘若实而不虚,又会觉得空间狭小,很压抑。当孙子拈出"虚实"二字,确有一种豁然开朗的感觉。

● 所以,孙子说:"行军千里而不感到疲劳,是因为行进在没有敌人的地区……"

☺ 大范围的穿插,就像进入无人之境……

● 不过有人认为,这种转战千里的长距离机动野战,必须在骑兵和步兵发展到一定程度时才能实现。而孙子时代,中原地区还是以车战为主,战场多在双方约定的地点……

☺ 那"行千里而不劳"这句话,不是孙子写的?

● 也难说。尽管中原地区不流行长距离的机动作战,但吴国的情况似乎有所不同。据史书记载,远在七十多年前,也就是吴王寿梦时代,吴国曾入侵郯国——这郯国,地处吴都北边四百多公里……

☺ 吴国地处东南,水网纵横,丘陵沼泽密布,本不适合车战,也许它的步军和水军比较发达,所以才能长驱四百多公里作战。

● 在孙子递交兵法后的第六年,楚国被伍子胥的游击战骚扰得精疲力竭之时,吴国正式向楚国发动了大规模军事行动:从这一年的十月到十一月,吴军沿淮河长驱直入,向西推进一千三百多公里,在与楚军的交锋中连战连捷,最终攻克楚国的郢都……

☺ 郢都在哪里?

● 在今天的湖北江陵一带。

☺ 从江苏太湖一带打到湖北江陵,真可谓"行于无人之地"了。我怀疑,当时吴军一定是步兵、水兵、车兵三军齐发,才能做到……

● 这场几乎灭亡楚国的著名战争,据说就是孙子参与指挥的。

☺ 孙子指挥的?具体他都用了哪些战术?

● 关于这场战争,我们后面还会谈到——在这里,孙子强调的重点是……

☺ 既然能够长驱千里如入无人之境,那必是出敌不意……

● 出敌不意,说对了一半。

☺ 才说对了一半,那另一半呢?

● 我们先看下去再说……

gōng ér bì qǔ zhě　gōng qí suǒ bù shǒu yě　　shǒu ér bì gù zhě　shǒu qí

攻而必取者，攻其所不守也；守而必固者，守其

suǒ bì gōng yě

所必攻也。

● 孙子说："进攻必然得手，是因为攻击敌人不设防的地方；防守必定坚固，是因为扼守于敌人必定进攻的地方。"

☺ 你刚才说的另一半？

● 急什么，另一半我们后面讲——这里先插一个练习……

☺ 仍旧是两种不同战法的选择？

● 对，上述那句话的后半句，曹操版的《孙子》写作"守而必固者，守其所不攻也"；银雀山的竹简写作"守而必固者，守其所必攻也"……

☺ 一个是"不攻"，一个是"必攻"，又是完全相反的部署。

● 关于怎样才能做到防守坚固——曹操版的《孙子》认为：应防守于敌人不进攻之处；银雀山竹简《孙子》则认为：应防守于敌人必然进攻的地方……

☺ 是要我作出选择吗？

● 怎么，很难吗？

☺ 我想想……敌人不攻的地方，自然安全，好像也有道理。

● 可是这样的防守，有意义吗？

☺ 你认为，这是浪费兵力？

● 再一点，孙子在这里讲的主旨，是掌握主动，如果你防守在敌人必然要进攻的地方，是不是先敌一步，洞察了敌人的意图？

☺ 这样，就打乱了敌人的计划？

● 当敌军匆匆忙忙赶到阵地，发现对手已严阵以待，你要是敌方指挥官，设身处地想想，心情会如何？

☺ 哼，小子，又被你抢了先手！

● 呵呵，所以说，主动和被动也是相对的，你主动了，对手必然被动……

☺ 我知道了，刚才没说的另一半，就是对战略决定点的准确预判。

● 准确预判战略决定点，才能赢得主动。就如你要"救赵"，却不是"围魏"而是围其他什么地方,这调动敌军的效果是不是会打些折扣?

☺ 对决定点误判,不止效果要打折扣,甚至可能聪明反被聪明误……

● 这就基本上回答了《势篇》中关于"舍不得孩子,套不得狼"的问题,是吗?

☺ 不过,我还是有个疑问……

● 疑问还不少,请讲。

☺ 我觉得你回避了一个问题。

● 哦,什么问题?

☺ 就是这第一句"攻而必取者,攻其所不守也"——请问:敌人真会如此愚蠢,到处门户洞开,任你纵横驰骋?再说了,你专攻对手不设防的地区,算什么能耐?

● 呵呵,这是我疏忽了——这里的"不守",可不是指不防守,而是说防守空虚……

☺ 他在讲"以实击虚"?

● 宋代的王皙解释这句话说:"攻其虚也,谓将不能、兵不精、垒不坚、备不严、救不及、食不足、心不一尔……"需要我解释吗?

☺ 不必了。我们继续吧。

---

gù shàn gōng zhě　dí bù zhī qí suǒ shǒu　shàn shǒu zhě　dí bù zhī qí suǒ gōng

故善攻者,敌不知其所守;善守者,敌不知其所攻。

● 孙子说:"所以,善于进攻的人,敌人不知在何处设防;善于防守的人,敌人不知从何处进攻。"

☺ 记得《形篇》曾说:"善守者,藏于九地之下;善攻者,动于九天之上……"

● 《形篇》主要描述攻守之"形"所达到的境界,本篇则指出了达到此一境界的方法。

☺ 这方法,就是让对手始终处于不知的状态?

● 对手不知,你才可能主动——不对吗?

---

wēi hū wēi hū　zhì yú wú xíng　shén hū shén hū　zhì yú wú shēng　gù

微乎微乎,至于无形;神乎神乎,至于无声。故

néng wéi dí zhī sī mìng

能为敌之司命。

● 听你刚才的口气,似乎对孙子的战法还有怀疑……

☺ 他境界讲得多了点,而我,更在意达到这一境界的方法,这一点似乎还不够具体。

● 孙子是个做事之人,既然提出了目标,自然能说出达成目标的方法。

☺ 我们看他怎么说……

● 孙子说:"微妙啊微妙啊,以至于看不到形迹;神奇啊神奇啊,以至于听不出声息……"

☺ 这是说,掌握主动的方法,在于任何行动都不露形迹?

● 怎么,还是不明白?

☺ 明白是明白,只是这方法我看不怎样——你想,这是战争啊。俗语说,若要人不知,除非己莫为。你要有所得,必然要有所为;你要有所为,必然会被人知。况且敌军的侦察手段,也不是摆设。

● 你以为孙子叫你玩隐身术啊?

☺ 那就奇了。

● 孙子说的,可不是隐蔽手段。战争是一群活人的游戏,做不到绝对隐身,所以孙子才那么强调"虚实"……

☺ 哦,虚虚实实,让对手真假难辨,无法捉摸,属于一种暴露状态下的隐身。

● 暴露状态下,要做到绝对的无形和无声,怎么可能!如果你变换着使用真形和假形,交替着出现有声和无声,岂不就如隐身一般?

☺ 我的实,让对手认为是虚,我的虚,让对手认为是实——这"虚实"二字如果玩得转,既能隐身,又能调动对手掌握主动。

● 正如孙子说的:"……所以,能成为敌人命运的主宰。"

☺ 掌握主动,随心所欲地调动敌军,就等于主宰了对手的命运。

● 前提是,你得准确判断对手的命门。

---

jìn ér bù kě yù zhě   chōng qí xū yě   tuì ér bù kě zhuī zhě   yuàn ér
进 而 不 可 御 者 , 冲 其 虚 也 ; 退 而 不 可 追 者 , 远 而
bù kě jí yě
不 可 及 也 。

● 孙子说:"前进而使敌人无法抵御,是因为冲击敌人防守虚弱之处……"御:抵御、抗击。冲:攻击、袭击。

☺ 我想,要准确判断对手的虚弱之处,也并非易事。

● 可吴王阖闾读到这里,也许会微微一笑……

☺ 哦,他有体会?

● 我们说过,那吴王并非不知用兵之人,早在篡位称王之前,他就身经百战了。

☺ 可是,为何读到这里他会笑呢?

● 那是七年前的事了……

☺ 七年前,他还是公子光的时候。

● 当时的公子光,真可谓雄姿英发,勇略过人。那年,吴王僚率军进攻楚国控制下的州来,公子光随军出征……

☺ 州来,那是哪儿?

● 就是现在的安徽凤台——楚平王闻讯后,立即纠集顿、胡、沈、蔡、陈、许等国,组成七国联军火速前往州来救援。吴军见七国联军来势凶猛,便迅速撤去对州来的包围,暂避敌锋。

☺ 嗯,这是"强而避之"……

● 正在此时,率军出征的楚军主帅病死于军中。楚军失去主帅,被迫回师鸡父——就是今天的河南固始东南。

☺ 吴军的机会来了?

● 公子光向吴王僚分析了战局,认为:"随从楚国的诸侯虽多,但大多是被楚国胁迫而来的小国,其中的胡、沈两国国君年幼而骄狂,陈国的领军大夫强硬而固执,顿、许、蔡等国则一向对楚国心怀不满;至于楚国,主帅新死,士气低落,内部政令不一,可见七国联军虽貌似强大,实则同役不同心,十分虚弱……"

☺ 看不出,年轻的公子光居然也熟谙武略,分析得头头是道。

● 公子光的计划是:先以一部兵力击溃胡、沈、陈三国军队,一旦取胜,必然引起其他各国军队的恐慌和躁动,吴军主力可趁机集中兵力,一举击破七国盟军。

☺ 这便是"避实击虚"的战法——结果如何?

● 结果正如公子光所料:在鸡父进行的这场决战中,胡、沈、陈三军一战即溃,许、蔡、顿三军随之而乱,楚国拼凑起来的七国联军顷刻瓦解,吴军乘胜攻占了州来——这便是春秋史上有名的"吴楚鸡父之战"。

☺ 难怪你说吴王阖闾看到这句"进而不可御者,冲其虚也",会露出会心的一笑呢。

● 如果当时公子光的计划是先战楚军,再攻许、蔡、顿三军,最后才收拾胡、沈、陈……

☺ 那便是"冲其实"而非"冲其虚",结果很难预料,至少战局不会那么势不可挡——我们还是回到《孙子》吧。

☻ 孙子接着说:"撤退而使敌人难以追击,是因为远远地摆脱了敌军的控制范围。"

☺ 这种撤退,倒像是一种机动性很强的运动战……

☻ 对,没有固定战线,而是利用广阔的战场,进行大纵深的跨越式前进和后撤——即使后撤,还是不失主动……

☺ 如果撤退区域仍在敌军控制范围,你动作再快,也难免被动;如能跳脱其控制的范围,让敌军觉得鞭长莫及,便具有了主动性……

☻ 这时候,撤退便不是撤退,而是战略行动的一部分了。

☺ 其实我想,这里所谓的进和退,也可能虚虚实实,未必真就是这么回事。

☻ 对,只要目标明确,有所放弃,并不意味着被动。

---

gù wǒ yù zhàn dí suī gāo lěi shēn gōu bù dé bù yǔ wǒ zhàn zhě gōng

故我欲战,敌虽高垒深沟,不得不与我战者,攻

qí suǒ bì jiù yě wǒ bú yù zhàn suī huà dì ér shǒu zhī dí bù dé yǔ wǒ

其所必救也;我不欲战,虽画地而守之,敌不得与我

zhàn zhě guāi qí suǒ zhī yě

战者,乖其所之也。

☻ 与进和退的主动性相联系,是攻和守的主动性……

☺ 嗯,进攻和防御,亦有主动被动的分别:进攻需要避免被动,防御需要争取主动。

☻ 孙子说:"所以,我方如欲决战,敌人即使深沟高垒,也不得不与我方决战,是因为攻击它必须救援之处……"

☺ 敌人必须救援的地方,具体包括哪些?

☻ 曹操解释这句话说:"绝其粮道,守其归路,攻其君主……"

☺ 哦,都是他自己的经验之谈——那,防御的主动性,又如何实现?

☻ 孙子说:"……我不欲和敌人决战,即使画地来进行防守,敌人也不来与我决战,是因为我诱使敌人改变了进攻方向。"乖:违反。之:"往"的意思。

☺ 这"画地而守"是什么战法?

☻ 在地上画出一个界限,表示非常容易,无须刻意的设防。

☺ 聪明的防御,不是消极的严防死守,而是利用"趋利避害"的法则,调动敌军,并时时留意化被动为主动的机会……

☻ 对,这就是我们先前讲的,用兵如对弈,宁输数子,不失一先。

---

gù xíng rén ér wǒ wú xíng zé wǒ zhuān ér dí fēn wǒ zhuān wéi yī dí

故 形 人 而 我 无 形,则 我 专 而 敌 分。我 专 为 一,敌

fēn wéi shí shì yǐ shí gōng qí yī yě zé wǒ zhòng ér dí guǎ néng yǐ zhòng

分 为 十,是 以 十 攻 其 一 也,则 我 众 而 敌 寡。能 以 众

jī guǎ zhě zé wú zhī suǒ yǔ zhàn zhě yuē yǐ

击 寡 者,则 吾 之 所 与 战 者,约 矣。

☻ 刚才讲的重点,是避实击虚……

☺ 这是用兵的基本原则,也应该是《虚实篇》的关键所在吧。

☻ 可你一味的避实,同时寻找了半天,也没发现对手的任何虚弱之处,这仗还打不打?

☺ 孙子曾说"强而避之",既然没把握,就不打了吧……

☻ 还没尝试,就这样消极,真没出息——对手没有虚弱之处,你就不能制造吗?

☺ 对手的虚弱之处,如何制造?

☻ 孙子说:"所以,用示形的方法,让对手暴露形迹,而我方却无形迹可寻……"

☺ 暴露敌人,隐蔽自己,那又怎样?

☻ 孙子说:"这样,我方就能集中兵力,敌人只能分散兵力。"

☺ 哦,明白了,"虚实"的这一层玩法,目的是让对手处处设防……

☻ 孙子接着说:"我方兵力集中于一处,敌人兵力分散于十处,就等于我方以十倍的兵力攻击敌人,这样,就形成了我众而敌寡的局面。"专:专一、集中。分:分散。

☺ 我方虚实难辨,对手必然备多力分;对手备多力分,就形成了我方的局部优势——甚至局部的绝对优势。

☻ 孙子说:"能做到以众击寡,那么与我方交战的对手就束手无策了。"约:困穷之意。

☺ 对手的虚弱之处,就这样被制造了出来。

☻ 可见所谓的避实击虚,还应包括虚实的转换,变实为虚,变虚为实。

☺ 孙子的兵法,一环紧扣一环,真是滴水不漏。

wú suǒ yǔ zhàn zhī dì bù kě zhī bù kě zhī zé dí suǒ bèi zhě duō dí
吾 所 与 战 之 地 不 可 知 , 不 可 知 , 则 敌 所 备 者 多 ; 敌

suǒ bèi zhě duō zé wú suǒ yǔ zhàn zhě guǎ yǐ gù bèi qián zé hòu guǎ bèi hòu
所 备 者 多 , 则 吾 所 与 战 者 寡 矣 。 故 备 前 则 后 寡 , 备 后

zé qián guǎ bèi zuǒ zé yòu guǎ bèi yòu zé zuǒ guǎ wú suǒ bú bèi zé wú suǒ
则 前 寡 , 备 左 则 右 寡 , 备 右 则 左 寡 , 无 所 不 备 , 则 无 所

bù guǎ guǎ zhě bèi rén zhě yě zhòng zhě shǐ rén bèi jǐ zhě yě
不 寡 。 寡 者 , 备 人 者 也 ; 众 者 , 使 人 备 己 者 也 。

☺ 接下去,该开战了吧……

● 你的部队都准备好了?

☺ 二十万大军已集结在敌国边境,随时可以投入战斗。

● 据来自情报部门的消息,对手在你的进攻点上,正集结三十万大军部署防御。

☺ 三十万? 那我要求增加兵力……

● 不行,其他部队另有任务,不可能调拨给你。

☺ 这个,只能请教孙子了……

● 孙子说:"我方准备和敌人决战的地点,不让敌人知道,不让敌人知道,那么敌人所要防备的地点就很多,敌人防备的地点一多,那么与我决战的敌人就会减少。"

☺ 怎么搞的,刚学的一招,临上战场便忘,竟把进攻点给暴露了……

● 那你的下一步?

☺ 下一步得改变部署,原来的进攻点用以迷惑对手,我会另外布置几个进攻点……

● 那你真正的进攻点,准备安排在哪里?

☺ 呵呵,这个怎么能讲呢,连我的部将都不知道;另外,我还会有意无意传递一些信息给对手……

● 哦,什么信息?

☺ 比如,在黑风口不时点上烽火,在黄土岭举行演习,在马家河打造战船……

● 虚虚实实,真真假假,这叫我怎么布防呢?

☺ 没辙了吧……

● 是啊,孙子说:"所以,防备了前方,后方的兵力就少;防备了后方,前方的兵力就少;防备了左翼,右翼的兵力就少;防备了右翼,左翼的兵力就少;每一处都设防,则每一处的

兵力都少。"

☺ 呵呵,贵国的三十万大军,就这样被我化整为零。

☻ 孙子的结论是:"兵力少,是因为需要防备对手;兵力多,是因为能使对手防备自己。"

☺ 就是说,双方的力量对比并非固定,一切都可改变。

☻ 这样看来,我的防御系统必须调整,不能单纯为了应付你的进攻,得主动点……

☺ 主动点? 怎么主动?

☻ 我会按照我边境的地形特点,建立大纵深的防御体系,不必追求御敌于国门之外,甚至,不排除个别地点对你也构成威胁。

☺ 哟,这样的话,我得重新考虑进攻方案了。

☻ 说到底,还是孙子那句话:善用兵者,致人而不致于人……

故知战之地,知战之日,则可千里而会战;不知战之地,不知战之日,则左不能救右,右不能救左,前不能救后,后不能救前,而况远者数十里,近者数里乎!

☻ 就你目前的部署来说,多少给我制造了一些麻烦。

☺ 以至于你不得不调整防御计划……

☻ 关键是我对你的进攻计划不了解,就像孙子说的:"所以,能够预知交战地点,预知交战时间,即使远赴千里,也可以去参加会战……"

☺ 嗯,这个"知"字重要——目前的状况,正是你不知啊。

☻ 所以孙子接着说:"不知交战地点,不知交战时间,那么,即使左翼也不能援救右翼,右翼也不能援救左翼,前方也不能援救后方,后方也不能援救前方,何况远在数十里之外,近在数里之内呢!"

☺ 你不是构筑了大纵深的防御体系吗,不是不在乎我的进攻了吗?

☻ 这里需要插上一句,孙子的兵法体系,强调和关注的只是战略进攻,却并不在意战略防御,所以我那防御体系,并非来自孙子。

☺ 哦,这对我的进攻更有利了。目前,不仅我进攻的地点、时间,甚至我兵力的多少,也不能为你所知,比如,我可以对外号称八十万大军呢。

☻ 你倒好,越玩越大了,这可怎么是好。

☺ 是不是连孙子也没办法了?

☻ 我开玩笑,孙子怎会没办法,这我们后面再讲⋯⋯

---

yǐ wú duó zhī　Yuè rén zhī bīng suī duō　yì xī　yì yú shèng zāi

以吾度之,越人之兵虽多,亦奚益于胜哉!

☻ 刚才我们谈到哪里了?

☺ 谈到运用"虚实"战法,让对手分兵防备,顾此失彼⋯⋯

☻ 孙子正谈到兴头上,突然插了一句:"以我的看法,越国的军队虽多,又何益于它们取胜呢!"度:忖度、推断。奚:何。

☺ 当时,吴国的强敌不是西方的楚国么,怎么又和越国干起来了?

☻ 这我也难以判断⋯⋯

☺ 听这口气,似乎吴王对越国的兵力很是忌惮,而孙子认为,只要执行正确战略,越国兵力再多,也无济于事——是不是这么回事?

☻ 这件事,恐怕没那么简单⋯⋯

☺ 没那么简单,为什么?

☻ 因为终吴王阖闾之世,越国的兵力从未超过吴国。何况,吴越两国虽然都属蛮夷之邦,但相对来说,吴国的发展早于越国很多年,越国常常成为吴国的攻击对象,以致不得不投靠楚国。

☺ 那历史上著名的吴越争霸,开始于何时?

☻ 真正的吴越争霸,开始于阖闾战死的那场血腥大战⋯⋯

☺ 哦,那是怎么回事?

☻ 那一年,越王允常去世,阖闾听说新即位的越王勾践稚嫩得很,便不听伍子胥等大臣的劝阻,趁越国国丧之机,悍然出兵攻越⋯⋯

☺ 他还是那么冲动。

☻ 当时,越王勾践亦是年少气盛,率军在吴越边界的檇李迎战,爆发了历史上有名的"吴越檇李之战"⋯⋯

☺ 檇李,那是在哪里?

☻ 浙江嘉兴西南一带——当时两军对峙,吴军阵容严整,越国的敢死队两次冲击敌阵,两次均告失利。无奈之下,勾践命三队死囚出阵,但见死囚个个把剑架在自己脖子上,面对吴军高喊:"两国交战,我等违犯了军令,不敢逃刑,现在以死赎罪。"喊罢,一个个挥剑自刎,血溅阵前。

☺ 真是惊心动魄,怎会有如此战法?

● 不要说你,战场上的吴军见了,也个个目瞪口呆,惊骇不已。越军乘机发起冲击,大败吴军。混乱之中,阖闾被越军大将灵姑斩伤脚趾,死于回师途中……

☺ 阖闾好战,竟终于死于战争——后来呢?

● 阖闾临死前,告诫其子夫差:"不可忘了越人杀父之仇。"再后来,就是吴王夫差和越王勾践的故事了。

☺ 这我知道,吴越争霸,冤冤相报,文种、范蠡、西施等历史人物即将登场,卧薪尝胆的故事也将上演……

● 一部吴越春秋,就这样充满了血腥和复仇的气氛。

☺ 忘了问你——槜李之战发生时,孙子在哪里?

● 这场战争发生时,孙子早已不在吴国任职,也许归隐山林,也许回到了故乡……

☺ 真是神龙见首不见尾的人物,也难怪吴王阖闾败得这么惨。

● 按照历史记载,孙子向吴王阖闾递交兵法,是十五六年前的事,当时越国的兵力应该更弱……

☺ 那这里讲"越人之兵虽多……"显然不合事实了?

● 对这桩公案,后人也是吵吵闹闹,没有定论。有的据此断定,这部兵法不是孙子所作,有的说,可能是他的后人孙膑加上去的……

☺ 我们不管这些了,继续吧。

---

gù yuē　shèng kě shàn yě　　dí suī zhòng　kě shǐ wú dǒu
故曰:胜可擅也。敌虽众,可使无斗。

● 刚才讲到什么话题?

☺ 不好意思,还沉浸于惊心动魄的槜李之战呢——刚才我们谈到"虚实"战法,让对手分兵防备,顾此失彼……

● 接下去,孙子得出结论:"所以说:胜利是可以为我掌握的。敌人兵力虽然众多,却可以使它丧失战斗力。"擅:独揽、占有之意。

☺ 独揽胜利,就是掌握战场主动权?

☻ 正是,掌握了主动权,敌人就会听从你的调动,这战局也就按照你的意志运转了。

☺ 敌人在我的调动下,处处设防,自然也就丧失了战斗力。

☻ 需要提一下,孙子这句"胜可擅也",也出自银雀山竹简;流行的曹操版《孙子》写作"胜可为也",就是说胜利是可以创造出来的。

☺ 不对啊,孙子在《形篇》里说"胜可知,而不可为也",怎么可能在此又说"胜可为"呢?

☻ 后来许多版本都写作"胜可为也",还有许多解释,你有兴趣,自己判断吧。

☺ 不管人家怎么解释,反正我更喜欢"擅"……

☻ 为什么?

☺ 因为"擅"比"为"更显霸气。战争嘛,就要有舍我其谁的气概,也就是"擅"的气概;再说了,这里通篇讲的都是掌握主动权……

☻ 嗯,既然是"权",就必须"擅"。

---

gù cè zhī ér zhī dé shī zhī jì　hòu zhī ér zhī dòng jìng zhī lǐ　xíng zhī

故 策 之 而 知 得 失 之 计,候 之 而 知 动 静 之 理,形 之

ér zhī sǐ shēng zhī dì　jué zhī ér zhī yǒu yú bù zú zhī chù

而 知 死 生 之 地,角 之 而 知 有 余 不 足 之 处。

☻ 前面谈到你那二十万大军在边境的部署,是吗?

☺ 是啊,我做了精心调度,制造了很多假象,并号称有八十万之众;我的目的,就是让你备多力分,以便在局部形成以众击寡的优势……

☻ 这样的话,我,或者说防御一方,该采取什么对策呢?

☺ 你是没辙了,可你说孙子会有办法……

☻ 孙子的办法很多了,他说:"所以,通过分析筹划,可了解敌人计谋的得失……"策:策度、筹算。

☺ 哦,对手也在研究我的部署,可光靠分析,能分析出我的计划?

☻ 理论分析,还只是第一步。第二步:"通过侦察刺探,可了解敌人动静的规律……"候:探听、侦察。

☺ 唔,我得通知各部队,严守秘密;有暴露我军动向者,斩!

☻ 第三步:"通过制造假象,可了解对方地形的利与不利……"形之:指以伪形示敌。

☺ 你想采用诱敌之计,引诱我暴露战场上的弱点? 我将立即通知各部队,未接到指挥部命令,不论遇到何种情况,都不许擅自行动。

● 第四步:"通过试探性战斗,可了解敌人战斗力的强弱。"角:较量之意。

☺ 你这是变着法儿挑逗我,刺探我的应对之策啊……

● 有人说,这策、候、形、角四种方法,有点类似中医的望、闻、问、切"四诊",任你身体上心理上有什么症状,都难隐藏……

☺ 很恰当的比方——不过,你那策、候、形、角四法,却是一步紧似一步,在逼我动手呢。

● 你是否觉得,孙子讲的这四种方法,好像也超越了战争……

☺ 嗯,就像人与人交往,比如在谈判桌上,双方也是通过不断的策之、候之、形之、角之,试探对方虚实……

● 所以,无论进攻防御,都需要知彼知己,就如下棋一样,攻防双方一步紧似一步,都把神经绷得紧紧的,一招不慎,满盘皆输啊。

☺ 明白了,即使对我进攻一方来说,通过各种手段了解对手,也非常重要。

● 孙子的策、候、形、角四法,本来就是针对攻防双方讲的。前面看你在部署兵力时,虽然考虑到了隐蔽自己意图,但对于故方的研究,还远远不够啊……

☺ 过多地考虑敌方部署,会不会失去我方的主动性?

● 在孙子看来,敌方的情况,正是我方战略部署和战术运用的重要依据。

☺ 那,那岂不会随着对方的节奏起舞?

● 我们看孙子怎么说吧……

故形兵之极,至于无形。无形,则深间不能窥,智者不能谋。因形而措胜于众,众不能知;人皆知我所胜之形,而莫知吾所以制胜之形。

● 孙子说:"所以,用兵形式的最高境界,就是没有形式。"

☺ 他说的"形兵",就是用兵的形式?

● 是的,也就是虚虚实实……

☺ 虚虚实实到了极点,就是无形,就是无剑胜有剑。

● 孙子继续说:"没有形式,即使深藏的间谍也难以窥知,智慧的对手也束手无策。"间:间谍。窥:偷看之意。

☺ 这我也知道,就如剑法达到了至高境界,招法无常,对方根本就无从下手,只觉得招招致命——问题是,如何才能达到?

● 孙子说:"顺应对手的作战形式而克敌制胜,即使把胜利摆在众人面前,众人也无法了解……"因:依照、顺应。措:放置之意。

☺ 哦——因形,因形,因形……

● 嘴里念念有词,做什么?

☺ 这"因形"二字,大可玩味。我想,关键就在"因形"。

● 你看出来了?

☺ 因,就是顺应;我的所有部署和战术,都顺应对手的情况,对手变化,我也变化。

● 这"因"字,是孙子兵法的精义所在——其实也不止兵法,剑术、棋术、医术、艺术,乃至养身之术、治理天下之术,能玩到最高境界的,大多在于"因"字的妙用。

☺ 记得《计篇》曾有"因利而制权",《作战篇》曾有"因粮于敌",对这"因"字诀已隐约有所透露,只是当时你没有说。

● 我当时即使说,你也未必有体会;兵法境界的领悟,须要不断的自我修炼,哪里是讲解能做到的。

☺ 我理解这"因"字的运用,就如武学中的"四两拨千斤",顺人之势,借人之力,将对手的力量转化为自己的力量,而主动权仍在我这里……

● 有那么点意思。所以孙子说:"人们都能了解我胜利的形式,却不能了解我如何造成胜利的形式。"

☺ 呵呵,我的形式,就是敌人的形式——高,实在是高。

● 你没有自己固定的套路,而是顺应对手的招数出剑,所以大家都知其然而不知其所以然……

☺ 所以我就显得无招了。

gù qí zhàn shèng bú fù　　 ér yìng xíng yú wú qióng
故 其 战 胜 不 复, 而 应 形 于 无 穷 。

● 孙子说:"因此,我每次取胜的方式都不会重复,而是顺应对手的作战形式,以至于变化无穷。"

☺ 顺应不同情况,运用不同招数,就不会有重复的战法。

● 明代兵法家尹宾商曾说过一句名言:"良将用兵,若良医疗病;病万变,药亦万变。"

☺ 正如高手比武,临敌不可能以套路应战……

● 但平时的招数积累越多,临敌应变的办法也会越多——这个,既靠学习,也靠经验。

☺ 有些人从不学习兵法,却天生就具有这种能力。

● 天才,那不在我们讨论的范围。

fú bīng xíng xiàng shuǐ　　 shuǐ zhī xíng　　 bì gāo ér qū xià　 bīng zhī shèng　　 bì
夫 兵 形 象 水 。 水 之 行 , 避 高 而 趋 下 ; 兵 之 胜 , 避
shí ér jī xū　　 shuǐ yīn dì ér zhì xíng　 bīng yīn dí ér zhì shèng
实 而 击 虚 。 水 因 地 而 制 行 , 兵 因 敌 而 制 胜 。

● 知道孙子兵法的渊源吗?

☺ 你说过,从齐国的始祖姜太公,到管仲,再到孙子,一脉相承……

● 其实,他还有一个兵法老师,也许更重要。

☺ 你说的是——

● 水……

☺ 水? 是他的兵法老师?

● 我感觉,孙子无论到哪里,都会端坐水边,凝视平静的水,流动的水,千回百折的水,深不可测的水,汹涌奔腾的水,领悟兵法的奥秘。

☺ 可为什么是水,而不是日月星辰,山石草木,鸟兽虫鱼?

● 日月星辰,山石草木,鸟兽虫鱼,也是他的兵法老师,相对来说,水更重要。

☺ 何以见得?

● 中国古代有一部《说文解字》,知道吗?

☺ 那是中国第一部字典,东汉许慎编的,这和兵法有什么关系?

● 确切地说,《说文解字》是中国第一部按部首编排的字典,全书 540 个部首,收字 10516 个……

☺ 所谓部首,就是草字头、走字底、木字旁之类吧?

● 是的,每个部首所包括的字数不等,其中,哪一个部首收的字最多,知道吗?

☺ 你是说,水?

● 对。《说文解字》的"水部",收字近 500 个,还不包括"川部"、"雨部"等和水相关的字,远远超过"木部"、"草部"、"火部"、"土部"等常见字。

☺ 这说明什么?

● 古人造字,反映了他们对世间万物的认识。水本无形,以万物之形为形,所以才那么千姿百态,所以"水部"的字才那么多。你仔细品读这一个个字:漾,浪,溢,淹,滴,演,激,沃,滚,溟,涵,潜,浚,灏,涤……像不像在读一部兵书?

☺ 呵呵,那是天下最神奇的兵书了——不过,被你这样一说,好像这里的每一个字,都可演化出一部兵法。

● 所以,孙子说:"用兵的形式,像水一样。"象:相似、相像。

☺ 嗯,真的面对这无形无状而又千形万状的水,确实可以领悟更多……

● 孙子说:"水的流动趋势,是避开高处而流向低处;用兵的取胜原因,是避开坚实之处而攻击虚弱之处。"

☺ 这是从水的形态,领悟到"避实击虚"的道理……

● 孙子说:"水是顺应地形,以决定流动方向;用兵是顺应敌情,而制定取胜之道。"制:制约、决定。

☺ 这里又出现了神奇的"因"字——从水的"因地",领悟到兵法的"因敌"。

● 大概和孙子同时代的楚国人老子,也非常崇拜水……

☺ 老子我知道,那是道家的始祖,写过一部五千言的《老子》,又称《道德经》。

● 那五千言的《老子》,很多人也把它视为一部兵书。

☺ 既是兵书,又崇尚水,想必和孙子也有些渊源?

● 不一样。老子看到的水,是委屈而不争的水,他说:"天下之至柔,驰骋天下之至坚。无有入无间,吾是以知无为之有益。"

☺ 不太懂他的话,感觉上比较消极。

● 老子欣赏水的穿透力,但他认为水的穿透力来自其柔弱的性格,其克服障碍的方法,是顺从环境,适时变形,沿着阻力最小的路线前行……

☺ 所以他得出的结论是无为?

● 是啊。老子的目的在于自保,孙子的目的在于胜人。

☺ 因为要胜人,所以孙子不能无为——可是,水的性格,本就是柔弱,这如何解释?

● 孙子和老子的不同处,在于孙子有强烈的争胜欲望,他懂得造"势",懂得让这个水按照自己的意志行动,老子却似乎不懂这一点。

☺ 嗯,孙子懂得调动各种力量,形成有利于自己的态势。

● 所以,老子的水,是弱势的水,孙子的水,是强势的水,这便是他们的差异。

☺ 看来我们中国人如此文弱,老子有很大责任。

● 老子不崇尚文,崇尚文的是孔子,但孔子的个性却很强……

☺ 哦,孔子文而不弱,老子弱而不文,是孔子之文加上老子之弱,才造成了我们中国人文弱的性格……

● 这个又扯远了,我们还是回到孙子的强势之水吧。

---

gù bīng wú chéng shì   wú héng xíng   néng yīn dí biàn huà ér qǔ shèng zhě

故兵无成势,无恒形。能因敌变化而取胜者,

wèi zhī shén

谓之神。

● 孙子说:"所以,用兵没有固定的态势,没有不变的形式……"成:固定,一成不变。

☺ 常言说"兵无常势,水无常形",就是这个意思吧?

● 这是流行版本的说法,为千百年来的兵家所熟知;银雀山竹简《孙子》上写作"兵无成势,无恒形",已经脱开水的比喻,而归结到用兵的"形"和"势"了。

☺ 用兵的"形"和"势"都不能一成不变,关键在于……

● 关键就如孙子说的:"能顺应敌情的变化而赢得胜利,可称之为神。"

☺ 真是一篇美妙文字,那个"因"字,宛如流动的灵魂贯通其间,令用兵的境界有了生命。

● 这就叫用兵如神! 古老的《周易》中有两句话,可作为孙子这段精彩语录的注脚:第一句是"一阴一阳之谓道"……

☺ 一阴一阳,就是一虚一实,就是规律,章法……

● 第二句是"阴阳不测之谓神"……

☺ 阴阳不测,便是无规律可循,无章法可依……

gù wǔ xíng wú cháng shèng　sì shí wú cháng wèi　rì yǒu duǎn cháng　yuè yǒu

故五行无常胜,四时无常位,日有短长,月有

sǐ shēng

死生。

☻ 这是一句很有疑问的话。有人说,这句话不是孙子写的,是后人加上去的。

☺ 先不管这些。看他讲了什么……

☻ 这句话的意思是:"所以,五行循环,没有固定的胜者;四季交替,没有固定的位置。白昼的时间,有短有长;月亮的形状,有盈有亏。"

☺ 道理是对,不过感觉上,多少有点画蛇添足……

☻ 何以见得?

☺ 你看,刚才讲到"兵无成势,无恒形。能因敌变化而取胜者,谓之神",可谓神完气足,文章该结束了,却冒出来这么几句,又没提出什么新鲜见解。

☻ 你这是从行文角度讲,过去不少学者从五行的角度讲。

☺ 五行,就是金、木、水、火、土,相生相克,兵法上也常常用到啊。

☻ 在《势篇》的开始,我们讲过古代兵家有四大流派,其中之一是"兵阴阳家"……

☺ 阴阳家,测度星相五行,借助鬼神之力,讲究因时而动。

☻ 对,兵家中的阴阳流派,就讲究这一套,利用阴阳五行的原理,来决定战斗的时间、方位、吉凶等等……

☺ 我知道这玩意儿,不仅兵法用到,什么天文地理、拳术剑法、中医中药、建筑风水、看相算命等等,都与阴阳五行沾边。

☻ 孙子在《势篇》中讲到的五声、五色、五味,似乎也与这理论相关。可据说"五行"作为一套完整理论,是两百多年后的战国中期才形成并流行的。

☺ 那这句话,就是战国的人加上去的。

☻ 你结论倒是下得轻松,人家为此争论了几百年呢……

☺ 不过,孙子给我总的印象,好像不属于"兵阴阳家"这一派。

☻ 不仅不属于"兵阴阳家",我们讲过,孙子的用兵之道,非常强势,也非常强调人的主观能动性……

☺ 嗯,他的战争论,是有非常强的主动性和攻击精神,全然不是"五行无常"的简单循环。

☻ 展开来说,那就复杂了,我们以后再探讨吧。

《虚实篇》通读

孙子曰：

凡先处战地而待敌者佚，后处战地而趋战者劳。故善战者，致人而不致于人。

能使敌人自至者，利之也；能使敌人不得至者，害之也。故敌佚能劳之，饱能饥之，安能动之。出其所必趋，趋其所不意。

行千里而不劳者，行于无人之地也。攻而必取者，攻其所不守也；守而必固者，守其所必攻也。故善攻者，敌不知其所守；善守者，敌不知其所攻。微乎微乎，至于无形；神乎神乎，至于无声。故能为敌之司命。进而不可御者，冲其虚也；退而不可追者，远而不可及也。故我欲战，敌虽高垒深沟，不得不与我战者，攻其所必救也；我不欲战，虽画地而守之，敌不得与我战者，乖其所之也。

故形人而我无形，则我专而敌分。我专为一，敌分为十，是以十攻其一也，则我众而敌寡。能以众击寡者，则吾之所与战者，约矣。吾所与战之地不可知，不可知，则敌所备者多；敌所备者多，则吾所与战者寡矣。故备前则后寡，备后则前寡，备左则右寡，备右则左寡，无所不备，则无所不寡。寡者，备人者也；众者，使人备己者也。故知战之地，知战之日，则可千里而会战；不知战之地，不知战之日，则左不能救右，右不能救左，前不能救后，后不能救前，而况远者数十里，近者数里乎！以吾度之，越人之兵虽多，亦奚益于胜哉！故曰：胜可擅也。敌虽众，可使无斗。

故策之而知得失之计，候之而知动静之理，形之而知死生之地，角之而知有余不足之处。故形兵之极，至于无形。无形，则深间不能窥，智者不能谋。因形而措胜于众，众不能知；人皆知我所胜之形，而莫知吾所以制胜之形。故其战胜不复，而应形于无穷。

夫兵形象水。水之行，避高而趋下；兵之胜，避实而击虚。水因地而制行，兵因敌而制胜。故兵无成势，无恒形。能因敌变化而取胜者，谓之神。

故五行无常胜，四时无常位，日有短长，月有死生。

军争篇

● 所谓"军争"……

☺ 就是两军相争,是不是?

● 历来的解释,都说是两军争夺有利战机,比如曹操就说是"两军争胜"。

☺ 怎么,你觉得不对?

● 细细玩味这"军争"的气味,便觉得事情没那么简单。孙子这部兵法,可不是一部单纯的理论著作,它是递交给吴王阖闾的一份侵略计划。

☺ 照你的意思,军争,讲的也是侵略?

● 而且是实实在在的侵略。所谓"军争",其实就是军事掠夺。

☺ 军事掠夺,有这么赤裸裸?

● 春秋时期的战争,无非是大国间的争霸,或大国对小国的兼并,战争的目标,就是开拓疆土和掠夺资源。据统计,近两百年来,齐、晋、秦、楚等几位霸主通过各种手段所灭的国家,少则十几,多则二三十……

☺ 吴国和楚国间的战争,也属于这种性质?

● 相比上述那些大国,新兴的吴国尚属后起之秀,灭国数虽没有那么多,但正摩拳擦掌准备迎头赶上。

☺ 何况,吴王阖闾又是那样雄心勃勃。

● 是啊,他的梦想,就是通过侵略战争以图争霸天下,至少争霸一方,他任用孙子,可不是为了学习理论,而是为了让吴国在军事扩张方面实实在在有一番作为。

☺ 所以,他就发出了战争动员令……

● 对,从《军争篇》开始,部队就实实在在的开往敌境了。

Sūn zǐ yuē　fán yòng bīng zhī fǎ　jiàng shòu mìng yú jūn　hé jūn jù zhòng

孙子曰:凡用兵之法,将受命于君,合军聚众,

jiāo hé ér shè　mò nán yú jūn zhēng

交和而舍,莫难于军争。

● 孙子说:"一般用兵的法则,从将军接受国君命令,征集民众编成军队,到驻扎前线与敌

军对垒而居……"和:和门,即军门。交和:指两军的军门相对。舍:舍营,即驻扎。

☺ 看这架势,确乎是一场规模不小的侵略战争。

● 孙子接着说:"其中最困难的,莫过于进行军争。"

☺ 为什么单单"军争"最为困难?

● 首先,这场战争不是为了荣誉、复仇或单纯教训一下对手。军争的目的,在于掠夺敌国资源和土地……

☺ 哦,不是硬碰硬的战斗,而是要通过战斗获利。

● 其次,你所觊觎的领土和资源,乃是敌国的核心利益所在,为了保家卫国,敌国必会采取一系列行动……

---

jūn zhēng zhī nán zhě　yǐ yū wéi zhí　yǐ huàn wéi lì　gù yū qí tú

军争之难者,以迂为直,以患为利。故迂其途,

ér yòu zhī yǐ lì　hòu rén fā　xiān rén zhì　cǐ zhī yū zhí zhī jì zhě yě

而诱之以利,后人发,先人至,此知迂直之计者也。

● 孙子说:"军争之所以困难,在于以曲折为直捷,以患害为有利……"迂:迂远、曲折。直:直道。

☺ 这话说得玄乎,能否再解释一下。

● 通俗地讲:绕远路,反而是捷径,吃点亏,最终能获大利。

☺ 就是采用了一种间接的方式……

● 对军争来说,直接路线容易被对手识破,成功的几率反而更低;相对来说,间接路线能展现更大的灵活性,距离目标反而更近。

☺ 让我想想,这道理有点意思……

● 孙子说:"所以,经由曲折的路径,并以小利引诱敌军,就能做到后于敌军出发,而先于敌军到达,这就是懂得以曲折为直捷的计谋了。"

☺ 嗯,以迂为直,是说空间;后发先至,是说时间。

● 优秀的将领,必须对空间和时间具有高度敏感,并能精确地把握和计算,尤其是在军争这种特殊的战斗中。

☺ 军争,就是时间和空间之争;不仅战争如此,其他领域大概也是如此。

● 也许是吧,放眼当今世界,几乎到处都在军争。

☺ 可我还是有疑问……

● 说出来,一起讨论吧。

☺ 后人发,先人至——这固然是好,但为何非得采取间接途径,为什么不能"先人发,先人至"呢?

● 嗯,说下去……

☺ 常言说"先发制人,后发制于人",古往今来,更不乏"先下手为强,后下手遭殃"的事例,何况孙子在上一篇刚说"凡先处战地而待敌者佚,后处战地而趋战者劳",似乎也主张"先发"的……

● 我想,这就是军争和单纯求战的不同之处吧:单纯求战,固然以先发制人为上,但如果在战斗之外另有目的,那就得在战斗之前,尽量隐蔽自己的目的。

☺ 战斗只是掩护,目的在于掠夺?

● 这牵涉到进攻和防御的差异,近代的军事理论家在谈到这一问题时,曾有一个观点,可能对你有些启发……

☺ 怎么讲?

● 就是说:防御的目的完全是为了对付进攻,因而必然以对方的进攻为前提;进攻的目的却不是为了对付防御,而是为了别的东西,是为了占领,因而并不必然以对方的防御为前提。

☺ 哦,所谓军争,并不意味着直接和敌军交战……

---

gù jūn zhēng wéi lì　jūn zhēng wéi wēi
故 军 争 为 利,军 争 为 危。

● 孙子说:"所以,军争是有利的,军争也是危险的……"为:有。

☺ 军争有利可图,大家都知道;危险来自哪里?

● 老子有一句名言,想必你们学过:"祸兮福之所倚,福兮祸之所伏。"

☺ 明白你的意思了,利益往往伴随风险,利益有多大,相应的风险也有多大。在《作战篇》中,孙子就说"不尽知用兵之害者,不能尽知用兵之利……"

● 不过,当老子意识到福与祸如影随形地相伴,采取的对策是放弃,面对有利可图,他会说:争利就是争害,利越大,害也越大,既是如此,又何必争呢?

☺ 就像他对于水的态度一样,很消极,无所作为……

😦 换了你,会怎样做?

😊 我个人还是认可孙子的态度。老子作为哲学家,高谈阔论一番,不用负什么责任;孙子不一样,他是个将军,是个做事之人,生死之间得拿出办法,所以非得有强烈的主动性和进取精神。

😦 对,孙子比老子困难的地方,是面对现实,他得拿出具体的、可实施的办法。

😊 我就这一点比较佩服孙子,面对利和害,他考虑的重点是变害为利,将自己的弱势转变为优势,而且他确实也有办法。

😦 孙子说的"以迂为直,以患为利",意义也就在这里。

😊 其实,我们面对的世界,到处都在军争,利益与风险并存,不知从孙子那里可以得到什么教导?

😦 孙子还是用他的老办法……

😊 你是说,拿出筹策,开始计算?

举军而争利则不及,委军而争利则辎重捐。是故卷甲而趋,日夜不处,倍道兼行,百里而争利,则擒三军将;劲者先,罢者后,其法十一而至。五十里而争利,则蹶上军将,其法半至。三十里而争利,则三分之二至。

😦 孙子说:"如果全军携带辎重去争利,就不能及时抵达;如果有所舍弃而去争利,则辎重就要被放弃。"举:全部,悉数。辎重:指军用器材。

😊 生活中常遇到这类两难选择:面对巨大诱惑,究竟是全力以赴,还是有所放弃?

😦 这就需要计算诱惑带来的风险,孙子讲了三种情况。

😊 第一种情况是……

😦 孙子说:"因此,卷起铠甲,轻装疾进,昼夜不停,以加倍的行程连续行军,奔赴百里路程去争利,那么三军的主将都可能被俘……"卷:收藏。处:指休息。倍道:行程加倍之意。兼行:日夜赶路。

😊 百里争利,何以结果这么惨,三军主将都可能被俘?

- 孙子解释说:"强壮者领先,疲惫者落后,按常规只有十分之一的人马能按时抵达……"罢:同"疲"。

- 哦,为了争利,不顾一切,孤军深入……

- 据说古代行军,通常日行三十里便停下休息,行程超过六十里,就是所谓"倍道"的强行军了。如今携带全部装备,昼夜不息奔赴百里之外,轻装在前,辎重在后……

- 我军前后脱节,人疲马乏,敌军却以逸待劳,以饱待饥——那是主帅利令智昏了。

- 第二种情况:"奔赴五十里路程去争利,那么,前军将领就可能遭到挫败,按常规只有一半的人马能按时抵达……"蹶:损折。上军:前军。

- 这是说,即使路程缩短一半,也只能减少一些损失。

- 第三种情况:"奔赴三十里路程去争利,那么,三分之二的人马按时抵达。"

- 行程越短,风险越小——这说的都是境外作战?

- 那当然。若是境内作战,各方的资源与配合相对多一些,问题没那么严重。

- 春秋时代部队的行军能力也真是,百里开外就气喘吁吁,想当年秦王李世民追击宋金刚,一昼夜奔袭两百余里,二日不食,三日不解甲,照样气势如虹,连战连捷……

- 李世民之神勇,古今少见,况且追击的又是溃败之敌,而孙子讲的是军争,自然有所不同。

- 既是军争,就难免瞻前顾后,是吗?

- 我们听他说下去……

---

shì gù jūn wú zī zhòng zé wáng wú liáng shí zé wáng wú wěi jī zé wáng
是 故 军 无 辎 重 则 亡,无 粮 食 则 亡,无 委 积 则 亡。

- 孙子说:"因此,军队没有辎重就无法生存,没有粮食就无法生存,没有军需储备就无法生存。"委积:指军需储备。

- 这辎重、粮食、委积,都属于后勤补给吧?

- 军争需要行动迅速,需要出敌不意,但它不同于打了就走的游击战,也不同于以消灭敌人有生力量为目标的运动战……

- 有点明白了,军争以掠夺和实施占领为目的,对越境作战的远征军来说,补给线犹如生命线;但另一方面,部队在迅速运动中,庞大的辎重和补给队伍,便如累赘,补给线越长,风险也就越大。

☻ 所以,在行军速度和后勤补给之间,如何取舍,如何权衡,就看你的判断了。

☺ 嗯,"军争为危"的关键,在于你的后勤补给,这就好办了……

☻ 看你,一副诡异的样子,想怎么样?

☺ 既然你大举入侵,我也不用对你正面堵截,只须派出小股部队,切断你的运输线,或纵火烧了你的粮草……

☻ 好狡猾的对手,也和我玩"以迂为直"的间接手段啦。

☺ 人性的弱点,就是利令智昏。你不是要争利吗?好,我还会利用我防线的纵深,且战且退,以更大的利——比如留给你两座空城,诱你深入,把你的战线拉得长长的……

☻ 看来敌我双方都在学《孙子》,这仗是更难打了。

☺ 你以为就你聪明?

☻ 其实,前面讲的,主要还是入侵者一方自身的麻烦,周边的险恶环境、敌国的状况还没考虑呢……

---

gù bù zhī zhū hóu zhī móu zhě　bù néng yù⑤jiāo　bù zhī shān lín　xiǎn zǔ　jǔ
故不知诸侯之谋者,不能豫⑤交;不知山林、险阻、沮
zé zhī xíng zhě　bù néng xíng jūn　bú yòng xiāng dǎo zhě　bù néng dé dì lì
泽之形者,不能行军;不用乡导者,不能得地利。

☻ 对手如此狡猾,看来军争的每一步,都得小心。

☺ 彼此彼此,大家都是一样……

☻ 由于是越境实施军争,所以有三个要点,不能不特别注意。

☺ 哪三个要点?我方也需要知道。

☻ 第一个注意要点:"所以,不了解诸侯各国的企图,就不能与其结交……"豫:通"与",参与。

☺ 想必当时周围各国,利益相互牵扯,你在实施军争时,不能不有所顾忌。

☻ 对啊。就如你想谋取一个高级主管的职位,为此四处活动,你有考虑身边那些同事的心态吗?

☺ 尽管这个比方不错,但我有那么无聊吗?

☻ 就说吴楚争战吧,数十年间,被卷入的周边小国起码十几个,他们的政治倾向往往反复无常,对于和哪个国家结盟,几乎都抱着见机行事的态度,和他们交往,你不留点神,一不小心就会掉入陷阱。

☺ 嗯，就如上次"吴楚鸡父之战"，楚国拼凑了七国联军，却个个打着自己的算盘，情势一变，立刻土崩瓦解………

● 第二个注意要点："不了解山林、险阻、沼泽等地形，就不能部署军队……"沮泽：指水草丛生的沼泽地带。

☺ 这"行军"指的是……

● 孙子说的"行军"，与现代军事术语中的"行军"略有不同，指安排和部署军队。

☺ 这可以理解，越境实施军争，就如我们闯进一个陌生环境，人生地不熟的，仿佛到处有人算计，到处是机关陷阱……

● 第三个注意要点："不使用当地的向导，就不能获得地形之利。"乡导：即向导。

☺ 那就得事先对当地人进行策反或利诱的工作，以利于军争的顺利进行……

● 综上所述，辎重、粮食、委积三项，属于自身问题，外交、地形、向导三项，属于外部条件，只有内外兼备，你才能对目标采取行动。

☺ 军争之难，确实超乎想象……

---

gù bīng yǐ zhà lì   yǐ lì dòng   yǐ fēn hé wéi biàn zhě yě
故兵以诈立，以利动，以分合为变者也。

● 现在，你那二十万大军已进入敌境，目标是针对某个城邑，实施扫荡。

☺ 怎么，我又变成了侵略者一方？

● 兵法的修习，就是要善于变换角色，进行换位思考。

☺ 环境如此险恶，我该如何行动？

● 孙子提出了实行军争，也就是军事掠夺的三项原则，可以给你作参考……

☺ 哪三大原则？

● 孙子说："所以，用兵以欺诈的手段为成功基础，以获利为行动目标，以兵力的分散和集中为战术变化。"立：指成功、取胜。

☺ 兵以诈立，就是我们常讲的"兵不厌诈"？

● 是的。这是经过激烈的争论，到了孙子时代才逐渐被认可的战法。

☺ 在孙子之前，双方用兵都很绅士，不使诈？

● 就说车战吧，我们前面讲过，那是很贵族化的作战形式。作为车战主力的武士，均是贵族出身,双方在战场上,讲究先礼后兵,光明正大地列阵开战,所谓"动之以仁义,行之以礼让",是贵族武士必须遵守的规范。

☺ 呵呵,公平竞赛,文明竞争。

● 所谓的奇谋诡计,都为当时的武士阶级所不齿,比如,当敌国遭遇国丧或凶年时不宣而战,趁对手尚未列好阵形就发动进攻,凭借险要地势进行伏击偷袭,杀戮丧失抵抗力的敌军伤员或俘虏头发斑白的老兵等等……

☺ 虽说有些迂腐,但至少很具侠士风范。

● 近代一些军事战略家和你一样,认为那种侠士风范虽已不合时代,但也承认:一想到在那古老的时代,两国战士互相礼让,请对方先开火的遗风,还是不禁令人神往。

☺ 那样的时代,我也神往……

● 到了春秋末期,战争环境变了——诸侯间的争霸和兼并,牵涉到国家的生死存亡,战斗所奉行的原则,也由崇尚礼仪、道德、勇气的武士精神,让位于现实的功利主义,追求效率至上,乃至不择手段的取胜。

☺ 这,究竟是好事还是坏事?

● 形势逼人,你说是好事还是坏事?

☺ 所以,才有了孙子关于军争的三大原则?

● 对。以"利"为核心的目标,以"诈"为手段的策略,以"分合"为战术的执行。

☺ 目标、手段、战术都讲到了——其实这三大原则,也超越了狭义的军争……

● 现在你的部队既已开入敌境,说说你的计划吧。

☺ 嗯,第一,我会采取"以迂为直"的欺敌之计,用各种手段迷惑对手;第二,我的所有部署,都不会偏离这次行动的总目标,也就是争利;第三,我会根据敌情,掌握兵力的机动性,或则分兵而进,或则集中优势兵力,对目标进行毁灭性打击……

---

gù qí jí rú fēng qí xú rú lín qīn lüè rú huǒ bú dòng rú shān nán

故其疾如风,其徐如林,侵掠如火,不动如山,难

zhī rú yīn dòng rú léi zhèn

知如阴,动如雷震。

● 下面,就是具体行动了……

☺ 早该动手了!

☻ 我们先来检阅一支开赴前线的部队……

☺ 是我们的友军吗?

☻ 你可以这样认为。注意这支部队的作风,注意他们如何执行军争的三大原则,然后对照一下自己。

☺ 部队的风格,往往体现了将军的风格。

☻ 孙子说:"所以,他们行动迅速,犹如疾风;他们舒缓从容,有如森林……"徐:缓慢。

☺ 嗯,他们的作风:疾进时全军如狂风掠过,来无影,去无踪;缓行时全军军容整肃,兵戟如林,森然不乱。

☻ 孙子说:"攻伐掠夺,犹如烈火;镇静坚定,犹如山岳……"

☺ 他们的性格:面对猎物,犹如吞噬一切的烈焰,所过之处,片物不留;面对利诱和威胁,却又不为所动,凛然难犯。

☻ 孙子说:"难以窥测,犹如阴云蔽天;突然发动,犹如霹雳闪电……"阴:阴云、阴暗。

☺ 他们的气质:阴沉时深藏不露,让人难知深浅;暴烈时如天崩地裂,让人避之不及。

☻ 这是一支可怕的侵略军——快则全快,慢则全慢,既疯狂,又冷静,时而阴沉,时而暴烈……

☺ 看他们的动静行止,真如领略一套高深拳法:动如涛,静如岳,起如猿,落如鹤,缓如鹰,快如风……千军万马,宛若一人,实在令人惊叹!

☻ 碰上这支军队,你怎么对付?

☺ 水来土掩,兵来将挡,我还怕了他不成——不过,最好不要让我碰到……

---

lüè xiāng fēn zhòng　kuò dì fēn lì　xuán quán ér dòng
掠 乡 分 众 , 廓 地 分 利 , 悬 权 而 动 。

☺ 现在,城邑已被占领,可实施掠夺了吗?

☻ 占领城邑只是既定目标的一部分,可不能忘乎所以。

☺ 掠夺,也得讲究战术?

☻ 孙子说:"抄掠乡间财物,分兵而进;开拓敌国领土,分守要地……"廓:扩,开拓之意。

☺ 为什么要分兵而进?

☻ 这是提醒下属遵守战术纪律,谨慎小心,不可见到财物美女就两眼发红一哄而上,毕竟是在敌国境内。

☺ 那分守要地,意在防备敌军反扑?

● 是的。反正,占领敌国城邑后,不论实行掠夺还是占领,都须分兵进行。

☺ 怪不得出发前孙子提醒的军争三大原则,包括"以分合为变"……

● 孙子接着提醒道:"权衡利害,伺机而动。"权:秤锤。悬权:衡量、权衡之意。

☺ 军争,就是在利害之间进行取舍。

● 有眼前的小利,将来的大害;有眼前的小害,将来的大利……

☺ 这便需要懂得"以迂为直,以患为利"。

● 呵呵,看来终于理解这句话了。

---

xiān zhī yū zhí zhī jì zhě shèng　cǐ jūn zhēng zhī fǎ yě
先 知 迂 直 之 计 者 胜 ,此 军 争 之 法 也。

● 孙子说:"预先懂得曲折与直捷的计谋者,就能赢得胜利……"

☺ 我们说过,军争的目的,不是攻击对手的防御,而是占领或者掠夺;懂得迂直之计,就能把握全军行动,适时而动,适时而止。

● 是啊,所以孙子最后说:"这就是军争的法则。"

☺ 提一个有关"军争"的建议可以吗?

● 可以啊,说吧。

☺ 孙子在谈到侵掠邻国时,除了利用一下当地向导,却并不重视发动当地群众,赢得当地民心,我认为他在这方面可以适当加强……

● 那牵涉到政治战略了,孙子只是个职业军事家,他不太考虑这些问题。

☺ 这是他的局限性吗?

● 也许吧,这我们以后再探讨……

Jūn zhèng　yuē　yán bù xiāng wén　gù wéi jīn gǔ　shì bú xiāng jiàn　gù
《军 政》曰:言 不 相 闻,故 为 金 鼓;视 不 相 见,故
wéi jīng qí　gù yè zhàn duō jīn gǔ　zhòu zhàn duō jīng qí
为 旌 旗。故 夜 战 多 金 鼓,昼 战 多 旌 旗。

● 看来你这支部队,需要整顿……

☺ 何以见得？

☻ 你看人家的部队，风林火山，纪律多么严明！战斗力多么强悍！而你的部队呢……

☺ 我的部队？唉，战场纪律松弛，战术素养有限——你不知道，锻造一支具有钢铁般纪律和行动力的军队，谈何容易！

☻ 那就得加紧调教，学习一下《军政》……

☺ 学习《军政》？

☻ 孙子引用的《军政》，看来是一部有关军法军纪的兵书，不过已经失传了。

☺ 你真要调教我的部队啊？

☻ 军中哪有戏言。孙子说："《军政》记载：相互间听不到讲话，所以设置金鼓；相互间看不到动作，所以设置旌旗。"

☺ 记得在《势篇》的开头，孙子说"斗众如斗寡，形名是也……"

☻ 所谓"形名"，就是战场指挥的信息识别系统，其中的金鼓，是诉诸听觉的识别系统，旌旗，是诉诸视觉的识别系统。

☺ 《军政》在这里讲的，是战场纪律的基础知识吧？

☻ 孙子解释说："所以，夜间作战，多用金鼓，白昼作战，多用旌旗。"

☺ 这样的解释，接近于废话……

☻ 先别忙着下结论，听他说下去。

---

fú jīn gǔ jīng qí zhě suǒ yǐ yì mín zhī ěr mù yě   mín jì zhuān yī

夫金鼓旌旗者，所以一民之耳目也。民既专一，

zé yǒng zhě bù dé dú jìn   qiè zhě bù dé dú tuì   cǐ yòng zhòng zhī fǎ yě

则勇者不得独进，怯者不得独退，此用众之法也。

☻ 孙子继续说："金鼓和旌旗，是为了统一士卒接受的信息……"一：齐一、统一。民：指士卒。

☺ 这里所说的"民"，就是从平民中征召而来的士卒？前面曾说，当时各国军队的主体，是贵族出身的武士……

☻ 动荡的春秋时代，一切都在剧变。日益频繁的攻伐和兼并战争，令各国普遍感到兵源不足，于是先后废除了只有贵族才能参军的限制，将征兵范围扩大到平民阶层，传统军队的结构从此改变，军队的数量也随之迅速增长。

☺ 这样一来,当兵打仗便不再是贵族的特权?

☻ 是的,尤其当战争爆发时,各国更是在平民中临时征召大量壮丁,或用以补充兵力,或仅仅为了壮大声势。

☺ 这些临时征召而来的壮丁,平时训练一定不如正规军人系统,为什么参军,为什么打仗,目的也各不相同……

☻ 所以孙子才需要反复申明战场纪律。

☺ 所以才需要重读《军政》,明白金鼓旗帜的号令……

☻ 孙子说:"士卒们的行动既然完全一致,那么勇敢者就不能独自前进,怯懦者也不能独自退却,这就是统御众多士卒的方法。"专一:同一、一致。

☺ 前面"一民之耳目"的一,作为动词,指的是统一指挥、统一纪律;这儿"民既专一"的一,指的是士卒状态,也就是千军万马步调一致。

☻ 管理之道,就是孙子讲的"用众之法";管理的关键,就在于参透这个"一"字。

☺ 说到这"一"字,真的很佩服那位风林火山的将军——瞧瞧我眼下这群子弟兵,单打独斗或许可以,一旦协同作战,恐怕就难以控制了。

☻ 何况这是深入敌国实施军争,你想,当部队不期然陷入重围,叫天不应,叫地不灵,士卒们会怎样? 当部队攻陷敌城,遍地是金银,到处是美女,又会发生什么情况?

☺ 嗯,要么人自为战,乱作一团,要么分头抢劫,不知去向……

☻ 对于你这支散漫的部队,加强纪律,统一行动,是不是特别重要啊?

☺ 呵呵,你真把我那些子弟兵当做乌合之众啦……

---

gù sān jūn kě duó qì   jiāng jūn kě duó xīn
故三军可夺气,将军可夺心。

☻ 加强纪律性,还只是基础,你如果光靠这些统御军队,层次还是不高。

☺ 依你之见,高级的统御法是什么?

☻ 先不谈这个——我问你,要制服对手,关键是打击他什么部位?

☺ 什么部位? 打得他趴下,毫无还手之力就行……

☻ 孙子认为,关键是摧毁他的意志。

☺ 哦，如果意志尚存，即使打趴下了，他还是会一跃而起……

☻ 孙子说："针对全军，可打击其士气；针对将领，可动摇其决心。"夺：失去。

☺ 他没有说杀人，或者夺取武器、粮食……

☻ 军队的士气和将军的决心，乃是战斗之本。杀人，或者夺取武器粮食，如果有助于打击对手士气，当然有必要，如果反而激起对方的士气，那便有问题。

☺ 对敌军来说，是打击其士气，动摇其决心；对我军来说，则是激发士气，坚定决心。

☻ 激发士气，坚定决心，便是更高层次的统御之法……

☺ 具体说来？

---

shì gù zhāo qì ruì　zhòu qì duò　mù qì guī
是 故 朝 气 锐 ， 昼 气 惰 ， 暮 气 归 。

☻ 更高层次的统御之法，就是治气、治心、治力、治变……

☺ 冷兵器时代的战争，因为需要面对面厮杀，所以战斗的胜负，往往取决于士气。

☻ 你以为除了战争，就无须士气了？

☺ 你是说，像完成一项工程，举行一次竞选，甚至我们参加会考，也差不多？

☻ 孙子说："因此，凌晨的士气，最为旺盛；白昼的士气，趋向松懈；傍晚的士气，接近消沉。"归：尽，止息之意。

☺ 这三个时段，并非专指从早到晚，而是泛指从高潮到低潮吧？

☻ 你也有体会？难怪你无论做什么，开始总是兴趣盎然，用不了五分钟，就兴味索然，无精打采……

☺ 没那么严重吧——话说回来，情绪，体能，注意力，精神状态，总会由高而低，由兴盛到衰败，这是自然现象，个人和团队都一样。

☻ 我问你，什么叫"治"？

☺ 治，就是管理，调节，掌握，控制……

☻ 治，也是修炼，磨砺……

☺ 明白你的意思了，尽管体力情绪的盛衰属于自然现象，但作为将军，却不能任其发展，他须要懂得如何"治"。

☻ 既要治对手，也要治自己。

☺ 孙子的哲学，真是没有丝毫顺其自然的倾向，处处都呈现着强烈的主观能动性。

- 且看他如何一项一项的"治"吧。

---

gù shàn yòng bīng zhě　　bì qí ruì qì　　jī qí duò guī　　cǐ zhì qì zhě yě

故善用兵者,避其锐气,击其惰归,此治气者也。

- 首先是治气之法。
- 孙子说:"善于用兵的人,当对手士气旺盛时,就选择回避;到对手士气懈怠消沉时,再予以打击……"
- 他说的是统御自己的士气,还是对手的士气?
- 优秀的将帅,既能统御自己的士气,又能统御对手的士气——所谓"避其锐气",其实包含两个方面:既保证自己的士气不受挫,同时消耗对手的士气……
- 这样看来,所谓"击其惰归",就是在敌方士气最衰弱之时,将我方士气调节到最高点,然后全力出击。
- 只是,敌方士气的衰落,未必靠等待,还可主动采取一些手段予以消耗。
- 嗯,想办法促成士气的彼消我长……
- 孙子说:"……这就是统御士气的方法。"

---

yǐ zhì dài luàn　　yǐ jìng dài huá　　cǐ zhì xīn zhě yě

以治待乱,以静待哗,此治心者也。

- 谈到治心之法,孙子说:"以我方的严整,对付敌军的混乱;以我方的镇静,对付敌军的浮躁……"治:整治。待:对待,对付。哗:躁动不安。
- 这说的是将军吗?
- 军心,就是将军之心。古人曾说:"为将之道,当先治心。泰山崩于前而色不变,麋鹿兴于左而目不瞬,然后可以制利害,可以待敌……"
- 处变不惊,临危不乱;你越沉得住气,越容易引起对手的混乱和浮躁。
- 这个"待"字,也不可视为消极的等待。
- 不消极,就该主动采取一些手段,治对手之心?
- 治对手之心,就是夺对手之心。唐代兵法家李荃提供了四种办法:"怒之令愤,挠之令烦,间之令疏,卑之令骄。"

☺ 哦,激怒对手,让他火冒三丈;骚扰对手,让他心烦意乱;离间对手,让他众叛亲离;高抬对手,让他忘乎所以……

☻ 孙子说:"……这就是统御军心的方法。"

---

yǐ jìn dài yuǎn   yǐ yì dài láo   yǐ bǎo dài jī   cǐ zhì lì zhě yě

以近待远,以佚待劳,以饱待饥,此治力者也。

☻ 谈到治力之法,孙子说:"以我方的接近战场,对付敌军远道而来;以我方的安逸从容,对付敌军奔走劳顿;以我方的饱食,对付敌军的饥饿……"

☺ 所谓治力,就是养精蓄锐,以静制动,立足于保持我方的战斗力?

☻ 也应包括采取主动,消耗敌人的军力,《计篇》所列的"十二诡道"中,不是有"佚而劳之"么?

☺ 那这里的"待"字,也没有消极等待之意。

☻ 记住,在孙子的性格中,永远没有被动的、消极的成分。

☺ 既是这样,在消耗敌人军力之时,除了"佚而劳之",还应包括"近而远之"、"饱而饥之",就像伍子胥针对楚国施行的游击战术……

☻ 孙子说:"……这就是统御战斗力的方法。"

---

wú yāo zhèng zhèng zhī qí   wù jī táng táng zhī zhèn   cǐ zhì biàn zhě yě

无邀正正之旗,勿击堂堂之陈㈱,此治变者也。

☻ 关于治变之法,孙子说:"不去阻击旌旗严整的对手,不要攻击阵容强盛的敌军……"
邀:阻截、阻击。正正:齐整的样子。

☺ 这是不是说,当我率领二十万大军进入敌境,遭遇"正正之旗"和"堂堂之阵",就不必投入战斗了?

☻ 对手堂堂正正而来,可能已有准备,可能另有奇变,需要特别注意。

☺ 这是临战应变的道理……

☻ 另外,孙子在军争之初就交代你"以利动,以分合为变……"

☺ 这是叫我不必纠缠于和军争目的无关的战斗,以免影响大局;面对堂堂正正之敌,也应该"以迂为直"……

● 孙子说："……这是统御战况变化的方法。"

☺ 看来,要使一支军队达到风林火山一般的境界,作为主帅,不仅要抓纪律,还得掌握治气、治心、治力、治变之道。

● 就以上四点对照一下自己的部队,还有哪些需要改进?

---

gù yòng bīng zhī fǎ gāo líng wù xiàng bèi qiū wù nì yáng běi wù cóng ruì
故 用 兵 之 法:高 陵 勿 向,背 丘 勿 逆,佯 北 勿 从,锐
zú wù gōng ěr bīng wù shí guī shī wù è wéi shī bì quē qióng kòu wù pò
卒 勿 攻,饵 兵 勿 食,归 师 勿 遏,围 师 必 阙,穷 寇 勿 迫,
cǐ yòng bīng zhī fǎ yě
此 用 兵 之 法 也。

● 这段文字,有些学者认为编辑错了,把后面《九变篇》的文字误置在了此处……

☺ 他们凭什么这样说?

● 他们认为,《军争篇》讲用兵的常法,《九变篇》讲用兵的变法,而这一段文字,所讲的都是变法而非常法……

☺ 我那二十万大军正侵入敌境,军情复杂,先了解一下变法也不妨。

● 但我觉得,这段文字虽在讲变法,似乎也在从另一角度解释治气、治心、治力、治变。

☺ 何况刚才正讲到"治变"呢——我们看下去,有问题以后再说。

● 孙子说:"所以,用兵的方法是:敌人占据高地,不要仰攻……"向:指仰攻。

☺ 这道理太简单,仰攻的态势,总是不顺,而占据制高点的军队,士气自然旺盛……

● 所谓"自下而上者力乏,自高而下者势顺",也就这个意思。

☺ 我想,其中应该也隐含了治气之法——就时间而言,是"朝气锐,暮气归";就地形而论,是"自上而下者气锐,自下而上者气归"……

● 孙子说:"敌人背靠丘陵,不要正面迎击……"背:依托。逆:迎击之意。

☺ 背靠丘陵,亦是有利地形,我若迎击,敌军就会退回丘陵,从而占据了制高点。

● 孙子说:"敌人假装败退,不要跟踪追击……"佯:伪装、假装。北:败走。从:追随。

☺ 这里的关键,是如何判断真伪……

● 敌军气势未衰,忽然败退,显然是未尽全力,其后多半设有伏兵。

☺ 我看小说中那些善于使计的将军,常会关照部将:"率部前往挑战,许败不许胜……"就这么回事啦。

☻ 孙子说："敌人精锐所在，不要强行攻击……"

☺ 哦，那是"正正之旗"和"堂堂之阵"，自然得避其锐气，这属于治变之法。

☻ 遭遇这种状况，谨慎的将军会说："敌军恃众前来，其锋不可当，可以计取，难与力争……"

☺ 呵呵，他还会说："今我深沟高垒，坚守不出，以挫其锋，待其粮草不继，自然离散，可一战而擒……"

☻ 孙子说："敌军设下诱饵，不要贪心上钩……"饵：以利相诱。

☺ 这里的关键，也是判断真伪，什么是诱饵，什么不是诱饵——反正，贪利之兵，贪利之将，都没什么好结果……

☻ 孙子说："敌军正在撤退，不要堵截……"遏：阻、阻截。

☺ 归师，属于正常的撤军，而不是败退，是不是？

☻ 应该是。

☺ 正常撤退，军心整齐，正面堵截的话，退军会全力反击，不如攻其翼侧，或进行追击……

☻ 哦，为什么？

☺ 我军攻其翼侧，或尾随其后进行追击，敌军必然分兵应付，这样，军心就会散乱。

☻ 这是你的治心之法？

☺ 嗯。请继续……

☻ 孙子说："敌军已被包围，必须留出缺口……"阙：同"缺"，缺口之意。

☺ 围其三面，留出一个缺口，也是治心之法：让部分敌军夺得生路，其余的就会动摇抵抗的决心，倘若堵住那个缺口，敌军绝望之中，必然全军一心，死里求生，这时候爆发出来的战斗力，就非常恐怖了……

☻ 孙子说："敌人陷入绝境，不要逼迫太甚……"穷：困厄。

☺ 印象中，有一句成语叫"穷寇勿追"……

☻ 这也是《孙子》两个版本的差异，我们顺便做个选择题。

☺ 请出题……

☻ 敌军面临绝境，我有两种战法：其一是"穷寇勿迫"，其二是"穷寇勿追"——请问，你选择哪一种？

☺ 迫，是逼迫；追，是追击。我觉得，陷入绝境的对手，可追击不可逼迫。

☻ 为什么？

☺ 这也是治心之法：你逼迫太甚，就会激起对手死战的决心，若是尾随其后追击，让他们感到一线生机,士气反而容易溃散。

☻ 最后,孙子说:"……这就是用兵的方法。"

☺ 孙子再次强调的"用兵",依我看,是包含了"用"和"不用"。

☻ 讲讲你的理由……

☺ 孙子在这里提出了一连串的"勿",反复告诫:不要,不要,不要,也就是"不用"……

☻ 说得好。用,有把握、操纵之意;把握和操纵战争,不单单是动武、进攻。

☺ 即使是侵略战,我那二十万大军浩浩荡荡开入敌境,也必须有所不用——不过,那毕竟是冷兵器时代,换了现代,空中、海上、地面的远距离精确轰炸,一下子就可以把对手打懵,还管你什么"高陵"啊,"背丘"啊……

☻ 这你就有点机械了,孙子的关键词,是治气、治心、治力、治变……

☺ 现在也用得上吗?

☻ 打个比方吧,你在谈判桌上和对手面对面交锋,言辞之间,是否也可感觉到"高陵"、"背丘"、"锐卒"、"饵兵"呢?

☺ 这倒也是——即使你财大气粗,靠山雄厚,似乎也得"围师必阙"、"穷寇勿迫",不然的话,你得理不饶人,把人逼急了,大家不好收拾。

☻ 恐怕,孙子担心的,正是你自以为实力强大,而忘乎所以呢……

☺ 我知道啦,有所用,有所不用,这才是用兵——看起来,这讲的又不限于战争了。

☻ 这几句话,你再仔细念几遍,好好体会一下,孙子在这里讲的,似乎正是生存竞争中,做事做人的道理呢。

☺ 要念几遍吗?

☻ 念五遍能有些领悟,说明你这人还行;念了五遍,还觉得孙子仅仅在说冷兵器时代的战争,那我们就不必学下去了……

☺ 整部《孙子》,都应这样看吗?

☻ 那自然。战场日新月异,人性千古不变……

《军争篇》通读

孙子曰：

凡用兵之法，将受命于君，合军聚众，交和而舍，莫难于军争。军争之难者，以迂为直，以患为利。故迂其途，而诱之以利，后人发，先人至，此知迂直之计者也。

故军争为利，军争为危。举军而争利则不及，委军而争利则辎重捐。是故卷甲而趋，日夜不处，倍道兼行，百里而争利，则擒三将军；劲者先，罢（疲）者后，其法十一而至。五十里而争利，则蹶上军将，其法半至。三十里而争利，则三分之二至。是故军无辎重则亡，无粮食则亡，无委积则亡。故不知诸侯之谋者，不能豫（与）交；不知山林、险阻、沮泽之形者，不能行军；不用乡导者，不能得地利。

故兵以诈立，以利动，以分合为变者也。故其疾如风，其徐如林，侵掠如火，不动如山，难知如阴，动如雷震。掠乡分众，廓地分利，悬权而动。先知迂直之计者胜，此军争之法也。

《军政》曰：言不相闻，故为金鼓；视不相见，故为旌旗。故夜战多金鼓，昼战多旌旗。夫金鼓旌旗者，所以一民之耳目也。民既专一，则勇者不得独进，怯者不得独退，此用众之法也。

故三军可夺气，将军可夺心。是故朝气锐，昼气惰，暮气归。故善用兵者，避其锐气，击其惰归，此治气者也。以治待乱，以静待哗，此治心者也。以近待远，以佚待劳，以饱待饥，此治力者也。无邀正正之旗，勿击堂堂之陈（阵），此治变者也。

故用兵之法：高陵勿向，背丘勿逆，佯北勿从，锐卒勿攻，饵兵勿食，归师勿遏，围师必阙，穷寇勿迫。此用兵之法也。

九変篇

● 这一篇,据说是有点乱……

☺ 看来作文亦如用兵,写到后来,形势一复杂,脑子就糊涂。

● 别打岔——有一种说法,认为它是后面《九地篇》的一部分,后辗转传抄,发生错乱,以至于出现在这里……

☺ 古人著书,也许不怎么讲究,也许隐藏了什么玄机。

● 还有,这《九变篇》的篇题,按理说应该讲用兵的九种变化之道,可古今多少兵法家在书中寻找了上千年,还是没弄明白这"九"字的所指。

☺ 孙子指引的路,有时势如破竹,有时曲径通幽,我们先跟着他走,只求发现点什么,别迷路了就是……

● 说得也是,那我们就一起探路吧。

孙子曰:凡用兵之法,将受命于君,合军聚众,圮地无舍,衢地合交,绝地无留,围地则谋,死地则战。

● 孙子说:"一般用兵的法则,主将接受国君的命令,征集民众,编成军队……"

☺ 这句话和《军争篇》开头一样,说明那场侵略战还在进行?

● 接着,孙子针对远征军在敌境的行动,一项一项关照。

☺ 为将就当如此:既有战略上的大局观,又能布置周密,纤毫不遗——且听他如何关照……

● 第一:"路况复杂之地,不可宿营……"圮:毁坏、倒塌。

☺ 就是说,前方环境险恶,不可滞留?

● 圮地即低洼之地,容易被水冲毁或淹没。后面《九地篇》中有关于"圮地"的描述:"山林、险阻、沮泽,凡难行之道为圮地。"

☺ 敌国境内,毕竟不同于自己家里,在那里留宿过夜,自是不可掉以轻心。

● 第二:"四通八达之地,须结交邻国……"衢:四通八达。

☺ 这就到了与邻国交界的地区。不过,那外交上的事,出兵前已由上层办妥了吧?

● 也许是庙算有所不及,要你临时应变呀。

☺ 好吧,向部队宣布一下外事纪律,同时派几位善辩之士前往邻国打个招呼。

● 打个招呼? 那你也太托大了——你知道那些邻国的,平时夹在大国之间,立场一向暧昧,万一被敌国搞定……

☺ 这,看来这不是小事,我该怎么做?

● 你得让使节带上金银财货,必要时和邻国立个盟誓、签个协议,或双方互派人质……

☺ 那我就关照那几个使节:上策是获得邻国支持,以为后援,至少得让他们保持中立,不可干扰我军行动。

● 第三:"生存困难之地,不可滞留……"

☺ 绝地,令人绝望之地?

● 那是深入敌境,陷入既无水源,又无粮草、薪柴的所在。

☺ 这种鬼敌方,小部队还可应付,二十万大军一旦陷入,不用开战,便会自损过半。

● 第四:"易遭包围之地,须运用计谋……"

☺ 怎么就陷入"围地"了?

● 围地的特征是,四周险阻环绕,出入通道狭窄,敌军只须派出小股部队,即可对我围而歼之。

☺ 如果是必经之途,就得预先设计安排,以免临时被动。

● 第五:"走投无路之地,须拼死一战。"

☺ 陷入死地,看来真是被敌军包围了。走到这一步,本来就是个错误……

● 你还有空抱怨! 既然无计可施,就不能再犹豫,唯有激励将士决一死战,才有生路!

☺ 孙子这里讲的,是面对不同环境,我军所应采取的基本对策——依我看,其中的道理,似乎也超越了兵法。

● 哦,怎么讲?

☺ 你想,身处这纷纷扰扰的世界,犹如人在江湖,凶险异常,难免会遭遇各种"圮地"、"衢地"、"绝地"、"围地"、"死地"……

● 确实,除非你遁世隐居,不然的话,即使你不具有侵略性,也会面临这一切,只是表现形式不同罢了……

☺ 看来无论顺境逆境,不仅要有定力,还须始终掌握主动。

● 世事如棋局,行事如用兵。当然首先要有大局观,也不必处处起事,或时时设防。

☺ 你是说,有所用,有所不用?

● 正是。

tú yǒu suǒ bù yóu　jūn yǒu suǒ bù jī　chéng yǒu suǒ bù gōng　dì yǒu suǒ

途有所不由，军有所不击，城有所不攻，地有所

bù zhēng　jūn mìng yǒu suǒ bú shòu

不争，君命有所不受。

● 对于掌握进攻主动权的侵略者，孙子非常强调行动中的"不"字。

☺ 军人的个性，就是进攻，尤其是富有侵略性的军人⋯⋯

● 孙子说："有途径，未必一定要通过；有敌军，未必一定要攻击；有城邑，未必一定要攻打；有地盘，未必一定要争夺⋯⋯"

☺ 上一篇曾讲，深入敌境实施军争，我军的风格是"其疾如风，其徐如林，侵掠如火，不动如山⋯⋯"这里似乎更强调有所不为。

● 上一篇讲常法，这一篇讲变法。孙子在军争之初就关照你，把握战局的核心利益，不可一见可以攻击之敌，就意气用事，到处点燃战火。

☺ 嗯，就像有些敌军或城邑，攻击了未必有利，不攻击也未必有害，那就无须纠缠——我觉得不论战略上还是战术上，孙子都非常理性和宏观⋯⋯

● 古人说："不谋万世者，不足谋一时；不谋全局者，不足谋一城。"你是个排长连长也罢了，当你处在师长军长甚至全军主帅的位置，面对全局，必然会考虑局部战争所要消耗的战斗力，以及时间、地形、后勤等因素⋯⋯

☺ 所以，有所不为，才能有所为。

● 最后，孙子说："⋯⋯有国君之命，未必一定要执行。"

☺ 将在外，君命有所不受——这句话出自孙子吗？

● 春秋战国之时，兵家普遍强调身处前线的将帅，必须拥有机断处置的权力。

☺ 嗯，我军既已深入敌境，战况瞬息万变，战机稍纵即逝，哪有时间汇报请示，《谋攻篇》就说"将能而君不御者胜"⋯⋯

● 是啊，既然我已授权于你，该决定时就决定吧。

☺ 你把你当国君啦？

gù jiàng tōng yú jiǔ biàn zhī lì zhě zhī yòng bīng yǐ
故 将 通 于 九 变 之 利 者 ，知 用 兵 矣 。

● 孙子说："所以，将帅如能精通'九变'之利，就是懂得用兵了。"

☺ 这就牵涉到"九"的公案了？

● 是啊，孙子讲到"九变"，但历代学者遍查前后文，以及全书的角角落落，还开过不少专题会议，都没凑出个令人信服的"九变"来……

☺ 在古代，"九"有多数之意，也是阳数之极，这"九变"会不会就如九天、九地那样，极言变化之多？

● 或许吧。不过，再怎么追究，恐怕也是白费劲了。

☺ 算了！我们只须知道，深入敌境，为将的必须深谙各种变化之道……

jiàng bù tōng yú jiǔ biàn zhī lì zhě suī zhī dì xíng bù néng dé dì zhī lì
将 不 通 于 九 变 之 利 者 ，虽 知 地 形 ，不 能 得 地 之 利

yǐ zhì bīng bù zhī jiǔ biàn zhī shù suī zhī wǔ lì bù néng dé rén zhī yòng yǐ
矣 ；治 兵 不 知 九 变 之 术 ，虽 知 五 利 ，不 能 得 人 之 用 矣 。

● 用兵讲究变化，谁都知道。请问，变化的目的是什么？

☺ 变化的目的……是为了，为了迷惑对手？

● 孙子说："将帅不精通'九变'之利，虽然熟悉地形，也不能获得地形带来的利益；统御军队而不懂得'九变'之术，虽然知道'五利'，也不能充分发挥战斗人员的作用。"

☺ 变化，是为了将地形的利益最大化？为了使人员战斗力获得最大发挥？

● 不是为变化而变化……

☺ 哦，充分利用战场地形，制定相应的战术。不论车战还是步战，明攻还是暗袭，正面交火还是迂回包抄，乃至战还是不战，都得根据战场地形作出选择……

● 是啊。变化的目的，在于最大限度地发挥战斗力——无论是地形，还是人。

☺ 不过，这里又出现一个"五利"……

● 这是本篇的又一个公案。为这个"五"字，大家也是吵得一塌糊涂，因为找来找去，究竟是哪五个利，也是没有找到。

☺ 小小一段文字，竟把天下兵法家折腾成这样——我们也学孙子，暂不纠缠于眼前战斗，

继续前进吧。

---

shì gù zhì zhě zhī lǜ　bì zá yú lì hài　zá yú lì　ér wù kě shēn
是 故 智 者 之 虑 , 必 杂 于 利 害 : 杂 于 利 , 而 务 可 信 ⑯

yě　zá yú hài　ér huàn kě jiě yě
也 ; 杂 于 害 , 而 患 可 解 也 。

☻ 从这里往下,孙子不知为何笔锋一转,就利与害的关系,发表了一下看法。

☺ 我觉得很重要,你想,刚才他反复讲"利"、"利"、"利",这里突然亮一下红灯,提醒你不要见利忘形。

☻ 嗯,有道理,也许这就是孙子的章法。

☺ 再说了,大军既已深入敌境,利的一面固已具备,害的一面也会更加突出吧。

☻ 孙子说:"因此,明智的人思考问题,一定是兼顾到利和害两个方面……"杂:混合。

☺ 只看到有利一面,会忘乎所以;只看到不利一面,会丧失信心。

☻ 孙子解释说:"……兼顾到有利的一面,事情就可以顺利推进;兼顾到有害的一面,祸患就可以事先解除。"务:事务之意。信:同"伸";伸展、伸张。

☺ 这我有经验:碰到问题,适当掩盖有害一面,同时夸大有利一面,可以激发大家的积极性,说不定那问题就蒙过去了……

☻ 那事情进展顺利呢?

☺ 事情进展顺利,特别是大家情绪亢奋之时,反而需要泼一点冷水……

☻ 就像他在《军争篇》里说的"军争为利,军争为危",很多时候,利就是害,害就是利。

☺ 而且,往往是利有多大,害也有多大……

☻ 我们说,战争无非是玩利与害的游戏,对待自己人的玩法,是放大有利的一面,化解有害的一面。

☺ 对待敌人的玩法,应该相反吧?

☻ 听他说下去……

shì gù qū zhū hóu zhě yǐ hài　　yì zhū hóu zhě yǐ yè　　qū zhū hóu zhě yǐ lì

是故屈诸侯者以害,役诸侯者以业,趋诸侯者以利。

● 孙子说:"因此,要制服诸侯,就要用它担心的事去损害它;要困扰诸侯,就要用它不得不应付的事去驱使它;要调动诸侯,就要用对它有利的事去引诱它。"屈:屈从、制服。役:驱使。业:事、事业。趋:奔走、奔赴。

☺ 嗯,不断地出些题目,让对手疲于奔命……

● 侵略有很多手段,不一定非得用兵。

☺ 但具体怎么实施?

● 我先问你:知道吴国怎么灭亡的吗?

☺ 被越国灭掉的——哦,越王勾践给吴王夫差送去了美女西施,使其迷恋声色……

● 你就知道西施!那是勾践被夫差打败后,采纳了大夫文种的九项"破吴之术",除了献上美女西施和郑旦,还包括:赠送大量财币,使其习于奢侈;贿赂吴王左右,使其惑乱朝政;输出大量能工巧匠,帮助吴国建造宫殿楼台,使其劳民伤财……

☺ 都是一些投其所好的糖衣炮弹嘛!

● 这一系列战法,用文种的话说,就是"高飞之鸟,死于美食;深川之鱼,死于芳饵……"

☺ 好狠毒!这"美食"和"芳饵"的准确性和杀伤力,真抵得上千军万马,而且让人死于安乐,杀人于无形,杀人不见血。

● 你是觉得,这些消耗和颠覆对手的手段,是太损了?

☺ 是啊——不过想问一下,这些损招,都是弱国用来对付强国的吗?

● 我想,对付强国,或者对付势均力敌的对手,都可用吧。

☺ 嗯,对付弱国,只须炫耀武力威慑一下就行,对付强国或势均力敌的对手,才需采用"以迂为直,以患为利"的间接路线。

● 别老想着对付别人,想想自身的弱点吧,说不定,对手正用这些手段对付你呢……

☺ 对啊,想那吴国灭亡,岂不正是搬起石头砸了自己的脚!

● 此话怎讲?

☺ 这还不明白?这部兵书本是孙子献给吴王,用以对付邻国的,结果吴国却被孙子的兵法给灭了。

● 所以嘛,先扎扎实实地修炼自己,才是正事。

gù yòng bīng zhī fǎ　wú shì qí bù lái　shì wú yǒu yǐ dài yě　wú shì qí

故用兵之法，无恃其不来，恃吾有以待也；无恃其

bù gōng　shì wú yǒu suǒ bù kě gōng yě

不攻，恃吾有所不可攻也。

● 刚才讲了很多如何如何对付敌人……

☺ 我们的结论是，当你费尽心机对付敌人之时，别忘了修炼自己……

● 孙子说："所以用兵的方法是，不要指望敌人不来，而要指望自己有充分的准备；不要指望敌人不进攻，而要指望自己拥有难以攻破的实力。"恃：倚仗、依赖。待：准备之意。

☺ 这是说，自我的修炼，才是立于不败之地的根本？

● 在这个强人社会，你只有变得比对手更强，才能把握自己命运。古话说："君子当安平之世，刀剑不离身。"何况对手并没有歇着……

☺ 所以，我也不能歇着——看来，只有抛弃不切实际的幻想，炼成金刚不坏之身，才足以应对这个靠实力讲话的时代。

● 既然这样，反省自己的弱点，便是下一步需要做的功课。

gù jiàng yǒu wǔ wēi　bì sǐ　kě shā yě　bì shēng　kě lǔ yě　fèn sù

故将有五危：必死，可杀也；必生，可虏也；忿速，

kě wǔ yě　lián jié　kě rǔ yě　ài mín　kě fán yě

可侮也；廉洁，可辱也；爱民，可烦也。

● 近代有军事理论家认为：整个战争的进行离不开人的弱点，也针对着这种弱点……

☺ 嗯，如果大家都没弱点，这战争如何进行，很难想象。

● 可我觉得，人的所谓弱点，在现实中却往往以优点的面目出现，比如《计篇》中提到将帅的五个方面素养：智、信、仁、勇、严……

☺ 你是说为将所具有的这些优点，也可能就是他的缺点？

● 孙子说："所以，作为将帅，有五大致命弱点……"

☺ 也是五个方面……

● 第一："一心想着拼命，会被敌人诱杀……"必：坚持、固执之意。

☺ 看到这句话，吴王阖闾一定会想起他的父王吴王诸樊……

☻ 这类将军，可贵之处是勇，可怕之处也是勇，凡事宁折不弯，知进而不知退。曹操说，对付勇而无谋的将军，可采取"奇伏"的战法。

☺ 就是说，首先示弱，诱其出战，中途设伏兵奇袭，基本上十拿九稳。

☻ 第二："一心想着求活，会被敌人俘虏……"

☺ 这类将军正相反，可能是疑心重，可能是太聪明，也可能根本就是贪生怕死……

☻ 那就不妨派一介使者，直闯敌营，面陈利害，或布置众多疑兵，搞得千军万马排山倒海似的，然后向他喊话……

☺ 对付胆小鬼，就吓破他的胆——所以孙子说"可虏也"。

☻ 第三："急躁易怒，会经不起挑逗……"忿：愤怒。速：快速，引申为急躁。

☺ 这类将军，优点是耿直刚烈，但缺点是沉不住气，一触即跳——所谓激将法，激的就是这一类的将。

☻ 第四："重视名节，会受不了污辱……"

☺ 这类将军，太爱惜自己名誉，缺点是固执死板，不懂得大丈夫能屈能伸的道理。

☻ 第五："仁慈爱民，会遭到各种烦扰。"

☺ 这类将军，估计不仅有一副慈悲心肠，逢事还黏黏糊糊，瞻前顾后。

☻ 曹操认为，对付这类将军，可采取"出其所必趋"的战法，比如假意攻击百姓，他必然会倍道兼行前去解救，便可达到"佚而劳之"的目的。

☺ 我想，孙子在这里指出的，也是利与害的关系——个性上的特点，可能有利，可能有害……

☻ 针对孙子所列五大问题，宋代的张预认为：勇敢，不一定非得死战；胆怯，不一定非得求生；刚烈，要经得起欺侮；廉洁，要经得起污辱；仁慈，要经得起烦扰。

☺ 彼此相克的性格，可存在于一人身上，不是天才，也得经过长期修炼——千军易得，一将难求，看来不是虚言。

---

fán cǐ wǔ zhě   jiàng zhī guò yě   yòng bīng zhī zāi yě   fù jūn shā jiàng
凡 此 五 者，将 之 过 也，用 兵 之 灾 也。覆 军 杀 将，
bì yǐ wǔ wēi   bù kě bù chá yě
必 以 五 危，不 可 不 察 也。

☻ 孙子说："以上五点，都是将帅的过错，也是用兵的灾难……"

☺ 类似过错，发生在士卒身上也许问题不大，发生在将军身上，就可能很严重……

● 孙子的结论是："军队覆灭,将帅被杀,一定是因为这五大致命弱点,不能不慎重加以考察。"覆:倾覆、覆灭。

☺ 这贯穿孙子兵法的"察"字,又出现了——依你的解释,这是孙子在提醒国君慎重考察他手下的将帅?

● 怎么,不对吗?

☺ 我觉得,这是提醒将帅加强自身的省察功夫……

● 也有道理啊——既是这样,那你就自我省察一下,看看属于哪一类型?

☺ 这个却不好说……

● 不知你发现没有,孙子的这个"察"字,包括有考察、观察、省察、侦察等等,本就是全方位的,涉及了不同层面,不同角度,你以后有兴趣,可以建个立体模型归纳一下……

☺ 那得等我们把十三篇学完了再说。

《九变篇》通读

孙子曰：

凡用兵之法，将受命于君，合军聚众，圮地无舍，衢地合交，绝地无留，围地则谋，死地则战。途有所不由，军有所不击，城有所不攻，地有所不争，君命有所不受。故将通于九变之利者，知用兵矣。将不通于九变之利者，虽知地形，不能得地之利矣；治兵不知九变之术，虽知五利，不能得人之用矣。

是故智者之虑，必杂于利害：杂于利，而务可信（伸）也；杂于害，而患可解也。是故屈诸侯者以害，役诸侯者以业，趋诸侯者以利。故用兵之法，无恃其不来，恃吾有以待也；无恃其不攻，恃吾有所不可攻也。

故将有五危：必死，可杀也；必生，可虏也；忿速，可侮也；廉洁，可辱也；爱民，可烦也。凡此五者，将之过也，用兵之灾也。覆军杀将，必以五危，不可不察也。

行军篇

● 什么是"行军"？

☺ 我的理解很简单：军队从一地赶往另一地，就叫行军；记得我们讲过，孙子的"行军"，有他特定的内涵……

● 孙子讲的"行"，是运行、部署之意……

☺ 那就是军队的运行、战术的部署——类似"行棋"之行？

● 差不多，行军如行棋。这一篇主要针对不同地形，讨论如何部署军队、如何判断敌情。

☺ 都是些战术层面的安排，格局似乎不大。

● 你以为你格局大，只需坐在作战室看着地图，就能指挥战斗？告诉你，下面我们就要到前线，到各种复杂环境中实地考察……

☺ 现在的战争条件，和过去不同了。

● 如果这样读《孙子》，可是读不出什么意味——说实在的，《孙子》是一部兵书，也是一部社会和人生的寓言……

☺ 你不提醒，我倒忘了。我们讨论过，即令现在的社会环境，也是危机四伏，时时有对手，处处是陷阱。

● 现实生活也有不同地形，只是，多由不同的人组成而已。我们读《孙子》，不要把地形仅仅看作山川溪谷，把武器仅仅看作刀枪剑戟，就对了。

☺ 所以在现实中，我们也无时不在"行军"……

孙子曰：凡处军、相敌：绝山依谷，视生处高，战隆无登，此处山之军也。

● 孙子说："在各种地形上部署军队、观察敌情时，应该注意……"处：安置。相：观察。

☺ 联系我们前面讲的，处军的要点就是"先为不可胜"，相敌的要点就是"以待敌之可胜"，对不对？

● 很对啊。孙子把地形分成山地、河流、沼泽盐碱地、平原四种，然后，针对这四种地形，

——讲解处军的要领,相敌的方法。

☺ 首先是山地,应该很适合作战……

☻ 孙子说:"越过山地时,必须沿着山谷……"绝:越过。依:傍,靠近。

☺ 越过山地,何以要依傍山谷?

☻ 山谷多溪水,一方面有水草之利,一方面可以背负险固。

☺ 哦,万一在此遭遇敌军,不仅可以有所依托,久战亦无粮草之忧——孙子考虑问题,确是非常周全。

☻ 孙子说:"驻扎时,面朝向阳的开阔地,并占据高处……"视:面向。生,指向阳之处。

☺ 占据了制高点,就可松一口气。

☻ 从军事理论上说,占据高处有三个优势:一、战术位置上的便利;二、视野开阔;三、敌人通行困难。

☺ 从心理上说,登上山顶,俯视山下对手,会有一种居高临下的气势,仿佛控制了局势。

☻ 孙子接着说:"与占据高地的敌军作战时,不可仰攻。"

☺ 这和《军争篇》的"高陵勿向"一个意思,有利位置若被对手占据,便得另想办法。

☻ 孙子说:"这便是在山地部署军队的方法。"

☺ 按照孙子的部署,山地一关安全通过,下面是第二道关……

☻ 越过高山,前方是一条大河……

---

jué shuǐ bì yuǎn shuǐ　kè jué shuǐ ér lái　wù yíng zhī yú shuǐ nèi　lìng bàn jì
绝水必远水;客绝水而来,勿迎之于水内,令半济
ér jī zhī　lì　yù zhàn zhě　wú fù yú shuǐ ér yíng kè　shì shēng chǔ gāo　wú
而击之,利;欲战者,无附于水而迎客;视生处高,无
yíng shuǐ liú　cǐ chǔ shuǐ shàng zhī jūn yě
迎水流,此处水上之军也。

☻ 孙子说:"渡过江河,一定要远离河流驻扎……"绝:渡过。

☺ 这又为什么?

☻ 靠近河流驻扎有两个不利因素:首先,一旦遭遇敌军,你就得背水作战;其次,如敌军处在对岸,就不敢贸然渡河……

☺ 第一点,我理解,远离河流驻扎,可使我方处于可进可退的位置;第二点,我方靠近河流

驻扎,致使对岸敌军不敢渡河,这有何不可?

● 听孙子说下去:"敌军渡水前来,不要在水中迎战,让它渡过一半时再出击,更加有利……"客:指敌军。

☺ 哦,远离河流驻扎,既可保证自身安全,又隐含了诱敌之计。

● 水中迎敌,胜负一向难以预料……

☺ 倘若敌军半数上岸,半数仍在水中,阵容不整,军心不齐——便可最大限度地发挥我方优势。

● 关于"半济而击之"的战术,吴王阖闾应该深有体会……

☺ 他用过这一招?

● 吴楚之间那场决定性的战争,还记得吗?

☺ 哦,就是那场著名的长途奔袭战,吴军气势如虹,五战五捷,直捣楚国的郢都……

● 这场战役,史称"吴楚柏举之战"——当时,吴王阖闾联合唐、蔡两国,以三万之众伐楚。吴国的水军浩浩荡荡,沿淮河向西挺进一千多公里,至蔡国附近舍舟登岸,与匆忙赶来防御的楚军夹水而阵,结果在小别山与大别山之间,楚军三战受挫,最后不得已在柏举与吴军展开决战……

☺ 柏举在哪里?

● 据说是湖北麻城东北一带——在柏举之战中,吴军以五千余众实施突击,随后投入主力,大败楚军。楚军遭到重创后,向西溃逃,吴军则马不停蹄,尾随其后,终于在柏举西南的清发水——也就是湖北安陆的郧水,追上楚军。当时,楚军正准备渡河,吴王阖闾即下令出击……

☺ 这时候,他读过《孙子》吗?

● 早就读过了——再说,这场战争据说孙子也有参与,只是不知此时他在哪里……

☺ 看来这阖闾是江山易改,禀性难移,碰上战斗就会性急。

● 当时,阖闾的弟弟夫概提醒说:"困兽犹斗,何况是人!如果敌人知道不免于死,必然全军死战;相反,如果先渡河的士卒有脱险之望,后渡河的士卒有羡慕之心,就会丧失斗志。我们还是等他们渡过一半,再下令出击。"

☺ 嗯,这就是孙子讲的"令半济而击之,利……"

● 不过,孙子讲的敌军是处于进攻状态,半数已经登岸,半数尚在水中;吴楚之战,楚军处于溃逃状态。

☺ 就是趁楚军部分已经下水、部分正在岸上准备之际,发起攻击——结果如何?

- 😐 结果阖闾采纳了弟弟的建议,大败楚军,并一路乘胜追击,攻入郢都……
- 😊 真是一场了不起的战役!
- 😐 讲完"半济而击之",孙子继续说:"准备决战时,不要紧靠河边去迎击敌军……"附:靠近。
- 😊 明白了,对于我方,不管驻扎还是作战,尽量远离河流就是了。
- 😐 孙子说:"驻扎时,面向开阔地,并占据高处,不要部署在敌军的下游。"迎:意同"逆"。
- 😊 视生处高,这与山地的部署原则一样。至于"无迎水流"……
- 😐 你把军队部署在河流的下游,敌军一旦在上游采用决堤、投毒之计,或顺流而下,对你发起攻击……
- 😊 那不用交战,我军就陷入被动,太恐怖了。
- 😐 孙子最后说:"这便是在江河地带部署军队的方法。"
- 😊 看来,处水上之军,必须力争上游,勿居下游——好了,大江大河都过了,下面是……
- 😐 第三关,盐碱沼泽地。
- 😊 盐碱沼泽地,犹如人间的是非之地……

绝斥泽,唯亟去无留;若交军于斥泽之中,必依水草而背众树,此处斥泽之军也。

- 😐 孙子说:"通过盐碱沼泽地,必须迅速离开,不要滞留……"斥:盐碱地。
- 😊 呵呵,很干脆啊,这淌浑水,还真是惹不起……
- 😐 这里地势低洼,土质恶劣,一不小心,人马便会陷入其中,难以自拔。
- 😊 不得已在此遭遇敌军呢?
- 😐 孙子答道:"如果在盐碱沼泽地与敌军遭遇,必须依傍水草、背靠树林,这便是在盐碱沼泽地部署军队的方法。"
- 😊 水草,树林,是这种鬼地方的救命稻草?
- 😐 有水草,便于饮水砍柴;有树林,土质相对坚硬,便于大军布阵设防,发生战斗时也可作为防卫的屏障。
- 😊 反正这类地方,情势错综复杂,早早离开才是——下面是最后一关了……

- 😊 最后一关,平原。
- 😊 总算看到光明了,眼前是一马平川……
- 😊 一马平川,就可掉以轻心?

---

píng lù chǔ yì　ér yòu bèi gāo　qián sǐ hòu shēng　cǐ chǔ píng lù zhī jūn yě
平陆处易,而右背高,前死后生,此处平陆之军也。

- 😊 孙子说:"在平原上,应驻扎于平坦地区……"平陆:平原地带。易:平坦。
- 😊 就是说,不应驻扎于高低不平之处?
- 😊 平原旷野,最适合车战,选择其中的平坦地带驻扎,便于战车纵横驰骋。
- 😊 哦,驻扎地的选择,兼顾了突发战事的可能。
- 😊 孙子说:"主力背靠高地,使前面难攻,后面易退,这便是在平原上部署军队的方法。"
- 😊 这里的"右",指军队主力?
- 😊 关于"右"字的解释很多。一种说法是,古代中原诸国以右为上,所以这里的右,指军队主力或主要的翼侧……
- 😊 为什么?
- 😊 部队驻扎于平原,四周没有依托,你让我来部署,也会把主力安排在背靠高地的区域,既可保证主力安全,也便于随时投入战斗。
- 😊 前死后生,也是一样道理?
- 😊 是的。前死后生,通常指前低后高的地势——背靠山险,面向平原……
- 😊 嗯,前面低,我方视野开阔,且利于居高临下的作战,所以是敌人的死地;后背高,有利于我方退守,所以是我方的生地。反正,在任何环境中,都须有所依托。

---

fán cǐ sì jūn zhī lì　Huáng dì zhī suǒ yǐ shèng sì dì yě
凡此四军之利,黄帝之所以胜四帝也。

- 😊 这一路上,我们都经过了哪些地方?
- 😊 除了空中与海上,山地、河流、盐碱沼泽、平原四道关都过了。
- 😊 由此可以发现,孙子的时代,原来限于平原地带,以车战为主的战争,已扩大到了崇山峻岭、江河湖泊……

☺ 我怀疑当时步战、水战已很普遍,看看我们经过的很多地方,车战根本无法展开。

☻ 吴楚之间的战争,很多就是水战,两国也各自拥有水军——想象一下孙子所讲的诸多地形,丘陵起伏,河流纵横,沼泽密布,确实很像南方的吴楚之地。

☺ 讲了这些部署要领,孙子的结论是什么?

☻ 孙子说:"以上四种部署军队的有利方法,就是黄帝所以能战胜其他四帝的原因。"

☺ 黄帝,就是轩辕黄帝?华夏族的祖先?

☻ 很多人都认为是他——不过这历史有点复杂……

☺ 你是说,黄帝不止一个?

☻ 这牵涉到所谓"五帝"的历史:据说远古时候,五帝指的是神话中的五方天帝,包括东方青帝、南方赤帝、西方白帝、北方黑帝和中央黄帝,到了战国时代,才有作为原始部落首领的黄帝、炎帝等"五帝"传说的出现……

☺ 那孙子讲的五帝是……

☻ 感觉上更接近神话中的五方天帝。1972 年在银雀山汉墓出土的那批竹简中,有一篇孙子写的《黄帝伐四帝》……

☺ 孙子在十三篇之外,还另有兵书?

☻ 据说是。反正,这篇文字断断续续的,连缀起来,意思似乎是:"孙子曰:〔黄帝南伐赤帝〕……东伐〔青〕帝……北伐黑帝……西伐白帝……已胜四帝,大有天下……天下四面归之……"

☺ 看来孙子说的五帝就是五方天帝了,只是这段文字不好懂。

☻ 是啊,五色配五方之帝,这是五行的说法——那篇文字,还夹杂着好多黄帝战胜四帝所用的神奇战术,有"右阴"、"顺术"、"背冲"什么的……

☺ 那孙子抬出黄帝,是为了表明自己的"行军"之道大有来历吗?

☻ 应该是吧。黄帝被尊为兵家之祖,我们前面讲的"兵阴阳家",大多就托始于这位传说人物。班固的《汉书·艺文志》中著录有《黄帝》十六篇,还有号称黄帝之臣的封胡、风后、力牧等所著的兵书,讲的大多是运用阴阳五行用兵的事……

☺ 这些兵书现在还能看到吗?

☻ 早失传了——怎么问个没完,都是些玄奥神秘的学问,你若有兴趣,以后自己去研究,这会儿我们还是跟着孙子继续前进吧。

fán jūn hào gāo ér wù xià　guì yáng ér jiàn yīn　yǎng shēng ér chǔ shí　jūn

凡军好高而恶下,贵阳而贱阴,养生而处实,军

wú bǎi jí　shì wèi bì shèng

无百疾,是谓必胜。

☺ 下面的话题,似乎仍是依托地形的"行军"之道……

☻ 是的。孙子说:"大凡驻军,总是倾向高处而避开低处,重视向阳而避免背阴……"

☺ 这个道理,好像讲过了。

☻ 不,这是在讲军队的生活环境,"好高"和"贵阳",是取其阳光充足,宽敞通气……

☺ 明白了,长时间驻扎于背阴潮湿之地,容易染上各种疾病。倘若三军疾疫流行,那可怕的程度,不亚于粮草断绝。

☻ 孙子接着说:"易于休养生息,物产供应丰实,军中不流行各种疾病,这是必胜的条件。"

☺ 他说的"养生",是靠近水草,使人马得以休养生息,"处实",是处军于物资丰富之地,便于军需品供应,是吗?

☻ 是。这里所列举的,都是特殊地形条件下军队的日常生活保障问题——从最后的"必胜"二字可以看出,孙子将这项工作提升到了决定战争胜负的战略高度。

☺ 这些坛坛罐罐的工作,都是三军主帅必须要负责的吗?

☻ 打个比方,如果你去面试一位将军,不必问他关于排兵布阵或攻防战术的高见,只须问他几个军事后勤的问题,即可判断他够不够格了……

☺ 这是为什么?

☻ 如果他对军事后勤的问题一无了解,说明他在用兵方面还是个门外汉。

☺ 哦,因为他应聘的是将军一职,身负重大的管理职能,不是普通的排长、连长……

qiū líng dī fáng　bì chǔ qí yáng ér yòu bèi zhī　cǐ bīng zhī lì　dì zhī

丘陵堤防,必处其阳而右背之。此兵之利,地之

zhù yě

助也。

☻ 孙子说:"在丘陵、堤防一带,必须驻扎在它的向阳一面,主力背靠着它。"

☺ 丘陵和堤防,与山地特征相似,部署原则也差不多?

- 因为与山地相似，所以必须"右背之"；因为丘陵和堤防一带，低洼和潮湿的特征更加明显，所以必须"处其阳"。

- 地形之利，既考虑到备敌，也考虑到防病。

- 对，孙子总结道："这些有利于用兵的措施，全赖地形的辅助。"

- 上述几项注意要点，是对四种"行军"之道的补充吧？

- 需要注意的还不止这些……

---

shàng yù   shuǐ mò zhì   zhǐ shè   dài qí dìng yě

上 雨，水沫至，止涉，待其定也。

- 大军准备渡河，需要观察一下水情。

- 水情有什么异常？

- 顺势而下的水流，泛着白沫……

- 泛着白沫，说明什么？

- 孙子说："上游下暴雨，水流泛着白沫冲来，须禁止徒步渡河，等到水势平稳。"雨：下雨。

- 哦，上游暴雨，水流湍急，所以泛着白沫。

- 你不注意的话，大军渡河之时，山洪突然袭来，岂不麻烦。

- 孙子屡次提到"处水中之军"，看来当时的水军确实已相当普遍。

- 至少在吴、楚等南方国家，水战已是司空见惯，两国不仅水军发达，据说在交战时，还有巨型战舰参战……

- 既有巨型战舰参战，一定有更多中、小型战舰配合，那浩浩荡荡的水战场面，想必非常壮观。

- 说来这事也与公子光有关——早在十几年前，也就是吴王僚刚即位时，公子光曾率水军沿长江逆流而上，进攻楚国……

- 孙子不是说"无迎水流"吗？公子光率军逆流而上，难道犯了水战的大忌？

- 听我说下去——楚国闻讯后，即派令尹子瑕率水军沿长江顺流而下，吴楚两军，就在长岸一带相互对峙……

- 长岸在哪里？

- 安徽当涂西南三十里，西梁山和东梁山的夹江处，地势非常险要，李白有一首著名的《望天门山》，写的就是此地……

☺ 哦，"天门中断楚江开,碧水东流自此回;两岸青山相对出,孤帆一片日边来。"写的就是长岸啊。

● 当时,楚军对交战结果并无把握,令尹子瑕用占卜预测胜负,结果是"不吉"。司马子鱼却说:"我得上流,何故不吉?"他认为楚军地处上游,可借助水势冲击吴军。结果,楚军先后顺流而下,大败公子光所率的吴国水军……

☺ 公子光犯了水战大忌,看来是轻敌了。

● 本来,吃一场败仗也没什么,可令公子光感到羞辱的是,吴军的主力战舰在此战中被楚军缴获——这艘名为"余皇"的大型战舰,本是吴国先王的旗舰,所以事情非同小可……

☺ 他就这么灰溜溜回国,怕是无法向国人和吴王僚交代。

● 战事还没完呢——楚军缴获余皇舰后,立即派出重兵看守,严阵以待。那边的公子光则紧急召集众将商议,发誓夺回先王战舰。这天深夜,三名吴军勇士分头潜入楚营,交替着高呼:"余皇! 余皇!"楚军听到呼声,以为吴军来袭,立即分散出动追逐,公子光趁此之机,率军攻入楚营,夺回了余皇舰……

☺ 一场典型的夜袭战,声东击西,反败为胜,公子光表现还行。

● 这场著名的"吴楚长岸之战",据说是中国水战史上最早的战例之一,也是公子光第一次在历史书中露面。

☺ 以后有机会,得去安徽天门山看看,凭吊一下长江古战场……

● 不说这个了,我们继续行军吧。

---

jué tiān jiàn　tiān jǐng　tiān láo　tiān luó　tiān xiàn　tiān xì　 bì　jí　qù zhī
绝天涧、天井、天牢、天罗、天陷、天隙,必亟去之,

wù jìn yě　　wú yuàn zhī　dí jìn zhī　wú yíng zhī　　dí bèi zhī
勿近也。吾远之,敌近之;吾迎之,敌背之。

● 渡河之后,举目望去,又是一连串复杂地形:天涧、天井、天牢、天罗、天陷、天隙……

☺ 呵呵,好像进入一片迷宫。

● 那两岸峭壁高耸入云,中间水流湍急的,就是"天涧"……

☺ 天涧,山深水大,想必难有落脚之处。

● 那三面险山环绕,易进难出的,就是"天牢"……

☺ 天牢,天然的牢狱,大军深入其中,必是有去无回。

☻ 四周荆棘丛生,林木茂密,遮天蔽日,就是"天罗"……

☺ 天罗,天然的网罗,刀枪剑戟无法施展,举手投足也困难重重。

☻ 地形低洼泥泞,难测深浅,就是"天陷"……

☺ 天陷,天然的陷阱,一旦身陷其中,便难以自拔。

☻ 两山相逼,中间的通道细长狭窄,就是"天隙"……

☺ 天隙,天然的裂隙,一人侧身而过已是不易,更不必说大队人马。

☻ 孙子说:"通过天涧、天井、天牢、天罗、天陷、天隙等地形,必须迅速离开,不可靠近。"

☺ 深入这类地区,即使正常通过也已够呛,一旦遭遇敌军,后果不堪设想。

☻ 所以,江湖凶险,这一路上,你得多加小心才是。

☺ 放心吧,我会注意——还有什么关照吗?

☻ 孙子说:"我们远离它,让敌人靠近它;我们面向它,让敌人背对它。"

☺ 嗯,明白——险恶的地形更如一把双刃剑:不注意的话,会被它所伤;善加利用,对付敌人也是威力无比。

☻ 在现实的环境中,人与人相争,有时也一样……

---

jūn páng yǒu xiǎn zǔ　huáng jǐng　 jiā wěi　shān lín　 yì huì zhě　 bì jǐn fù

军 旁 有 险 阻、潢 井、葭 苇、山 林、蘙 荟 者,必 谨 覆

suǒ zhī　 cǐ fú jiān zhī suǒ chǔ yě

索 之,此 伏 奸 之 所 处 也。

☻ 那复杂险恶的环境,你会利用,对手也会利用……

☺ 战争就这样令人头痛,彼此都是聪明人,彼此都在算计对方。

☻ 孙子说:"军营附近如有险阻、沼泽、芦苇、森林和杂草丛生之处,务必仔细反复搜索……"潢井:低洼地。葭苇:芦苇,泛指水草丛生之处。蘙荟:草木繁盛貌。

☺ 覆索,就是再三反复的搜索。

☻ 孙子说:"……这都是伏兵和奸细可能隐藏之处。"伏,指伏兵;奸,指奸细。

☺ 防人之心不可无——不过这放到现代,很容易被识破。

☻ 看你这样学兵法,可见脑子还没开窍。从这一大篇文字中,我们只要领悟到四个字,就说明你会读《孙子》了。

☺ 哪四个字?

☻ 见微知著

☺ 哦,是啊,尤其是高手相争,最讲究观人于微。

☻ 记得我们说过,指挥战争,就如看相和诊病,通过察言观色,通过望、闻、问、切,不但需要见微知著……

☺ 还得开出药方,指点航向!

☻ 对,孙子最令人钦佩的,就是这一点。

☺ 而且我觉得,他开出的药方,不但积极,还具有可执行性。全然不像很多所谓高手,只会空发议论,真要他们拿出办法,就没辙了。

☻ 以上讲的是处军和相敌的"处军"部分,接下去就要"相敌",也就是……

☺ 也就是观察敌情——刚才我就隐约感到,敌人已经来了……

---

dí jìn ér jìng zhě   shì qí xiǎn yě   yuǎn ér tiǎo zhàn zhě   yù rén zhī jìn
敌 近 而 静 者 , 恃 其 险 也 ; 远 而 挑 战 者 , 欲 人 之 进
yě   qí suǒ jū yì zhě   lì yě
也 。 其 所 居 易 者 , 利 也 。

☻ 接下去,孙子列举了一系列观察和判断敌情的方法——到时候可不要再和我说,这是发生在古代的事,和我们今天的现实无关啊……

☺ 即使在今天,我们也是通过人们的行为言辞,判断其背后的意图和心态。

☻ 近代的军事理论家甚至认为:如要评选将才的话,名列第一的,应该是能够把敌人的行动判断得清清楚楚的人,而深通战略理论的人,只能屈居次一等。

☺ 说到底,还是《计篇》开头那"不可不察"的"察"字……

☻ 孙子是一个"察"的高手。你也看到了,他的"察"字诀,从兵法的开篇一直贯穿到这里,差别只在于前者是宏观的"察",现在是比较微观的"察"。

☺ 道理知道了,上前线具体观察吧。

☻ 孙子说:"敌人逼近时却保持安静,是依仗它占据险要地形……"

☺ 对手逼近你,并且悄无声息,一定是有恃无恐;倘若心虚的话,不至于这样。

☻ 孙子说:"距离很远却向我挑战,是企图诱我前进。"

☺ 嗯,当我们在观察和算计敌人时,敌人也在观察和算计我们。

☻ 敌人目前的举动,说明什么?

☺ 说明对我军占据的地形,心存忌惮……

☻ 孙子说:"敌人驻扎于平坦地区,必定有利可图。"

☺ 驻扎的所在通常必须背负险固,即使在平坦地区,也应"右背高,前死后生",如今四面全无依托,显然是暗藏诱敌之计。

☻ 只要对手不是傻瓜,他的任何行动都可能隐含杀机。

☺ 关键是要透过现象看本质吧?

☻ 是啊,这就需要掌握必要的自然和心理知识,帮助判断了……

---

zhòng shù dòng zhě　　lái yě　zhòng cǎo duō zhàng zhě　　yí yě　　niǎo qǐ zhě

众 树 动 者 , 来 也 ; 众 草 多 障 者 , 疑 也 。 鸟 起 者 ,

fú yě　　shòu hài zhě　　fù yě

伏 也 ; 兽 骇 者 , 覆 也 。

☻ 下面,我们观察一下前方的自然现象,看看有什么异样。

☺ 古人作战,通常是派出哨探,登高而望……

☻ 孙子说:"树林中枝叶纷纷摇动,必有敌人悄悄前来……"

☺ 那是敌人的先头部队在林中砍树伐木,为后续人马开辟进军道路。

☻ 孙子说:"草丛中设有许多障碍,必是敌人布下疑兵。"

☺ 如果是疑兵,那结草而做的障碍物通常会比较明显。

☻ 孙子说:"群鸟突然飞起,其下定有伏兵……"伏:指伏兵。

☺ 动物对于异常状况,比人敏感……

☻ 孙子说:"野兽受惊奔走,其后必有大军。"覆:覆盖之意。

☺ 想必敌军的大队人马,正漫山遍野而来,所以才引发那么大的动静……

---

chén gāo ér ruì zhě　　chē lái yě　　bēi ér guǎng zhě　　tú lái yě　　sǎn ér tiáo

尘 高 而 锐 者 , 车 来 也 ; 卑 而 广 者 , 徒 来 也 ; 散 而 条

dá zhě　　qiáo cǎi yě　　shǎo ér wǎng lái zhě　　yíng jūn yě

达 者 , 樵 采 也 ; 少 而 往 来 者 , 营 军 也 。

☻ 哨探来报,前方尘土飞扬……

☺ 敌军逼近了吗?

☻ 孙子说:"尘土高而尖,是战车驰来……"

☺ 车马前进迅猛,带动风势,所以卷起的尘土又高又尖。

☻ 孙子说:"尘土低而宽,是步兵前来。"

☺ 步兵行进相对缓慢,尘土飞扬的势头也就没那么猛烈。

☻ 孙子说:"尘土疏散成条状飞扬,是敌人在伐木砍柴……"条达:指飞尘分散而细长。

☺ 也许伐木砍柴的人员,分布缺乏规律,所以扬起的尘土,也便分散。

☻ 孙子说:"尘土稀少而时起时落,是敌人正在扎营。"

☺ 扎营的行动,总是先后分批进行,所以尘土也随之先后起落。

☻ 总之,战场上所有的蛛丝马迹,哪怕是空气里的味道,只要有一丝一毫异样,都可能意味着重大敌情,不能有任何疏忽……

<ruby>辞<rt>cí</rt></ruby> <ruby>卑<rt>bēi</rt></ruby> <ruby>而<rt>ér</rt></ruby> <ruby>益<rt>yì</rt></ruby> <ruby>备<rt>bèi</rt></ruby> <ruby>者<rt>zhě</rt></ruby> ,<ruby>进<rt>jìn</rt></ruby> <ruby>也<rt>yě</rt></ruby> ; <ruby>辞<rt>cí</rt></ruby> <ruby>强<rt>qiáng</rt></ruby> <ruby>而<rt>ér</rt></ruby> <ruby>进<rt>jìn</rt></ruby> <ruby>驱<rt>qū</rt></ruby> <ruby>者<rt>zhě</rt></ruby> ,<ruby>退<rt>tuì</rt></ruby> <ruby>也<rt>yě</rt></ruby> 。

辞卑而益备者,进也;辞强而进驱者,退也。

☻ 两军开战在即,敌军有些举动,颇为微妙……

☺ 这我有体会,非常时刻,我的所有举动,也会显得极不自然。

☻ 这不,敌方的使者来了……

☺ 来下战书吗?

☻ 孙子说:"使者措词谦卑,军队却加紧备战,是在准备进攻……"

☺ 很明显,那是在麻痹我们——可是,你怎么知道他们正加紧备战呢?

☻ 这个,现在不便透露,让孙子到最后自己说吧。

☺ 看这架势,使者措辞越谦卑,敌方的决心是越坚定了……

☻ 想一想,你若决心开战,该如何应对使者?你若不想开战,又该如何应对使者?

☺ 这个,我……

☻ 不忙回答,我们先看另一种情况。孙子说:"使者措词强硬,军队又摆出前进姿态,是在准备撤退。"

☺ 兵者诡道,能而示之不能,用而示之不用——我的应对之策是:面对使者的强硬态度,显出恭顺恐惧的样子,暗地派出精锐部队,埋伏于敌军撤退的路上……

☺ 为何不当场揭露对手意图,并从正面大举进攻?

☺ 我想,或许敌军归意未决,此时识破其意图,他一定恼羞成怒;不若将计就计,待其归意已决,军心懈怠,此时出击,可一举而胜。

☺ 呵呵,想得倒还周全。那前面一种情况呢?

☺ 前面的情况,说实话,还没想好……

轻车先出,居其侧者,陈㉟也;无约而请和者,谋也;奔走而陈兵者,期也;半进半退者,诱也。

qīng chē xiān chū jū qí cè zhě zhèn yě wú yuē ér qǐng hé zhě móu yě bēn zǒu ér chén bīng zhě qī yě bàn jìn bàn tuì zhě yòu yě

☺ 孙子说:"轻车先行出动,并占据两翼,是正在布阵……"

☺ 这恐怕是古代车战的阵法吧?

☺ 春秋时代的战车,有轻型和重型之分。如今轻车先出,占据两翼,看来是为了划定有利的会战区域,掩护中间部队排兵布阵……

☺ 那是很认真的动作,已非虚晃一枪的疑兵了,我方也得采取相应措施。

☺ 孙子说:"没遭到什么挫折,却主动前来求和,必有阴谋……"约:困穷之意。

☺ 两军交战,彼此都未落于下风,却突然提出求和,确实蹊跷。

☺ 这有两种可能:其一,敌国内部发生危机,不得不出此下策;其二,兵不厌诈,另有诡计……

☺ 对我来说,宁愿相信后一种可能。

☺ 孙子说:"疾速奔走而排兵布阵,必有所约定……"期:约定。

☺ 有所约定? 是与我方约定会战日期?

☺ 未必吧,既然双方早已约定,又何必临时奔忙?

☺ 依你之见,是什么缘故?

☺ 唐代的兵法家贾林解释说:敌军这样忙于布阵,一定是约定的援兵即将赶到,群情激动的缘故。

☺ 援兵一到,就与我决战了……

☺ 孙子说:"似进不进,似退不退,是企图诱我进攻。"

☺ 看来,对于我占据的有利地形,敌军的确有所忌惮:前进太深,担心遭到我军反击;后退太远，又失去诱敌的意义。

● 若是这样，该怎么办？

☺ 暂时按兵不动，等待敌军松懈下来，再图进攻……

● 这个对策有些平庸，还有没有其他方案？

☺ 其他方案，其他方案……

● 一时没有良策，也不必勉强苦思。我们看下面的情况……

杖而立者，饥也；汲役先饮者，渴也；见利而不进者，劳也。

● 孙子说："士兵拄着兵器站立，那是饥饿了……"杖：扶、依仗。

☺ 如果是普遍情况，可以得出这个结论。

● 孙子说："负责供水的士兵在打水时自己先喝，那是干渴了……"汲役：汲水的役夫。

☺ 这个细节值得重视，汲水的役夫未及归营，就如此迫不及待，可见全军缺水严重。

● 如果情报属实，你该采取什么行动？

☺ 很简单，派一支精干部队，切断敌军水源，不消三天，即可不战而胜。

● 孙子说："见到有利可图却不前往，那是疲惫了。"

☺ 见到什么呢……可能是水草，可能是粮食？

● 接下去，是敌营发生的一些状况……

鸟集者，虚也；夜呼者，恐也；军扰者，将不重也；旌旗动者，乱也；吏怒者，倦也。粟马肉食，军无悬甀，不返其舍者，穷寇也。

● 孙子说："鸟雀聚集于营寨上，那是空营……"

☺ 难道敌军趁着黑夜，悄悄撤走了？

- 孙子说:"夜间有惊叫声,那是恐惧……"
- 是为了壮胆吧?倘若将士们个个枕戈待旦,不会如此骚动。
- 孙子说:"军营纷扰不定,那是敌将缺乏威严……"
- 若是名将军营,必定军纪严明,肃静无声,谁敢大声喧哗!
- 孙子说:"旌旗纷乱摇动,那是敌军陷入混乱……"
- 可能是兄弟部队为了一些小事,发生了摩擦和冲突?
- 孙子说:"军官暴躁易怒,那是敌军已经厌倦……"
- 动辄拿士兵泄气,是厌战情绪的流露?
- 孙子说:"用粮食喂马,杀牲口食肉,士兵收起汲水器具,不回他们的营舍,那就是陷入绝境的群寇了。"粟:泛指粮谷。甄:盛水的瓦器。舍:营舍。
- 自断后路,难道打算与我作最后一搏?
- 此时,敌军已身处绝境,悲壮的气氛笼罩全军,你不可不防。
- 不过,对于上述状况,我还是有些疑心……
- 为什么?
- 像这种"夜呼"、"军扰"、"旌旗动"之类,你能保证不是敌人的疑兵之计?
- 当然不能保证……

---

zhūn zhūn xī xī　　xú yán rù rù zhě　　shī zhòng yě　　shuò shǎng zhě　　jiǒng

谆谆翕翕,徐言入入者,失众也;数赏者,窘

yě　　shuò fá zhě　　kùn yě　　xiān bào ér hòu wèi qí zhòng zhě　　bù jīng zhī zhì yě

也;数罚者,困也;先暴而后畏其众者,不精之至也。

- 对于外围掌握的敌情,如果还有疑心,我们就深入敌营……
- 你的情报机构好厉害——难道真有奸细安排在那里?
- 先别管那么多,我们观察一下他们长官的表现。孙子说:"低声下气、吞吞吐吐地说话,那是失去人心了……"谆谆翕翕:恳切和顺的样子;入入:吞吞吐吐的样子。
- 这位长官如果是我老板,临战唯唯诺诺,不能决断决行,我也会看不起他。
- 孙子说:"频频犒赏士卒,那是束手无策了……"
- 你自己没信心,才会担心我们不替你卖命;告诉你,大敌当前,你拿不出魄力和办法,还不是白白破费!

☻ 孙子说:"频频惩罚部下,那是走投无路了⋯⋯"

☺ 急于树立自己权威,穷途末路的最后一招,通常这样;照此下去,谁还陪你玩啊?

☻ 孙子说:"先是暴躁,而后又害怕其部属,那已经极不精明了。"

☺ 担心我众兄弟叛逃起事?告诉你,作为长官,不仅要控制外部局势,还得学会控制内部局势,别一有风吹草动,就乱了方寸,反省一下自己吧⋯⋯

☻ 怎么说着说着,我变成了你那烂长官了?

☺ 呵呵,那是为了提醒你注意自身的管理方式,别众叛亲离了还不自知⋯⋯

☻ 听你的口气,我是不是还要谢谢你?

☺ 别当真啊,我开玩笑的——我们回到正题吧。

☻ 综合上述各种敌情,对手处于何种状态,应该有个八九不离十的判断了吧?

☺ 长官六神无主,内外交困,弟兄们也是牢骚满腹,人心浮动⋯⋯

---

lái wěi xiè zhě　yù xiū xī yě　bīng nù ér xiāng yíng　jiǔ ér bù hé　yòu
来委谢者,欲休息也。兵怒而相迎,久而不合,又

bù xiāng qù　bì jǐn chá zhī
不相去,必谨察之。

☻ 孙子说:"派使者前来送礼谢罪,那是打算暂时休战了⋯⋯"休息:指休兵息战。

☺ 委谢,就是送礼谢罪?

☻ 古人携带礼物相见,称为"委质";道歉或请罪,称为"谢"。敌军委质来谢,说明大势已去,或者另有他故,暂时不想交战了。

☺ 你这判断有点武断,我持保留意见——还有什么情况?

☻ 孙子说:"敌军气势汹汹与我对阵,却久不交锋,又不撤退,就必须细心考察其意图。"
合:指交战。

☺ 这个,却不知他葫芦里卖的什么膏药。

☻ 曹操认为,出现这种情况,可能是敌军设有奇兵准备伏击吧。

☺ 反正,我不轻易出手就是⋯⋯

☻ 从"敌近而静者,恃其险也"到这里,孙子总共列举了三十二种敌情及其观察方法,被后人称为"相敌三十二法"——由外而内,由远及近,从军官到士兵,从自然现象到心理状态⋯⋯

☺ 你是想说,判断敌情,应综合各种情况,全方位地进行?

☻ 嗯,还有呢?

☺ 还有,凡事都要透过现象,看到本质……

☻ 还有呢?

☺ 还有,还有就是不能放过任何一个细节……

☻ 还有呢?

☺ 还有,任何微小的细节,都隐含了战机,也隐含了陷阱……

☻ 还有呢?

☺ 还有,你说呢?

☻ 还有就是,孙子在教你如何"行军",如何"治军"呢……

☺ 哦,对啊,怎么把这一层忘了——学习《孙子》,就如和孙子对弈,应该反向思考:他讲了那么多敌人的状况,我就该引以为戒,检查一下自己。

☻ 另外,这所谓的"相敌三十二法",既可作为我们的镜子,又可用来迷惑敌人。

☺ 可如果上述三十二种情况,也是敌人的诡计呢?

☻ 那一场斗智斗勇的游戏,就开始了……

---

bīng fēi duō yì wéi wú wǔ jìn zú yǐ bìng lì liào dí qǔ rén ér yǐ

兵非多益,惟无武进,足以并力、料敌、取人而已。

fú wéi wú lǜ ér yì dí zhě bì qín yú rén

夫惟无虑而易敌者,必擒于人。

☻ 观察敌情,也就是"相敌"的工作差不多结束了……

☺ 总算结束了,真的好累!

☻ 你以为战争就是凭一腔热血厮杀,或仗着小聪明在地图上画画红蓝箭头?我问你,孙子费那么大劲"相敌",为了什么?

☺ 道理我知道,知彼知己,百战不殆。这"相敌",就是为了知彼……

☻ 所以,孙子总结道:"兵力并非越多越好,只要不恃勇冒进,而能够集中兵力、判明敌情、赢得人心就可以……"武进:刚武轻进,即冒进。

☺ 孙子说"兵非益多",说明他并非一味的追求数量优势。

☻ 他追求数量上的相对优势,所以才这么强调"并力"和"料敌"。

☺ 除了"并力"和"料敌",他还说到了"取人"……

● 取人,有人解释为战胜敌人,有人解释为争取人心,也就是赢得部下信任——我个人以为,后面一种解释恰当一些。

☺ 理由是什么?

● 其一,克敌制胜的两个基本条件,也就是知彼知己,"相敌"属于知彼,"取人"属于知己;其二,这段话,实际上在承上启下,接下去,孙子就把话题转到"知己",也就是统御部下上面了。

☺ 这样说来,想要克敌制胜,只须把握三个要点:并力,料敌,取人。

● 就战术层面上说,这三点,几乎包括了全部的作战要领!

☺ 看来,只要掌握这六字诀,任何狡猾强大的敌人,都不在话下了……

● 别这么快下结论,先听听孙子对你的提醒:"只有那种缺乏深思熟虑而又轻敌的人,势必会被敌人所俘虏。"易:轻视之意。

☺ 你这是变着法儿在说我?

● 提醒一下年轻人,有好处……

☺ 就是说,在战术上,要重视每一个对手?

● 记住,这世界上,没一个敌人是可以轻易战胜的。

卒未亲附而罚之,则不服,不服则难用也;卒已亲附而罚不行,则不可用也。故合之以文,齐之以武,是谓必取。

☺ 现在的重点,应该是"取人"了……

● 在讨论自己内部如何"取人"时,可以对照一下刚才敌营里发生的情况。

☺ 就是敌军长官的一些表现吧,那是完全没有章法。

● 主帅如果失去士兵的敬畏和信任,这支军队一定不会有战斗力。

☺ 道埋知道了,具体该如何做?

● 孙子说:"士卒尚未亲近拥护,就执行惩罚,他们就会不服,不服就难以指挥他们作战……"

☺ 嗯,所谓的恩威并施,必须有个先后次序……

● 这是古代治军的一般法则,在《尉缭子》那部兵书里,表述得更明确,就是"明赏于前,决罚于后"。

☺ 如果次序相反:"决罚于前,明赏于后",受罚的不一定心服,领赏者也未必领情。

● 孙子说:"士卒已经亲近拥护,惩罚却不执行,就难以指挥他们作战。"

☺ 那就是所谓的妇人之仁,为将者心肠太软,会养出一群不畏军法的骄横之兵。

● 接着,孙子提出了他的治军原则:"所以,用仁慈道义团结他们,用军纪军法整肃他们,这样就一定会赢得他们信任。"文:宽厚、仁恩;武:军纪、刑罚。

☺ 合之以文,齐之以武——文武之道,一张一弛,道理差不多吧?

● 治国之道与治军之道,既有相似之处,也有不同之处。我们不谈国事,只谈军事——依我看,这八个字,既是治军的原则,亦是一个优秀将军的修养和素质。

☺ 确实,当初在观察敌情时,发现敌军的中层管理人员很有问题,类似的情况,我们部队也会存在……

● 那就必须严加管束。

☺ 如何管束?孙子这里讲的,多是对士卒的管理,可没讲到对部将的管理。

● 那就补充一下——在银雀山墓葬发现的竹简《孙子》中,有一篇题名为《见吴王》的,记载了这样一句话:"赏善始贱,罚恶始贵……"

☺ 哦,孙子的方法是:奖赏有功者,应从普通士兵开始,惩罚有过者,要拿管理者开刀!

● 关于这一点,我们下面再详细说。

---

lìng sù xíng yǐ jiào qí mín　zé mín fú　lìng sù bù xíng yǐ jiào qí mín　zé

令素行以教其民,则民服;令素不行以教其民,则

mín bù fú　lìng sù xíng zhě　yǔ zhòng xiāng dé yě

民不服。令素行者,与众相得也。

● 可能有些将帅认为,恩威并施得看场合,平时施恩,临战施威……

☺ 这,好像不对吧?

● 针对这一问题,孙子说:"军令在平时得到执行,以此教化士卒,士卒就会服从;军令在平时得不到执行,以此教化士卒,士卒就不会服从。"令:军令;素:平素、平时。

☺ 平时如战时,才能养成令行禁止的习惯。

● 孙子的时代,军队结构正发生重大变化,大量的普通平民被征召入伍,或担任步卒,或执行一些后勤任务,由于这些平民大多没受过系统的军事训练……

☺ 想必作风也比较散漫,怪不得孙子称其为"民"——这些散漫的士卒,平时若不严加调教,战时就不知好歹。

☻ 所以,孙子最后说:"军令在平时得到执行,表明将帅与士卒彼此间相互信任。"得:契合。相得:相互信赖之意。

☺ 对将帅来说,只有令出如山,言出法随,士卒们才会做到如《计篇》所说的"可与之死,可与之生"……

☻ 说到"可与之死,可与之生",吴王阖闾面试孙子时发生的故事,很能说明问题。

☺ 孙子第一次面见吴王,发生了什么?

☻ 当年,吴王一见孙子,就对他说:"您的十三篇兵法,我都读过了,可以请您小试一下指挥队伍吗?"

☺ 哦,面试不谈理论,而看实践——孙子所面对的吴王,就是当初的公子光,那也是赫赫有名的战将啊。

☻ 见孙子毫不犹豫地答应了,吴王接着问:"可以用女人来试吗?"

☺ 这就是问题的关键了。女人犹如那些从平民中征召而来的士卒,散漫而缺乏战术素养,如能调教好女人,就能委以重任了。

☻ 孙子仍然自信地说:"可以。"于是,吴王派出宫中美女一百八十名,给孙子试兵。

☺ 这个面试题目很有针对性……

☻ 题目出完,吴王即坐上高台观望:只见孙子将一百八十名宫女分为两队,由吴王的两名宠姬分别担任队长,所有宫女分队持戟站立。孙子问道:"你们知道你们的心、背、左右手吗?"宫女们回答:"知道。"于是孙子宣布命令:"向前,就朝着心的方向;向后,就朝着背的方向;向左,就朝着左手方向;向右,就朝着右手方向……"

☺ 我怎么感觉是在幼儿园里。

☻ 宣布完命令,孙子击鼓发令向右,谁知那群美女听令之后,一个个忍不住花枝乱颤哈哈大笑起来……

☺ 那场面,一定弄得孙子好尴尬。

☻ 孙子说:"规定不明确,号令不熟悉,这是将帅的过错。"于是三令五申,再次击鼓发令向左,美女们仍然不以为意,笑个不止……

☺ 孙子这下火了吧?

☻ 当然火了。他问在场的执法官:"号令不明确,是将军的过错;号令明确了却不执行,就是军官的过错,按军法当如何处置?"执法官说:"当斩!"于是孙子下令,将两个美女队长拖下去斩首……

☺ 这便是所谓的"罚恶始贵"了。

● 这个故事,司马迁的《史记》以及银雀山出土的竹简都有记载,两者大同小异,"赏善始贱,罚恶始贵"这句话,就出现在这个故事中。

☺ 吴王没想到孙子会动真格吧?

● 是啊,正在高台观望的吴王见状大为惊骇,急忙派人传令:"我已知道将军善于用兵,但失去这两位爱姬,我寝食难安,请将军刀下留人。"

☺ 这是运用国君的权力疏通关系,也可能是试探性的阻止——孙子怎么回答?

● 孙子说:"臣既已受命为将,将在军,君命有所不受。"

☺ 这个观点,他在兵法十三篇里反复强调过,如今是在吴王面前实践了。

● 孙子杀了吴王的两个宠姬示众后,另选两名宫女担任队长,重新整队发令:左、右、前、后、跪、起,所有宫女悄然无声,行动整齐划一。于是孙子派人报告吴王:"队伍训练整齐,可任凭大王驱遣,即使叫她们赴汤蹈火也不会有困难。"

☺ 回到刚才讨论的正题——这就是他说的"取人"了。

● 孙子所谓的"行军",最终要达到的目的,就是"并兵"、"料敌"、"取人"。

☺ 具备这三点,然后才谈得上克敌制胜。

● 如果我们超越单纯的兵法,这三点可以给你什么启示?

☺ 并兵,就是针对主要目标,集中自己的主要力量;料敌,就是准确研判竞争的环境和形势;取人,就是赢得团队信任。

● 孙子不仅讲了目的,也讲了方法。

☺ 兵法修炼到这一层,很艰苦,也实在不易……

《行军篇》通读

孙子曰：

凡处军、相敌：绝山依谷，视生处高，战隆无登，此处山之军也。绝水必远水；客绝水而来，勿迎之于水内，令半济而击之，利；欲战者，无附于水而迎客；视生处高，无迎水流，此处水上之军也。绝斥泽，唯亟去无留；若交军于斥泽之中，必依水草而背众树，此处斥泽之军也。平陆处易，而右背高，前死后生，此处平陆之军也。凡此四军之利，黄帝之所以胜四帝也。

凡军好高而恶下，贵阳而贱阴，养生而处实，军无百疾，是谓必胜。丘陵堤防，必处其阳而右背之。此兵之利，地之助也。上雨，水沫至，止涉，待其定也。绝天涧、天井、天牢、天罗、天陷、天隙，必亟去之，勿近也。吾远之，敌近之；吾迎之，敌背之。军旁有险阻、潢井、葭苇、山林、翳荟者，必谨覆索之，此伏奸之所处也。

敌近而静者，恃其险也；远而挑战者，欲人之进也。其所居易者，利也。众树动者，来也；众草多障者，疑也。鸟起者，伏也；兽骇者，覆也。尘高而锐者，车来也；卑而广者，徒来也；散而条达者，樵采也；少而往来者，营军也。辞卑而益备者，进也；辞强而进驱者，退也。轻车先出，居其侧者，陈（阵）也；无约而请和者，谋也；奔走而陈兵者，期也；半进半退者，诱也。杖而立者，饥也；汲役先饮者，渴也；见利而不进者，劳也。鸟集者，虚也；夜呼者，恐也；军扰者，将不重也；旌旗动者，乱也；吏怒者，倦也。粟马肉食，军无悬甀，不返其舍者，穷寇也。谆谆翕翕，徐言入入者，失众也；数赏者，窘也；数罚者，困也；先暴而后畏其众者，不精之至也。来委谢者，欲休息也。兵怒而相迎，久而不合，又不相去，必谨察之。

兵非多益，惟无武进，足以并力、料敌、取人而已。夫惟无虑而易敌者，必擒于人。卒未亲附而罚之，则不服，不服则难用也；卒已亲附而罚不行，则不可用也。故合之以文，齐之以武，是谓必取。令素行以教其民，则民服；令素不行以教其民，则民不服。令素行者，与众相得也。

地形篇

● 都说这一篇讲的是如何观察、利用地形……

☺ 怎么，不对吗？

● 可我觉得，孙子在讲我们的生存环境……

☺ 以及如何观察、利用生存环境？

● 是啊，除非你在家里睡觉，不然，我们总处在战争般的氛围中，而且总要时时闯入陌生的环境：有时宽松，有时压抑；有时感觉四通八达，诸事顺利；有时险象丛生，仿佛走投无路……

☺ 你是说，面对陌生环境如何生存，就如同面对陌生地形如何作战？

● 当然也包括如何赢得胜利……

☺ 那我们面对的，究竟是怎样的环境，或者说怎样的地形呢？

Sūn zǐ yuē　dì xíng yǒu tōng zhě　yǒu guà zhě　yǒu zhī zhě　yǒu ài zhě　yǒu

孙子曰：地形有通者，有挂者，有支者，有隘者，有

xiǎn zhě　yǒu yuǎn zhě

险者，有远者。

● 孙子说："地形有六种，包括：通形，挂形，支形，隘形，险形，远形。"

☺ 说得很玄啊……

● 一会儿听他讲解，其实这六种地形，我们都见过，没字面上那么玄。

☺ 他首先是分类……

● 这是孙子的方法，你不妨也学着点——首先分类，然后定义，最后分别提出解决之道。

☺ 确实，学到现在，感觉孙子的思维非常清晰，并总能提出可行的办法，不像过去学的很多文章，美则美矣，但虚无缥缈，不可捉摸。

● 你要做梦，那就读点美文；你要做事，学点孙子的方法，比较实际……

wǒ kě yǐ wǎng　bǐ kě yǐ lái　yuē tōng　　tōng xíng zhě　xiān jū gāo yáng
我可以往,彼可以来,曰通。通形者,先居高阳,

lì liáng dào　yǐ zhàn zé lì
利粮道,以战则利。

☺ 第一种地形:通……

● 孙子说:"我军可以过去,敌军可以前来,叫做'通'。"通:通达。

☺ 四通八达的平原,于敌于我,都没什么阻碍……

● 对,机会双方均等。

☺ 这种情形下,应该如何?

● 孙子说:"在通形地带,应抢先占据视野广阔的制高点,并保持粮道畅通,据此进行战斗,就有利。"高阳:指向阳的高地。

☺ 认准有利地形,迅速占领,以争取主动?

● 是的,判断要准,出手要快,其他什么都别管……

☺ 慢点慢点,他特别提到了"利粮道"……

● 哦,关于这一点,宋朝的张预解释说:抢占有利地形固然要快,但亦需防备敌人一时不来决战,所以得保持粮道畅通。

☺ 我倒觉得,敌军不来决战,很聪明……

● 为什么?

☺ 你想,此地既然四通八达,则我方的粮道也必暴露于光天化日之下,敌军只须派一支特种部队,趁夜衔枚疾进,实施突袭,我军的粮草岂不危矣!

● 有道理,是我只顾眼前之利,疏忽了疏忽了……

kě yǐ wǎng　nán yǐ fǎn　yuē guà　　guà xíng zhě　dí wú bèi　chū ér shèng
可以往,难以返,曰挂。挂形者,敌无备,出而胜

zhī　dí yǒu bèi　chū ér bú shèng　nán yǐ fǎn　bú lì
之;敌有备,出而不胜,难以返,不利。

☺ 第二种地形;挂……

● 孙子说:"可以过去,却难以返回,叫做'挂'。"挂:悬挂、牵碍。

☺ 进得去,出不来;上得去,下不来——就像悬在半空,所以才叫"挂"?

☻ 差不多,进入此种环境,总难免后顾之忧。

☺ 那该如何应对?

☻ 孙子说:"在挂形地带,故军没有防备,我军就可出击,并战而胜之……"

☺ 嗯,陷入挂地,唯一的办法也就是趁人不备,一举突破——问题是,如果敌人抢先占据了有利地形呢?

☻ 孙子说:"故军如果有了防备,我军出击而不能取胜,结果难以返回,这样就不利。"

☺ 一旦进攻失利,便有去无回,可能导致全军覆没。

☻ 易进难退,便是挂形的可怕之处……

---

wǒ chū ér bú lì　bǐ chū ér bú lì　yuē zhī　　zhī xíng zhě　dí suī lì
我 出 而 不 利,彼 出 而 不 利,曰 支。支 形 者,敌 虽 利

wǒ　wǒ wú chū yě　yǐn ér qù zhī　lìng dí bàn chū ér　jī zhī　　lì
我,我 无 出 也,引 而 去 之,令 敌 半 出 而 击 之,利。

☺ 第三种地形:支……

☻ 孙子说:"我军出击不利,故军出击也不利,叫做'支'。"支:支撑、依托。

☺ 就是说,敌我双方都依托险要地形,相互对峙,谁也不敢出击……这样,会不会就耗在那里了?

☻ 并不全然。孙子说:"在支形地带,尽管敌军以利引诱我军,我也不应出击……"

☺ 这一招稀松平常,不难识破——无非是以小股部队出击,待我军反击时,且战且退,引诱我进入他们的伏击圈……

☻ 就我方的行动,孙子认为,除了避免上当,还有就是:"……率军撤离此地,诱使敌军出来一半,再回兵攻击,这样就有利。"引:引导,率领。

☺ 就怕这一招也被对手识破,那样双方都没辙。

☻ 这样的话,就看你怎么出奇制胜了。

☺ 哦,"凡战者,以正合,以奇胜……"

☻ 办法总是有的……

隘 xíng zhě　　wǒ xiān jū zhī　　bì yíng zhī yǐ dài dí　　ruò dí xiān jū zhī

隘形者,我先居之,必盈之以待敌;若敌先居之,

yíng ér wù cóng　　bù yíng ér cóng zhī

盈而勿从,不盈而从之。

☺ 第四种地形:隘……

● 隘,就是狭窄、险要地带,比如两山峡谷之间。

☺ 正是用兵之处。

● 孙子说:"在隘形地带,如果我军抢先占据,就须派重兵封锁隘口,以等待敌军到来……"盈:满、堵之意;这里指充足的兵力。

☺ 倘若这隘口被对手抢占了,那该如何?

● 孙子说:"如果敌军先我占据此处,并以重兵封锁,就不要出击;如果敌军没有派重兵封锁,就可以出击。"从:追逐、攻击。

☺ 敌人派重兵封锁,固然不可轻举妄动;但敌人没派重兵驻守,就可贸然出击?

● 你是觉得像隘口那种地带,狭窄险峻,易守难攻?

☺ 正是,此种地带,一夫当关,万夫莫开,敌人即使不派重兵,怕也不可轻视。

● 同意你的判断。也许,我们不必正面强攻,而可以……

☺ 你是说迂回?

xiǎn xíng zhě　　wǒ xiān jū zhī　　bì jū gāo yáng yǐ dài dí　　ruò dí xiān jū

险形者,我先居之,必居高阳以待敌;若敌先居

zhī　　yǐn ér qù zhī　　wù cóng yě

之,引而去之,勿从也。

☺ 第五种地形:险……

● 险,就是险恶的地形,这里指山川险峻、行动不便之地。

☺ 也是用兵之地。

● 孙子说:"在险形地带,如果我军抢先占据,一定要占据视野开阔的制高点……"

☺ 反正,抢占有利地形以争取主动,在任何情况下都一样。

● 不过,在抢占险地时,倘若"高地"和"向阳"两者不可得兼,应该如何取舍?

☺ 凡是部署军队,高地总是首选。

● 对,唐代的杜牧在这里也关照说:宁可舍阳而就高,不可舍高而就阳。

☺ 这道理我懂,关键是对手争得先手,我们怎么办?

● 孙子说:"如果敌军先我占据,就率军撤离此地,不要进攻。"引:撤离之意。

☺ 这与隘地的作战原则不一样,连佯装撤离、诱敌出击也放弃了,是不是有点消极?

● 也许,这里并非兵家必争之地,孙子才这么说……

☺ 真是这样,还说得过去,但再怎么说,这一点我还是有疑问……

● 先把问题搁下,以后探讨,我们看下去。

---

yuǎn xíng zhě　　shì jūn　nán yǐ tiǎo zhàn　zhàn ér bú　lì

远 形 者 , 势 均 , 难 以 挑 战 , 战 而 不 利 。

☺ 第六种地形:远……

● 远,就是敌我的营垒相距甚远。

☺ 双方都不敢逼近对手?

● 孙子说:"在远形地带,双方占据的地势均等,就不便于向敌军挑战,战则不利。"

☺ 嗯,双方在地形上均未占得特别便宜,如果我方主动前去挑战,则对手以逸待劳,于我甚为不利。

● 对手也有相同顾虑,所以,这战斗一时半会儿打不起来。

☺ 除非另出奇招……

---

fán cǐ liù zhě　　dì zhī dào yě　　jiàng zhī zhì rèn　bù kě bù chá yě

凡 此 六 者 , 地 之 道 也 。 将 之 至 任 , 不 可 不 察 也 。

● 最后,孙子总结道:"以上六条,是地形利用的基本原理。将帅的重大责任所在,不可不认真加以考察。"

☺ 呵呵,这隐含孙子用兵之道的"察"字,又出现了。

● 关键看他这个思想是否贯穿始终,出不出现这个字,没那么重要吧?

☺ 这个思想,贯穿了战略、战术、部队管理各个层面——目前的重点,是"察"地形。

● 以上是有关"察"地形的要领,过一会儿就要"察"人。

☺ 嗯，人有直率、勇猛、狡诈、险恶之分，环境则有通、挂、支、隘、险、远之别，道理相通，是不是？

☻ 会不会利用地形，是检验将帅能力的一个标杆。用得好，地形就如你手下的一员猛将；用得不好，亦会成为你的障碍——就这一点而言，你的部将、你的下属，皆如地形。

☺ 部将和下属，可以成为我赢取胜利的辅佐，亦可陷我于死地？

☻ 我们看下去……

---

gù bīng yǒu zǒu zhě　yǒu chí zhě　yǒu xiàn zhě　yǒu bēng zhě　yǒu luàn zhě　yǒu

故兵有走者，有弛者，有陷者，有崩者，有乱者，有

běi zhě　fán cǐ liù zhě　fēi tiān dì zhī zāi　jiàng zhī guò yě

北者。凡此六者，非天地之灾，将之过也。

☻ 孙子说：战争中有六种必败的状况……

☺ 六种必败状况，也和地形相关？

☻ 不，地形不会导致失败，将帅的指挥才会导致失败。

☺ 将帅的指挥？

☻ 孙子说："所以，用兵有六种必败的状况：走，弛，陷，崩，乱，北。"

☺ 又是很玄的六个字……究竟什么意思？

☻ 孙子说："这六种情况的发生，不是由于天地的灾难，而是由于将帅的过失。"

☺ 他是说，天地不会故意伤人，人所以被伤，皆是自找？

☻ 天地给的机会，对双方基本公平；如何利用天地给的机会，就看将帅的才干——我们听他自己的解释吧。

---

fú shì jūn　yǐ yī jī shí yuē zǒu　zú qiáng lì ruò yuē chí　lì qiáng zú

夫势均，以一击十，曰走。卒强吏弱，曰弛。吏强卒

ruò yuē xiàn　dà lì nù ér bù fú　yù dí duì ér zì zhàn jiàng bù zhī qí néng yuē

弱，曰陷。大吏怒而不服，遇敌怼而自战，将不知其能，曰

bēng　jiàng ruò bù yán　jiào dào bù míng　lì zú wú cháng　chén bīng zòng héng　yuē luàn

崩。将弱不严，教道不明，吏卒无常，陈兵纵横，曰乱。

jiàng bù néng liào dí　yǐ shǎo hé zhòng　yǐ ruò jī qiáng　bīng wú xuǎn fēng　yuē běi

将不能料敌，以少合众，以弱击强，兵无选锋，曰北。

☺ 第一种必败状况：走……

☻ 孙子说："双方地势均等，却对十倍于我的敌军发动攻击，导致我军败逃，这就是'走'。"走：败逃之意。

☺ 螳臂当车，不自量力，拿着鸡蛋往石头上碰，这个将军，不是瞎了，就是疯了。

☻ 是啊，环境提供的条件双方均等，你就不能以弱击强、以小搏大——除非环境有利于你，才可以这样。

☺ 第二种必败状况：弛……

☻ 孙子说："士卒强悍，军官懦弱，导致队伍涣散，这就是'弛'。"弛：松弛、涣散。

☺ 军官无法统领和约束部下，指挥中枢失灵，队伍必成一盘散沙……

☻ 就如《尉缭子·兵令》所说："卒畏将甚于敌者，胜；卒畏敌甚于将者，败。"

☺ 哦——士卒畏惧将军超过畏惧敌人，就可获胜；士卒畏惧敌人超过畏惧将军，难免失败……

☻ 后者即所谓的"卒强吏弱"，结果是"弛"。

☺ 第三种必败状况：陷……

☻ 孙子说："军官强悍，士卒懦弱，导致战术受缚，这就是'陷'。"

☺ 这是说，上级的战术难以施展，犹如身在陷阱？

☻ 这"陷"字的含义，过去也是众说纷纭。但你体会一下，如果你手下的士卒都是一些胆小鬼，你会不会觉得浑身有力使不出啊？

☺ 那不是身陷敌境，而是身陷自己人造成的陷阱。

☻ 自缚手脚，指挥一定失灵……

☺ 第四种必败状况：崩……

☻ 孙子说："部将愤怒而不服从指挥，遭遇敌军就擅自出战，主将又不了解其能力，导致战局失控，这就是'崩'。"大吏：指军中偏将；怼：怨。

☺ 就是说，在军事会议上，部将对我指手画脚，会议结束后，大家各行其是……

☻ 预定计划失控，战局一定崩溃……

☺ 第五种必败状况：乱……

☻ 孙子说："主将懦弱治军不严，教育训练没有章法，官兵职责缺乏规定，排兵布阵杂乱无章，导致自乱阵脚，这就是'乱'。"教道：指对部下的教育训练；纵横：指杂乱失序。

☺ 常言道"兵不娴习，不可当敌"，这位将军手下的士卒，却如一群乌合之众。

☻ 士卒的问题，首先是主将的问题。我看这位将军，不单懦弱，而且思路混乱，似乎没受过军事专业的培训。

☺ 这样看来,国君也有问题……

☻ 说的也是。国君任用一个不懂管理、不懂训练、不懂阵法的外行,不乱才怪。

☺ 第六种必败状况:北……

☻ 孙子说:"主将不能判断敌情,以少数对付多数,以弱小攻击强大,军中又无可选的精锐前锋,导致全军溃败,这就是'北'。"合:指交兵作战。选锋:精选的先锋。北:败北。

☺ 这位主将的问题在于临战指挥,对敌情缺乏判断力。

☻ 手下如有精锐之士,即使以寡击众,结果也许会不一样,问题是没有。

☺ 选锋,就是敢死队?

☻ 差不多。冷兵器时代的军队,非常看重这一点,所谓"武士不选,则众不强"。

☺ 敢死队的用人标准如何? 很严格吗?

☻ 那当然。一般来说,部队集结之后,主将会到各营巡视,挑选精锐之士,标准是矫健出众,武艺超群,比例大约是十选一,万选千。挑选完毕,另组一队,由主将委派心腹统率,并按其特质分派不同任务。据《六韬·犬韬·练士》中说,这部分精锐的名称有"冒刃之士"、"陷阵之士"、"勇锐之士"、"死斗之士"、"敢死之士"等……

☺ 壮气势,挫敌威,先声夺人,全赖这批家伙。

☻ 有了这批家伙,即使你对敌情的判断有误,即使以寡击众,或许也可扭转战局,反败为胜。因为战争,有时候打的不是人数,也不是战术,而是精神和气势。

☺ 看来,即使拥有百万之众,若没有特别能战斗的精锐部队,一切也是徒劳。

---

fán cǐ liù zhě bài zhī dào yě   jiàng zhī zhì rèn   bù kě bù chá yě

凡此六者,败之道也。将之至任,不可不察也。

☻ 孙子说:以上六种情况……

☺ 就是"走"、"弛"、"陷"、"崩"、"乱"、"北"……

☻ 对,孙子说:"以上六种情况,都是遭致失败的原因。将帅的重大责任所在,不可以不认真加以考察。"

☺ 前面讲"凡此六者,地之道也。将之至任,不可不察也",这里又出现了类似句子……

☻ 这就在提醒"察"人的重要了。

☺ 他用相似的句子重申一遍,恐怕当时的将帅都习惯于推卸失败责任,说什么士卒懦弱啊,部将不配合啊,敌众我寡啊……

● 有这可能。不过,碰上你,如何避免败局呢?

☺ 这还不容易,一切反其道而行之——势均,就不要以一击十;撤掉懦弱着,提拔勇敢者;教导部将严格执行战术纪律,不然就杀无赦;平日里,整肃部队军纪,严格上下管理,加强阵法演练;最后,组建一支精锐部队……

夫地形者,兵之助也。料敌制胜,计险易、远近,上将之道也。知此而用战者必胜,不知此而用战者必败。

（拼音注音：fú dì xíng zhě，bīng zhī zhù yě。liào dí zhì shèng，jì xiǎn yì、yuǎn jìn，shàng jiàng zhī dào yě。zhī cǐ ér yòng zhàn zhě bì shèng，bù zhī cǐ ér yòng zhàn zhě bì bài。）

● 分析了六种“地之道”和“败之道”后,孙子说:“地形,是用兵作战的助手……”助:辅佐、辅助。

☺ 对指挥官来说,发现一个有利地形,就如得到一员得力战将……

● 哪止一员战将!有些地形,只要你善加利用,抵得上千军万马——战国名将吴起就说:“以一击十,莫善于阨;以十击百,莫善于险;以千击万,莫善于阻……”

☺ 阨,就是狭隘道口;险,就是险要地形;阻,就是阻绝地带——看来,地形确如我们所处的环境,用地形的道理,和用人一样。

● 所以孙子说:“通过判断敌情以赢取胜利,计算地形的险易、道路的远近,这是高明将领的用兵之道。”上将:贤能之将。

☺ 敌情,地形,士气,战斗力,都包含在内了。所谓知彼知己,不仅讲到如何“知”,更讲到如何“用”。

● 其实,人世间的道理与地形一样,也需要“计险易、远近”,比如——有的环境多险恶小人,有的团队多坦荡君子;有的彼此疏离,有的团结紧密;有的机会可进取,有的场合需回避……

☺ 战争,就是处理人与人的关系、人与环境的关系。

● 所以孙子说:“懂得这些原理而去指挥作战,必然会胜利;不懂得这些原理而去指挥作战,必然会失败。”用战:指挥作战。

故战道必胜，主曰无战，必战可也；战道不胜，主
日必战，无战可也。故进不求名，退不避罪，唯民是保，
而利合于主，国之宝也。

● 又牵扯到了人与人的关系，而且是最严重的关系……

☺ 你说的是，将帅和国君的关系？

● 孙子这部兵法，最初是献给吴王阖闾的，所以他需要不时提醒这位也善于用兵的上司……

☺ 一定是国君对前线之事干涉太多了。

● 孙子说："所以，从战争趋势判断而有必胜把握，即使国君说不要出战，也可以坚决出战；从
战争趋势判断没有必胜把握，即使国君坚决要出战，也可以不出战。"战道：指战争的实际趋
势。主：君主、国君。

☺ 依我看，这也在提醒将帅的责任……

● 说得有理。对将帅来说，他的最高指示，来自战场形势，而不是国君之命。

☺ 他必须对胜利负责，而不是对君命负责。

● 孙子说："所以，进攻不为博取功名，退却不怕逃避罪责，只知道保全民众生命，并符合国君
利益，这样的将领，是国家的珍宝。"

☺ 这又在提醒国君，什么样的将帅才可放心托付、大胆任用——只是这"进不求名，退不避罪"
八字，是非常可贵的品格，也最难做到；毕竟许多人，都习惯于"进求名"、"退避罪"的……

● 嗯，这八个字，字字千钧，它说明什么知道吗？

☺ 说明什么？

● 说明战争是一项重大责任！其中每一个字，都流露出一股凛然之气，一种坚定的担当，它在
考验你的品格，究竟是纯粹的军人，还是一般政客。

☺ 但好像历史上，国君更喜欢政客，认为他们才是"国之宝"。

● 这便是将军的另一个战场了——我们说，所谓地形，不仅仅指战场的地形……

☺ 是啊，人与人的关系，也需要"计险易、远近"。

● 从价值观上看，政客只知迎合国君，不管百姓死活；从地形上看，政客距国君很近，其造成的

形势又很险……

☺ 政治形势,有时候确比战场形势更难把握……

---

shì zú rú yīng ér　gù kě yǔ zhī fù shēn xī　shì zú rú ài zǐ　gù kě yǔ

视卒如婴儿,故可与之赴深谿;视卒如爱子,故可与

zhī jù sǐ　hòu ér bù néng shǐ　ài ér bù néng lìng luàn ér bù néng zhì　pì ruò

之俱死。厚而不能使,爱而不能令,乱而不能治,譬若

jiāo zǐ　bù kě yòng yě

骄子,不可用也。

😠 国君和将帅的关系理清了,接着是将帅和士卒的关系……

☺ 这一层层关系,真如地形之复杂。

😠 孙子说:"对待士卒如同对待婴儿,这样才可以率领他们共赴险难;对待士卒如同对待爱子,这样才可以率领他们一起死战。"谿:同"溪",山间河沟;深谿:指危险地带。

☺ 占代有所谓"父子之兵",指的就是这种关系?

😠 对。战国的吴起谈到"治兵"时曾说:"与之安,与之危,其众可合而不可离,可用而不可疲,投之所往,天下莫当,名曰父子之兵。"

☺ 孙子在《计篇》中说,将帅应五材兼备,这里讲的,就是五材中的"仁"……

😠 你以仁心待我,我以仁心回报;你爱我如子,我为你效死。但任何举措都有其反面,仅仅满怀仁爱之心,那是妇人之仁,还是不行。

☺ 五材之中,还有"严"……

😠 孙子接着就说:"只是厚待却不能指挥,只是溺爱却不能驱使,违法乱纪也不能管束,就如同骄惯的孩子,是不能用以作战的。"

☺ 孙子治军,是否有点功利主义?

😠 怎么讲?

☺ 我看他所谓的"仁",并非真正的爱护士卒,只不过为了让他们效死……

😠 这也没有办法,大家都是各有所求。这样吧,我给你做个选择题:假设如今天下动荡,群雄并起,你也为此热血沸腾,决定投笔从戎,可眼下有四支军队可供选择……

☺ 选择军队,就是选择将军。

😠 对。这四位将军各有特点,综合起来:第一位,严而不仁;第二位,仁而不严;第三位,既仁又

严;第四位,不仁不严——你愿意投效哪一位?

☺ 我想想——严而不仁,我会受不了;仁而不严,这队伍一定没有战斗力,打不了胜仗;不仁不严,那这位将军比较适合回家种地……

● 结论不言自明。就像打工一样,我想,士卒们也明白这个道理。

☺ 看来,这孙子不仅深知地形之利害关系,亦深知士卒管理之利害关系。

● 战争,就是处理各种利害关系,只是比我们平时处理的更加尖锐,更加险峻,包括地形、敌情、国君、士卒……

---

zhī wú zú zhī kě yǐ jī ér bù zhī dí zhī bù kě jī shèng zhī bàn yě
知吾卒之可以击,而不知敌之不可击,胜之半也。

zhī dí zhī kě jī ér bù zhī wú zú zhī bù kě yǐ jī shèng zhī bàn yě zhī dí
知敌之可击,而不知吾卒之不可以击,胜之半也。知敌

zhī kě jī zhī wú zú zhī kě yǐ jī ér bù zhī dì xíng zhī bù kě yǐ zhàn shèng
之可击,知吾卒之可以击,而不知地形之不可以战,胜

zhī bàn yě
之半也。

● 综合上面所讲各种情况,孙子总结了三点。第一:"只了解我方士卒有能力攻击,却不了解敌军不能攻击,胜利的可能只有一半。"

☺ 这是对敌军的部署以及战斗力不了解,属于知己不知彼。

● 第二:"只了解敌军可以被攻击,却不了解我方的士卒没有能力攻击,胜利的可能只有一半。"

☺ 这是对我军的战斗力不了解,属于知彼不知己。

● 第三:"了解敌军可以被攻击,也了解我方士卒有能力攻击,却不了解地形不利于作战,胜利的可能也只有一半。"

☺ 这是知彼知己,却不知地形。

● 面临任何战事,都得自问:知己程度如何? 知彼程度如何? 知地形程度如何? 如果确证有一项不甚了了,那胜利的把握也便不甚了了。

☺ 在《谋攻篇》里,孙子曾说"知彼知己,百战不殆",照这里的说法,似乎还不够……

● 所以孙子才没说"知彼知己,百战百胜"。不殆,仅仅是没有危险;没有危险,与战场上赢得胜利还是有些距离。

☺ 那如何才能在攻战中百战百胜呢?

☻ 急什么,下面会讲……

---

gù zhī bīng zhě   dòng ér bù mí   jǔ ér bù qióng

故知兵者,动而不迷,举而不穷。

☻ 军事会议上,部将们七嘴八舌地发表看法,有些意见甚至完全相左,以至于吵吵嚷嚷……

☺ 这,这可怎么办?

☻ 最后,大家安静下来,所有的目光聚集在你身上。

☺ 这是要我拿主意了,怎么说呢——嗯,各位,听了大家的分析,觉得都有道理,至于下一步行动么,看来……

☻ 常言道:用兵之害,犹豫最大;三军之灾,生于狐疑。

☺ 我现在的状态,正是犹豫加狐疑……

☻ 针对这种状况,孙子说:"所以,懂得用兵的人,有所行动而不会迷惑,有所举措而不会受困。"穷:困顿之意。

☺ 我之所以没有决断,是因为了解的情况还不够?

☻ 有了解,才有决断——凡事了解越准确,行动就越坚决;凡事了解得越全面,你的解决之道就越多。

☺ 了解,就是"知"……

---

gù yuē   zhī bǐ zhī jǐ   shèng nǎi bú dài   zhī tiān zhī dì   shèng nǎi kě quán

故曰:知彼知己,胜乃不殆;知天知地,胜乃可全。

☻ 最后,孙子提出了实现"全胜"的至理名言……

☺ 实现"全胜"?

☻ 孙子说:"所以说:了解对手也了解自己,取胜就不会出现危险;了解天时也了解地利,取胜就可以做到完美无损。"

☺ 在"知彼知己"基础上,增加了"知天知地"——只是,这里的知彼知己,和《谋攻篇》的知彼知己,是否有差别?

● 有啊。《谋攻篇》的知彼知己,属于制订战略计划的前提,目的在于保证自己立于不败之地;《地形篇》的知彼知己和知天知地,属于战场上的行动,也就是攻战中的料敌制胜。

☺ 我记得《谋攻篇》曾经要求"必以全争于天下",这里又说"胜乃可全"——全,就是全胜;全胜,就是完胜?

● 差别在于,前者是庙算的全胜,这里是战场上的全胜。

☺ 不战则已,战则全胜,仍然非常理想化……

《地形篇》通读

孙子曰：

地形有通者，有挂者，有支者，有隘者，有险者，有远者。我可以往，彼可以来，曰通。通形者，先居高阳，利粮道，以战则利。可以往，难以返，曰挂。挂形者，敌无备，出而胜之；敌有备，出而不胜，难以返，不利。我出而不利，彼出而不利，曰支。支形者，敌虽利我，我无出也，引而去之，令敌半出而击之，利。隘形者，我先居之，必盈之以待敌；若敌先居之，盈而勿从，不盈而从之。险形者，我先居之，必居高阳以待敌；若敌先居之，引而去之，勿从也。远形者，势均，难以挑战，战而不利。凡此六者，地之道也。将之至任，不可不察也。

故兵有走者，有弛者，有陷者，有崩者，有乱者，有北者。凡此六者，非天地之灾，将之过也。夫势均，以一击十，曰走。卒强吏弱，曰弛。吏强卒弱，曰陷。大吏怒而不服，遇敌怼而自战，将不知其能，曰崩。将弱不严，教道不明，吏卒无常，陈兵纵横，曰乱。将不能料敌，以少合众，以弱击强，兵无选锋，曰北。凡此六者，败之道也。将之至任，不可不察也。

夫地形者，兵之助也。料敌制胜，计险易、远近，上将之道也。知此而用战者必胜，不知此而用战者必败。故战道必胜，主曰无战，必战可也；战道不胜，主曰必战，无战可也。故进不求名，退不避罪，唯民是保，而利合于主，国之宝也。

视卒如婴儿，故可与之赴深豁；视卒如爱子，故可与之俱死。厚而不能使，爱而不能令，乱而不能治，譬若骄子，不可用也。

知吾卒之可以击，而不知敌之不可击，胜之半也。知敌之可击，而不知吾卒之不可以击，胜之半也。知敌之可击，知吾卒之可以击，而不知地形之不可以战，胜之半也。故知兵者，动而不迷，举而不穷。故曰：知彼知己，胜乃不殆；知天知地，胜乃可全。

九地篇

● 古今许多兵法家说,在《孙子》十三篇中,就这《九地篇》最复杂,篇幅长,段落凌乱,句子重复,大家怀疑有很多编辑错乱……

☺ 乱不怕,这一路上敌情更乱,不也走过来了?

● 呵呵,这样读书才对,但愿将来做事也这样——我们回到《九地篇》吧。也有人说,孙子在这一篇中,讲述了很深的实战道理,并奉以为经典,特别是日本一些兵法家……

☺ 日本也有兵法家?

● 在日本奈良时代,相当于我们唐朝唐玄宗那个时候,日本遣唐使吉备真备渡海到我们大唐留学,十八年后将《孙子》等中国古籍带回了日本。

☺ 这是《孙子》流传海外的开始吗?

● 应该是吧。据说,这位吉备真备先生在日本率先传授的,就是这《九地篇》;又据说,他运用《九地篇》的作战原理,轻松平息了一场由当朝叛将发动的叛乱战争……

☺ 这《九地篇》真有这么神?

● 尽管如此,大家还是认为其中有许多难解之处,以至于许多学者自说自话,大胆地删削和调整其中的段落……

☺ 我们没这么做吧?

● 当然没有。我们基本保持原样,说不定其中有什么玄机呢。再说了,只要把握《九地篇》的要领,问题也没大家讲的那么严重。

☺ 既是这样,我们就一句句看下去吧……

Sūn zǐ yuē　yòng bīng zhī fǎ　yǒu sàn dì　yǒu qīng dì　yǒu zhēng dì　yǒu jiāo
孙子曰:用兵之法,有散地,有轻地,有争地,有交
dì　yǒu qú dì　yǒu zhòng dì　yǒu pǐ dì　yǒu wéi dì　yǒu sǐ dì
地,有衢地,有重地,有圮地,有围地,有死地。

● 孙子说:"按照用兵原则,战场环境可分为:散地、轻地、争地、交地、衢地、重地、圮地、围地、死地。"

☺ 这是不是又在讲地形……

● 关于"九地"的"地"是否地形,历来的兵法家并没有定论……

☺ 不管人家怎么说了,你觉得呢?

● 我觉得,"九地"的"地",不是地形,而是人的处境,或者说战场环境。

☺ 地形和处境,有何不同?

● 简单说:地形主要指高低、险易、广狭之类,处境主要指宽松、紧张、危急之类。

☺ 你所谓的处境,就是人的遭遇,应该和心理有关。

● 对,地形属于军事地理范畴,处境属于战场心理范畴——你只要把握住"战场心理"这条主线,应该比较容易理解《九地篇》。

☺ 这么说来,所谓的心理战,便是《九地篇》的核心要领?

● 你可以这样理解——《九地篇》主要讲远征军深入敌境,不同的处境会引发怎样的心理,以及如何利用这种心理,进行战斗。这九种处境,有地形造成的,也有战场位置、战斗形势造成的。

☺ 相对来说,我更关心我的处境……

● 哦,你是想看看,自己目前的处境,属于孙子讲的哪一种?

☺ 不仅是目前,还包括未来的处境;我想,人在江湖,总得应对各种不同的处境……

● 呵呵,不知孙子的教导,能否满足你。

☺ 走着瞧吧,由此训练一下思维,获得一些启发也行。

诸侯自战其地者,为散地。入人之地不深者,为轻地。我得则利,彼得亦利者,为争地。我可以往,彼可以来者,为交地。诸侯之地三属,先至而得天下之众者,为衢地。入人之地深,背城邑多者,为重地。

● 首先是"九地"的定义。

☺ 嗯,还是他的老套路:先下定义,再提出解决之道……

● 什么叫老套路,这是方法! 换了你,面临"九地"那样复杂的环境,还不一下子懵了!

☺ 你是说,当我们面临一团乱麻似局面,首先也要下定义?

● 下定义的方法,就是分析的方法;你得先把这一团乱麻理出头绪、拆分清晰了,才能提出有针对性的解决方案。

☺ 嗯,很科学,有道理——何况我们面临的世道,远比"九地"复杂,是该学着点。

● 孙子说:"诸侯在本国国土上作战的环境,称为'散地'。"

☺ 散,是涣散之意?

● 曹操解释说:"士卒恋土,道近易散……"就是说战场离家近,有所牵挂,士卒的心理不容易稳定。

☺ 哦,想到家有老母娇妻什么的,临阵逃散很方便。

● 孙子说:"进入敌国,但尚未深入的环境,称为'轻地'。"

☺ "轻地",就是轻易可返回之地;这一位置对士卒心理的影响,和"散地"差不多。

● 孙子说:"我军占领则有利,敌军占领也有利的环境,称为'争地'。"

☺ "争地",就是兵家必争之地;面对争地,双方的心理一定是剑拔弩张,必欲夺之而后快。

● 孙子说:"我军可以过去,敌军可以过来的环境,称为'交地'。"交:道路交错之意。

☺ 这是一片开放地区,从任何方向都可穿越而过,没有任何障碍……

● 孙子说:"双方均与其他诸侯国交界,先到达者可以获得广泛支持的环境,称为'衢地'。"属:连接。天下:指诸侯国。

☺ "衢地",前面《九变篇》出现过——我觉得这类地区,到达的先后也许不重要,关键看我们与各国的外交关系。

● 孙子说:"深入敌国,背后有众多敌国城邑的环境,称为'重地'。"

☺ "重地"与"轻地"相对而言,属于难以返回之地。

● 战场位置决定士卒心理:既已深入重地,轻易就没有退路,这时候,士卒的精神就会高度专一。

☺ 正好与身处"轻地"时的心态相反……

● 以上所说的六种处境,基本上属于战场位置范畴,也就是距离国境的深浅,或者与周围国家的地理关系……

☺ 以下三项,情况有所不同?

shān lín　xiǎn zǔ　　jǔ zé　　fán nán xíng zhī dào zhě　wéi pǐ dì　　suǒ yóu rù

山林、险阻、沮泽,凡难行之道者,为圮地。所由入

zhě ài　suǒ cóng guī zhě yū　　bǐ guǎ kě yǐ jǐ wú zhī zhòng zhě　wéi wéi dì　　 jí

者隘,所从归者迂,彼寡可以击吾之众者,为围地。疾

zhàn zé cún　　bù jí zhàn zé wáng zhě　　wéi sǐ dì

战则存,不疾战则亡者,为死地。

- 😈 孙子说:"山林、险阻、沼泽,凡是难以通行的环境,称为'圮地'。"
- 😊 不同的地形特征,也能对人的心理产生不同的影响。
- 😈 孙子说:"进入的道路狭隘,撤退的道路迂远,敌军能以少数兵力攻击我众多兵力的环境,称为'围地'。"
- 😊 这"围地"和"圮地"一样,也属于地形特征所构成的处境。
- 😈 孙子说:"急速奋战就能生存,不急速奋战就会覆灭的环境,称为'死地'。"
- 😊 所谓"死地",就是战场形势和战斗气氛所造成的处境。
- 😈 这最后三项,也就是"圮地"、"围地"、"死地",在《九变篇》都曾出现,不过"九变"的重点是战场应变,"九地"的重点是战场心理。
- 😊 感觉蒙蒙胧胧,还是不太清晰。
- 😈 战事紧急,我们跟着孙子继续前进,渐渐就会清晰……

shì gù sàn dì　zé wú zhàn　qīng dì　zé wú zhǐ　zhēng dì　zé wú gōng　jiāo dì

是故散地则无战,轻地则无止,争地则无攻,交地

zé wú jué　　qú dì　zé hé jiāo　zhòng dì　zé lüè　pǐ dì　zé xíng　wéi dì　zé móu

则无绝,衢地则合交,重地则掠,圮地则行,围地则谋,

sǐ dì　zé zhàn

死地则战。

- 😊 现在,可以制定针对"九地"的作战方案了吧?
- 😈 接着上面的定义,孙子说:"因此,处于散地,不宜作战……"
- 😊 我想想——理解他的用心,但不同意他的方案。
- 😈 哦,为什么?
- 😊 除非孙子指挥的是一群乌合之众,若是正规部队,即使散地作战,也不至于一开战就作鸟兽

散吧？

- 唐代兵法家贾林看到这句话，也不以为然，他说：若是号令严明，士卒服从，死且不顾，何散之有？

- 呵呵，那是英雄所见略同……

- 孙子说："处于轻地，不宜停留……"

- 他觉得老在家乡附近转悠，士气容易涣散，但我不觉得这是重点。

- 你认为重点应是什么？

- 我认为，既是侵略战，就应迅速插入敌国腹地，而不应在边境地带多作纠缠。

- 孙子说："处于争地，不宜贸然进攻……"

- 争地乃兵家必争之地，不贸然进攻不等于不进攻。只是，对于极关键的战略要地，必须思虑周密，计出万全才是。

- 说说你的理由。

- 敌境作战，想必对于战略要地，对方也不会等闲视之，我有两套方案：其一，如果这一争地暂时平静如常，不妨先派一支精锐部队轻装疾进，如无敌军埋伏，即先行占领；其二，倘若争地已被敌军占据，则须暂停进攻，再思良策。

- 说得有理，那依你看怎么着？

- 正面进攻徒增消耗，一旦失利，更会影响整个战局。侵略战争，贵胜不贵久，我需要时间考虑如何出奇制胜——先看下面吧。

- 孙子说："处于交地，行军队列不宜脱节……"

- 同意。毕竟是深入敌境，处在敌我双方都可往来的开放地区，自应防备敌军截击我军翼侧，或偷袭运输线。

- 孙子说："处于衢地，应加强外交……"合交：结交。

- 这与《九变篇》关照的一样。我也重申一遍，部队路经衢地，会提醒官兵注意搞好邻国关系——但外交工作，政府早该未雨绸缪，不应等部队开拔了才临阵擦枪。

- 孙子说："处于重地，就进行掠夺……"掠：抢掠、掠取。

- 战线越长，后勤补给越成问题，必须考虑因粮于敌——只是，如果在敌国大肆掠夺，会不会引发当地民众的反抗？

- 对此，唐代的李筌也有保留，他说："深入敌境，不可非义，失人心也……"但孙子是一位很现实也很果决的军事家，他要求"攻掠如火"，既是侵略战，就不指望敌国的民众箪食壶浆夹道欢迎自己。

☺ 既然这样,就执行吧。

☻ 孙子说:"处于圮地,就快速通过……"

☺ 没问题,坚决执行。

☻ 孙子说:"处于围地,就运用计谋……"

☺ 这也和《九变篇》讲的一样,前进道路狭隘,后退道路迂远,敌人只需派出小股部队守住隘口,我就没辙……

☻ 那样的话,你该怎么办?

☺ 强攻不是办法——示弱于敌,诱敌出击;或者,派一支特种部队,翻山越岭,以迅雷不及掩耳之势,直插敌军身后……

☻ 如果被敌军四面包围,你就是插上翅膀也飞不出去,又该如何?

☺ 那,那恐怕就不是"围地",而是"死地"了……

☻ 孙子说:"处于死地,就决一死战。"

☺ 这在《九变篇》也讲过了。没说的,刚才考验的是智慧,现在考验的是勇气。

☻ 近代军事理论家在讲到"指挥的特性"一课时,也说:如果智力的判断在任何情况下都受到了限制和削弱,那么它可以求助什么呢? 只有求助于勇气!

☺ 道理是对,但最好不要出现这种情况。

☻ 未必。死地有两种,一种是不得已而陷入死地,一种是故意陷自己于死地……

☺ 此话怎讲?

☻ 先别急,我们后面会遇到。

---

suǒ wèi gǔ zhī shàn yòng bīng zhě　néng shǐ dí rén qián hòu bù xiāng jí　zhòng guǎ
所谓古之善用兵者,能使敌人前后不相及,众寡

bù xiāng shì　guì jiàn bù xiāng jiù　shàng xià bù xiāng shōu　zú lí ér bù jí　bīng hé
不相恃,贵贱不相救,上下不相收,卒离而不集,兵合

ér bù qí
而不齐。

☻ 前面一大篇,讲的是入侵敌国,身处"九地"之际,我军的行动原则……

☺ 虽然个别观点还可商榷,但遵照这九大原则行动,基本不会出错。

☻ 可是战争,不能满足于不出差错。

☺ 明白你的意思,既然主动挑起了战争,必须要战胜对手才是。

● 孙子说:"所谓古时善于用兵的人,能使敌人前军和后军无法策应,大部队和小部队无法依靠,贵族武士和普通士卒无法救援,上级和下级无法配合,士卒溃散而无法集合,即使集合了也无法整齐。"及:策应。收:聚集、联系。齐:整齐。

☺ 反正一句话,想要战胜敌人,先要拆散敌人。

● 这些战术,其实前面已有谈到,比如设变诈,示伪形,冲前掩后,声东击西,关键是"致人而不致于人"……

☺ 掌握主动,就可调动对手,使敌人备多力分,顾前不顾后,顾左不顾右。

● 孙子是个现实主义者,战争又是一项趋利避害的系统工程。所以,孙子接着就向战争指挥者提出了他的战争价值观……

---

hé yú lì ér dòng　bù hé yú lì ér zhǐ

合于利而动,不合于利而止。

☺ 价值观,就是对任何行为的一种判断标准?

● 是的。孙子关于战争的价值观是:"对于达成目标有利的,就行动;对于达成目标无利的,就停止。"

☺ 这是一句没有表情的话,他对战争的态度真是非常冷静。

● 孙子的时代,已经不崇尚贵族武士"先礼后兵"的传统了,一切以现实的利害为基础,见可而进,知难而退,没有仁义道德,没有豪言壮语,没有理论教条……

☺ 看起来,战争就是唯利是图,就是做买卖。

● 呵呵,那是大买卖。不过你一定不要被这"利"字迷惑了,得分辨清楚,什么是大利,什么是小利——偷鸡摸狗是利,拔人之城、取人之国也是利……

☺ 嗯,有战术之利,战役之利,也有战略之利。

● 有大眼光、大胸襟的人,才懂得弃小利而取大利。

☺ 只是,他讲的还只是大道理,我关心的是具体如何达成……

● 我们看下去。

gǎn wèn　dí zhòng yǐ zhěng　jiāng lái　dài zhī ruò hé　yuē　xiān duó qí suǒ

敢 问：敌 众 以 整 ，将 来 ，待 之 若 何？曰：先 夺 其 所

ài　zé tīng yǐ　bīng zhī qíng zhǔ sù　chéng rén zhī bù jí　yóu bù yú zhī dào　gōng

爱 ，则 听 矣 。兵 之 情 主 速 ，乘 人 之 不 及 ，由 不 虞 之 道 ，攻

qí suǒ bú jiè yě

其 所 不 戒 也 。

● 在这里，孙子假设了一个问题："请问：敌军人数众多而又阵容严整，准备向我进发，应该如何对付？"以：意同"而"。

☺ 敌强我弱，形势严峻……

● 孙子答道："先夺取敌人在意的要害，就能使他听从我的指挥。"听：听从之意。

☺ 夺其所爱——这一招够狠，看来孙子学过心理学……

● 哦，何以见得？

☺ 你爱的人即使被人骚扰，尚且心神不宁，何况突然遭人劫持，那岂不更乱了方寸！

● 从这里可以看出，孙子不仅掌握心理学，更有敏锐的观察力。

☺ 是啊，任你怎样貌似强大，总有软肋。

● 这"趋利避害"四字，既是敌我双方必须遵循的原则，也就是敌我双方的软肋。领会并善于运用"利害"两字，实是调动对手争取主动的关键。

☺ 天下熙熙，皆为利来，天下攘攘，皆为利往——战争也是一样。

● 顺便给你出个题目：如果你是敌军，面对我这"夺其所爱"战术，如何应对？

☺ 我？ 如果我识破你的伎俩，一定不为所动，命令主力部队坚守要害；同时调动精锐，针对你的"所爱"，发起猛烈攻击……

● 如果你得以这样从容布置，说明我犯了一个错误。

☺ 什么错误？

● 孙子说："用兵的道理，关键在于神速……"主速：重在迅速。

☺ 嗯，说明你行动不够神速，以至于我能从容作出布置。

● 就如高手比剑，有时候比拼的并非招法和功力，而是快，所谓"千来有千解，万来有万解，一快则无解……"

☺ 快剑，如惊鸿，如闪电……

● 孙子说："乘对手还没有反应，由意料不到的途径，攻击对手未加戒备之处。"虞：料想、意料。

戒:防备。

☺ 嗯,这说明你当时的进攻,还不够隐秘,以至于被我识破。

☻ 是啊,是我大意了——高手的剑法,应该倏忽无常,每一剑出手的部位,必须绝对出乎对手的意料。

☺ 哦,"趁人不及"是讲时间,"不虞之道"是讲空间……

☻ 不错啊,还有什么疑问吗?

☺ 有啊。你看这孙子,一方面说"夺其所爱",一方面又说"攻其所不戒",问题是既然为我"所爱",总不会不加防范吧?

☻ 你的"所爱"定然不止一处——想当年孙膑围魏救赵,谁会想到戒备魏国的国都呢?

☺ 对了,想问一下,当时的"所爱"一般指哪些所在?

☻ 冷兵器时代,应该包括粮仓、补给线、战略要地以及都城等等……

☺ 这一些,大家都知道吧?

☻ 你要大家都不知道的,那就需要胆略和想象力了——比如说,皇帝……

☺ 皇帝,这有点夸张吧?

☻ 历史上有先例啊,想那东汉末年,群雄并起,也只有曹操抢在对手袁绍之前奉迎汉献帝,挟天子以令诸侯,从而争得主动,号令天下,这不就是"先夺其所爱"吗?

☺ 呵呵,这属于大战略上的"夺人所爱",古今少有的大手笔啊。

☻ 所以说,孙子讲的"所爱"并不一定限于战场,孙子讲的"不虞之道"也不一定指行军路线……

☺ 这样看来,那些下三滥做法,比如暗杀、绑架、策反之类,都称得上"不虞之道"了?

☻ 是啊,软肋总是存在,关键在于想得到,在于实施中的大胆和迅速。只要我的行动迅雷不及掩耳,就轮不到你从容布置;只要我在进攻中,巧设疑兵,就容不得你有针对性的调动……

☺ 道高一尺,魔高一丈,你也不能肯定我就没办法了。

凡为客之道:深入则专,主人不克。掠于饶野,三军足食;谨养而勿劳,并气积力;运兵计谋,为不可测。

☻ 现在我军行进到哪里?

☺ 已深入敌国腹地——感觉象孤军深入,前不着村,后不着店……

● 孙子说:"出国作战的一般法则:越深入敌境,越能凝聚军心,敌方就难以抵抗。"为客:在敌国境内。专:心齐。主人:指本土作战的军队。

☺ 这就是我军目前的处境——深入重地。重地的特点是:背后有众多敌国的城邑……

● 嗯,战士们情绪怎么样?

☺ 报告,战士们情绪饱满,注意力高度集中,求战欲望非常强烈——这谁和谁呀!

● 孙子说:"在丰饶的原野上进行掠夺,全军就有足够的给养……"

☺ 这项任务早已布置:重地则掠,因粮于敌……

● 孙子说:"注意休整,避免过劳;增强士气,积聚力量……"谨养:仔细供养,指休整。

☺ 是,部队千里迢迢长途跋涉,加上敌国境内危机四伏,理当抓紧一切机会养精蓄锐,迎接随时可能发生的战斗。

● 孙子说:"部署兵力,运用计谋,使敌人难测我军虚实。"

☺ 为不可测,那是为了隐蔽自己?

● 同时也为了分散敌军的兵力,只要敌军备多力分,我军就有破敌之机——总之,深入敌境需要注意的是:士兵心理,后勤保障,状态调整,计谋运用……

---

tóu zhī wú suǒ wǎng　　sǐ qiě bù běi　　sǐ yān bù dé　　shì rén jìn lì　　bīng

投之无所往,死且不北。死焉不得,士人尽力。兵

shì shèn xiàn zé bú jù　　wú suǒ wǎng zé gù　　rù shēn zé jū　　bù dé yǐ zé dǒu

士甚陷则不惧,无所往则固,入深则拘,不得已则斗。

● 接下去就是士兵心理的问题了。

☺ 我们说过,"九地"之"地",乃指人的处境和环境;心理战,不仅适用于对敌斗争,也适用于内部管理……

● 不同的处境,可以引发士兵不同的心情,由此激发出的战斗力也大不相同。

☺ 那样的话,主将就需根据不同战场环境,进行调节?

● 孙子说:"把士兵置于无路可走的绝境,他们就会死战而不败退。死都不怕,上下就会竭尽全力。"北:败退。士:指军吏。人:指普通士卒。

☺ 如果不得已陷入绝境,还可理解;如果故意把士兵们置于绝境,希望以此来激发他们的斗志,是不是太冒险?

☻ 记住,孙子所说的"九地",有自然之地,有人为之地……

☺ 哦,激发斗志的方法,一种是借助自然环境,一种是人为地制造环境,相当于"借势"和"造势"……

☻ 当然,人为制造环境,并非不负责任地把士兵们往绝路上逼,分析敌情,判断地形,都是必不可少的前提。但有一点必须清楚,不懂得冒险,永远也别想赢得战争。

☺ 那么目前,战场环境如何? 士兵心理又如何?

☻ 对此,孙子分析了四种情况:"士兵深陷绝境,就会无所畏惧;无路可走,就会意志坚定;深入敌境,就会加强团结;迫不得已,就会奋起战斗。"固:坚固。拘:凝聚之意。

☺ 原以为孙子是个谨慎理智之人,想不到他会如此冒险。

☻ 冷兵器时代,靠什么解决最后战斗? 靠的就是压倒敌人的气概和勇敢精神。你作为主将需要考虑的,就是如何把这种精神激发出来。

☺ 这一点,通过赏罚也可以做到啊……

☻ 通过赏罚激发起来的动力,相对比较理性;在特定情况下,孙子需要一种非理性的、近乎疯狂的战斗力。

☺ 面临绝境,求生的欲望愈强,战斗力也就愈强——孙子洞察了人的本能。

☻ 那已不仅是人的本能,而是一种野兽般的斗志。孙子的特点,就是善于利用和创造环境,不仅是地形,更包括人心。

☺ 人心深处那种野兽般的斗志一旦被激发出来,非常恐怖……

☻ 当然,这也有个背景,我们看下面一段。

---

shì gù bù xiū ér jiè bù qiú ér dé bù yuē ér qīn bú lìng ér xìn jìn

是故不修而戒,不求而得,不约而亲,不令而信,禁

xiáng qù yí zhì sǐ wú suǒ zhī

祥去疑,至死无所之。

☻ 我们曾说,孙子时代军队的构成发生很大变化,普通平民大量被征召入伍。

☺ 嗯,这些临时入伍的士卒,作风普遍散漫,战术素养和战术纪律,都非常有问题。

☻ 现在,需要把他们投入险恶的环境……

☺ 投入险恶环境,会提高他们的自我管束能力?

☻ 孙子说:"因此,无须整肃,自己就会戒备;无须强求,自己就会尽力;无须约束,自己就会亲

附;无须申令,自己就会遵命……"修:修明法令。戒:警戒。

☺ 想到《地形篇》的一句话:"地形者,兵之助也",现在看来,特定的战场环境和战斗气氛,也可成为将帅的助手。

● 当然,放任自流也会有问题——孙子接着又说:"禁止迷信,消除谣言……"祥:吉凶的预兆。

☺ 他是担心迷信和谣言会扰乱军心?

● 对此,很多人对孙子的理性主义称赞有加,其实,要不要"禁祥去疑",历来兵家还是有些争议——正面的说法,如《三略》就认为:"无使辩士谈说敌美,为其惑众……"

☺ 就是说,不要让那些能言善辩之士在军营里谈论对手如何强大,那是为了"去疑"。

● 又说:"禁巫祝,不得为吏士卜问军之吉凶……"

☺ 嗯,万一主将的进攻计划已定,巫师们却在军中宣扬"明日出战,不利",那就乱了套,所以需要"禁祥"——这和孙子的看法一致。

● 再看另一种观点。在《唐李问对》中,唐太宗李世民问李靖:"阴阳之术,废之可乎?"李靖说:"不可……"

☺ 李靖认为不必"禁祥去疑",理由是什么?

● 他解释道:"兵者,诡道也,托之以阴阳之术,则使贪使愚,兹不可废也。"

☺ 我明白李靖的意思,他是说,迷信鬼神之类,如果善加利用,可以鼓舞士兵的斗志。

● 你接受哪一种观点?

☺ 在这一点上,不怕得罪孙子,我认为李靖的说法更灵活也更实际一点。

● 为什么?

☺ 因为士卒们相信这个啊——孙子用兵的精妙之处,在于一个"因"字,在于顺势而为地掌控敌我双方的心理。他连置之死地都用上了,怎么对鬼神迷信就这样排斥呢?

● 哦,还有什么?

☺ 还有就是,迷信鬼神不仅可用于自己,也可用于对手,在鼓舞我方士气的同时,在敌人内部制造混乱,亦无不可,你觉得呢?

● 其实在古代一些军队中,确实也设有"术士"一职,比如《六韬》在描述军队的职务职责时,就记载道:"术士二人。主为谲诈,依托鬼神,以惑众心。"

☺ 哦,那是为了开展心理战专门配备的……

● 所以我同意你的说法,只是补充一句,对那些巫祝、辩士必须严加管理!

☺ 对,不可让他们信口胡说——这样,外部环境逼迫,加上内部严格管理,士卒们就会全力投入战斗……

😠 结果就如孙子所说："就是战死，也不会有别的想法。"之：往。

---

　　wú shì wú yú cái　fēi wù huò yě　wú yú mìng　fēi wù shòu yě　　lìng fā zhī
　　吾士无余财，非恶货也；无余命，非恶寿也。令发之

rì　shì zuò zhě tì zhān jīn　yǎn wò zhě tì jiāo yí
日，士坐者涕沾襟，偃卧者涕交颐。

😠 孙子说："我军士兵舍弃剩余的财物，不是因为他们厌恶财物；舍弃剩余的生命，不是他们厌恶长寿……"余：多余。货：财物。

🙂 面临决战，皆有慷慨赴死之心，必能激发令对手胆战心惊的战斗力。

😠 孙子接着说："当作战命令下达之日，士兵们坐着的泪水沾湿衣襟，躺着的泪水横流满面……"涕：泪。颐：颊、腮。

🙂 卧者，那是伤病员？

😠 对。在这当口，三军的营帐已为悲壮的气氛笼罩，慷慨激烈的情绪犹如翻江倒海，连伤员也恨不能誓死赴战，其斗志可想而知。

🙂 一旦投入战斗，他们将会如何？

😠 将会如何，我们看下去——

---

　　tóu zhī wú suǒ wǎng zhě　Zhū　Guì zhī yǒng yě
　　投之无所往者，诸、刿之勇也。

😠 孙子说："把他们置于无路可走的绝境，他们就会像专诸、曹刿一样勇猛。"

🙂 专诸、曹刿，都是古代勇士？

😠 是的，两位不仅是勇士，而且都用手中的剑，实践了自己的承诺和信念；其中的专诸，更是一位改变吴王命运的人物……

🙂 专诸，改变了吴王的命运？

😠 专诸出身于吴国棠邑，即今天的江苏六合县——他虽为一介平民，却是性情刚烈，重义轻死，且有万夫不当之勇。有一天，流亡吴国的伍子胥找到他，说是一位重要人物久闻他的大名，希望结交……

☺ 那人是谁?

☻ 公子光。

☺ 哦,就是后来的吴王阖闾……

☻ 当时,公子光正在延揽天下豪杰异能之士,对于专诸更是重礼相待。专诸对公子光的知遇之恩,心存感激;公子光交给专诸的任务则是:刺杀吴王僚!

☺ 刺杀吴王僚? 这吴王僚和公子光是什么关系?

☻ 算下来,吴王僚应是公子光的堂弟。

☺ 堂兄要刺杀当国君的堂弟?

☻ 这说来有点话长——吴王寿梦知道吗?

☺ 知道,那是公子光的祖父,应该也是吴王僚的祖父……

☻ 吴王寿梦有四个儿子:老大诸樊,老二余祭,老三余昧,老四季札。在寿梦眼里,兄弟四人,以老四季札最为贤明,于是就想传位给老四。寿梦死后,老大诸樊遵照先王遗嘱,准备立季札为君,想不到季札竟抛弃家室,到乡下种田去了。

☺ 按当时一般规矩,父王死后,应由长子继位,也许这位四弟不好意思。

☻ 老大诸樊并不死心,他即位后,不立太子,想依照兄弟次序把王位传下去,最后传给季札。这样,诸樊死后,王位传给老二余祭;余祭死后,传给老三余昧;余昧死后……

☺ 该传给老四季札了……

☻ 想不到,老四季札仍然死活不肯,干脆逃到了国外——你说,这王位该传给谁?

☺ 这倒是有点乱了。

☻ 吴国大臣协商下来,决定拥立老三余昧之子僚为国君,也就是吴王僚。

☺ 这也是一个选择吧……

☻ 可是,老大诸樊的儿子,也就是公子光,心中却是不服。他的看法是:如按兄弟次序传位,老四季札应该继位;如按父子关系传位,那只有我——诸樊的嫡长子公子光,才应继任为王。

☺ 这个公子光,倒是当仁不让啊……

☻ 这就是公子光的个性:是我的,就是我的,毫不谦虚——为了实现大志,他秘密收养勇士,招揽了伍子胥那样的人才,密谋刺杀吴王僚,夺取王位。

☺ 这就找上专诸了……那专诸,他没想到死?

☻ 当时吴越一带人士,虽然身在蛮夷之地,却大多感情丰富,具有中原民族少见的侠肝义胆,有仇必报,有恩必偿,是他们的基本信念。在他们心目中,义气、承诺、名誉才是重大问题,至于生死,那是看得很轻的。

☺ 我知道那一带,出了很多任侠敢死之士,也发生了很多惊心动魄的悲壮故事……

☻ 却说那公子光,苦等十年,机会终于来了——那年春天,吴王僚趁楚国国丧之际,派他两个弟弟率军进攻楚国,没想到,楚国发兵断绝了吴军的后路……

☺ 吴王僚、公子光没有随军出征?

☻ 他们都在国内——听说吴军主力阻绝在外,公子光立即召见专诸,对他说:"不主动索取,哪会有收获! 机会既已来临,我就不能放弃。可以行动了……"

☺ 有所追求,便毫不客气,和他叔叔季札完全是两种性格。

☻ 那年四月,公子光在家设宴,宴请吴王僚;地下室里,预先埋伏下身穿铠甲的武士。吴王僚应约赴宴,酒过三巡,公子光借口脚疼避席,退入地下室……

☺ 刺杀就要开始——吴王僚还浑然不知吗?

☻ 哪里,他出门时,卫队从王宫一直排列到公子光家里,门户和台阶两旁,都是吴王僚的亲信,夹道站立的侍卫,均手持兵器,吴王僚自己,也身穿三层铠甲……

☺ 戒备如此森严,专诸如何动手?

☻ 伪装成厨师的专诸,将一柄短剑置于烤鱼肚子里,端着鱼慢慢走入宴会厅。当烤鱼进呈到吴王僚面前,专诸掰开鱼,只见剑光一闪,吴王僚身上二层铠甲即被洞穿,当场毙命!

☺ 好快的剑法! 好快的剑!

☻ 据传,这柄短剑,就是鱼肠剑……

☺ 铸剑大师欧冶子所铸的五大名剑之一,上古神兵,果然名不虚传!

☻ 宴会厅陷入一片混乱,吴王僚的侍卫慌乱之下,将专诸乱剑砍死,公子光手下的武士则从地下室一拥而上,又将吴王僚的部下全部诛杀……

☺ 这就是春秋时代啊!

☻ 据传,专诸死前曾立下遗嘱,要求葬于吴王宫的宫殿处。早先在江苏无锡的大娄巷中,有一座专诸纪念塔,后人有诗赞曰:"一剑酬恩拓霸图,可怜花草故宫芜;瓣香侠骨留残塔,片土居然尚属吴。"

☺ 不知他是在感叹专诸,还是在感叹吴国。有空到无锡,真该去那儿凭吊一下。

☻ 发思古之幽情啊?

☺ 哪里啊。只是看到那一带,春秋时代的刚烈侠义之风,今日已荡然无存,觉得可惜而已。

☻ 就像一把名剑,凌厉的锋芒早被磨平,不再闪耀……

☺ 说说曹刿吧——在学校里读过《曹刿论战》一文,是这个人吗?

☻ 曹刿是鲁国人,据说又名曹沫。《左传》中论战的曹刿与孙子所说的曹刿是否同一人,历来有不同说法。但有一点可以肯定,既然孙子称赞曹刿之"勇",那就不是在讲论战之事,而是指他的一次劫持人质的行动……

☺ 劫持人质?劫持谁?

☻ 齐桓公。

☺ 劫持齐桓公?好大胆,那可是春秋五霸的头号霸主……

☻ 事情发生在一百多年前——那一年,曹刿被鲁庄公任命为将,与齐国交战,结果三战皆败。曹刿为此羞愤不已,鲁庄公则慌了手脚,不得已决定割地求和,蒙齐桓公应允,约定在柯地会盟……

☺ 柯地在哪里?

☻ 今天的山东东阿一带——却说那鲁庄公带着曹刿等文武官员到达该地,与齐桓公谈判之后,正准备上祭坛歃血为盟,谁知那曹刿早已欺身上前,一手揽住齐桓公的衣袖,一手拔出身上所藏短剑……

☺ 又是短剑!

☻ 桓公被劫,张口结舌,群臣更是惊慌失措。只有齐相管仲还算镇定,他问曹刿:"先生想要如何?"曹刿正色道:"齐强鲁弱,贵国侵略鲁国,欺人太甚,两国既是近邻,利害相关,你们看着办吧!"

☺ 结果怎样?

☻ 齐桓公闻言,不得已答应归还鲁国土地。曹刿听罢,丢下短剑,从容走下祭坛,坐回群臣中间,神色不变,谈笑自若……

☺ 知耻而勇,虽千万人吾往矣,好一个曹刿!

☻ 再说桓公,一怒之下就想毁约,仍是管仲颇识大体,他进言说:"为贪图小利而逞一时之快,背信弃义,难免失去天下的支持,还不如把侵占之地还给人家。"最后,曹刿三战所失的土地,都还给了鲁国。

☺ 曹刿的结果比专诸要好,也亏他遇上的是管仲……

☻ 数百年后,两人均作为义无反顾、慷慨赴死的典型人物,被司马迁载入史册,名列春秋战国的五大刺客之中,光耀千古。

☺ 孙子举出他们的名字,则是希望身陷绝境的士兵,发扬专诸、曹刿精神,人人奋勇,死战求生……

gù shàn yòng bīng zhě　　pì rú shuài rán　　shuài rán zhě　Héng shān zhī shé yě

故善用兵者,譬如率然。率然者,恒山之蛇也。

jī qí shǒu zé wěi zhì　　jī qí wěi zé shǒu zhì　　jī qí zhōng zé shǒu wěi jù zhì

击其首则尾至,击其尾则首至,击其中则首尾俱至。

- 🌑 现在,士兵们个个都如专诸、曹刿,情绪激昂,血脉贲张……
- ☺ 那就下令出击吧!
- 🌑 勇气问题已经解决,可毕竟,战争不是两人之间的比武决斗,军队也不是成千上万个专诸、曹刿的简单相加。
- ☺ 哦,他是准备教导我们如何发扬团队精神,协同作战……
- 🌑 针对这种情况,孙子说:"所以,善于用兵的人,就像'率然'一样。"
- ☺ 什么是"率然"?
- 🌑 孙子说:"所谓'率然',乃是恒山的一种蛇……"
- ☹ 恒山,就是北岳恒山?
- 🌑 历史上有两座北岳恒山,孙子所说的恒山,地处今天的河北曲阳西北,后为了避汉文帝刘恒的名讳,曾改称"常山"。到了清初顺治年间,出于其他原因,又把山西浑源县的玄岳正式定为北岳恒山。
- ☺ 哦,此恒山非彼恒山——那恒山之蛇究竟有何特异之处?
- 🌑 很神奇的一种蛇,孙子说:"……打它的头,尾巴就来救应;打它的尾巴,头就来救应;打它的中部,头和尾巴都来救应。"
- ☺ 这率然蛇,现在还有吗?
- 🌑 我怎么知道,你有兴趣,自己上曲阳寻访吧,现在那里还有一座北岳庙呢。
- ☺ 不过,过去看小说,那"常山之阵"倒是大大的有名……
- 🌑 常山之阵,又名一字长蛇阵,就是指那种首尾呼应如常山之蛇的阵法。
- ☺ 用兵如率然之蛇,说的是团队之间的协同作战吗?
- 🌑 我们看他下面的解释。

gǎn wèn bīng kě shǐ rú shuài rán hū yuē kě fú Wú rén yǔ Yuè rén xiāng

敢问：兵可使如率然乎？曰：可。夫吴人与越人相

wù yě dāng qí tóng zhōu ér jì qí xiāng jiù yě rú zuǒ yòu shǒu

恶也，当其同舟而济，其相救也，如左右手。

● 孙子说："请问：可以使军队象'率然'一样吗？回答是：可以。"

☺ 那是讲军队各部分之间的策应与保护，可以像恒山之蛇一样；其实，士兵与士兵之间，也应该这样……

● 孙子接着说："就像那吴国人和越国人相互仇恨，但同舟共渡之时，他们相互救援，就如一个人的左右手一样。"

☺ 有句成语，叫"吴越同舟"，便出自孙子这句话？

● 对啊，知道什么意思吗？

☺ 吴人与越人共乘一舟；比喻虽有旧怨，但遭遇风浪和危难，双方利害一致之时，也会互相救助——战场上的道理，想必也是一样。

● 前面讲专诸、曹刿，主要就勇气而言；这里讲恒山之蛇，主要就部队或士卒之间的协同作战而言。

☺ 当一个人遇到危险，其全身每个部位都会本能地协同救援与保护……

● 孙子要求，一支军队，必须锻炼得像一个人。

☺ 这里，他提到了吴国和越国的世仇……

● 吴国和越国地处东南，彼此接壤，立国未久，相互间就摩擦不断。大概三十年前，更发生了一起震动全国的刺杀事件，使得两国的关系全面恶化。

☺ 又是刺杀事件！究竟是怎么回事？

● 那一年，吴王余祭……

☺ 吴王余祭，就是老二；吴王阖闾的大叔，吴王僚的二伯……

● 呵呵是啊——当年吴王余祭率军伐越，抓到一批俘虏。吴军责令受刑后的越俘担任下贱的看门人，看守舟船。那天，吴王余祭上船视察，一不留神，被一个满腹怨恨的越俘挥刀刺杀……

☺ 国君被刺，也难怪两国的冤仇不共戴天。

● 即使吴王阖闾主政，国力如日中天之时，越国也没闲着——当年，吴军千里袭楚、攻克郢都，正在欢庆胜利之时，越王允常率军从后方袭击吴国的留守部队，迫使吴军不得不两线作战，

最后从郢都退兵。

☺ 再加上樵李之战中越王勾践以罪囚战术击败吴军,吴王阖闾含恨而死……

☻ 对于两国关系,越国大夫文种和范蠡曾对勾践说:"彼兴,则我辱;我霸,则彼亡……"

☺ 有你无我,有我无你,这旧仇新恨加在一起,终于演出了一幕幕可以惊天地、泣鬼神的复仇
故事。

☻ 直到越王勾践灭了吴国,这恩怨才算彻底了结。

☺ 吴越之人的个性,怎会如此刚烈,不是为报恩而死,就是为复仇而亡……

☻ 别感叹了,回到孙子吧——我们讲到哪里?

☺ 讲到"吴越同舟",讲到部队协同作战时的处境和心态,要如恒山之蛇一样。

☻ 我们前面说过,《九地篇》的灵魂不在地理地形,而在人的心理……

☺ 明白了,所谓"九地",就是人的处境——人的处境,决定人的心理动向;善用兵者,就要善于
运用处境。

---

shì gù fāng mǎ mái lún wèi zú shì yě qí yǒng ruò yī zhèng zhī dào yě
是故方马埋轮,未足恃也。齐勇若一,政之道也;
gāng róu jiē dé dì zhī lǐ yě gù shàn yòng bīng zhě xié shǒu ruò shǐ yī rén bù
刚柔皆得,地之理也。故善用兵者,携手若使一人,不
dé yǐ yě
得已也。

☻ 继续刚才的话题……

☺ 关于如何激发斗志,协同作战。

☻ 孙子说:"因此,缚住马匹,掩埋车轮,不足以稳定士卒……"方:系缚之意。

☺ 缚住马匹,掩埋车轮,这是为什么?

☻ 表示死守阵地,绝不后退的决心——只是个比喻,并不是说古代真有这种战法。

☺ 哦,用强制手段逼使士卒死战,不是办法……

☻ 孙子说:"使军队团结勇猛,有如一人,在于统御管理的方法得当;使军队中的强者弱者,皆
能发挥作用,在于战斗环境的合理利用。"齐:齐心协力。

☺ 其一是统御管理,其二是利用战斗环境——环境前面说过了,这统御管理之道……

☻ 孙子说:"所以,善于用兵的人,能使全军携手,有如指挥一人,是因为置于迫不得已的境地。"

☺ 记得《军争篇》讲到金鼓旌旗时,也极为强调"一",现在讲"齐勇若一"、"携手若使一人",境界与军争之时又有不同……

☻ 金鼓旌旗所要求的"一",是通过外在的信息指挥系统达成;这里所讲的"一",是全体士兵发自内心的争胜欲望和战斗激情。

☺ 协同作战的最高境界,就是千万个曹刿、专诸同进同退,同仇敌忾,有如一人。

☻ 这就是兵家崇尚的"一人之兵"的境界……

☺ 什么是"一人之兵"?

☻ 我们看《尉缭子》的描述:"无天于上,无地于下,无主于后,无敌于前。一人之兵,如狼如虎,如风如雨,如雷如霆,天下皆惊……"

☺ 可是,这种万众一心的战斗力的形成,据孙子说,是出于"不得已"?

☻ 对,这正是孙子的统御管理之道。

☺ 看来这"不得已"的态势,真是主将故意造成,而非战场形势的自然逼迫。

☻ 依我的看法,战场形势的逼迫,固然是一个原因,主将用以激发士卒团结战斗的勇气,则是根据战场形势,因势利导……

☺ 因势利导,说明有故意成分。

☻ 这个秘密,孙子马上就会告诉你,我们看下一段。

---

jiàng jūn zhī shì　jìng yǐ yōu　zhèng yǐ zhì　néng yú shì zú zhī ěr mù shǐ
将 军 之 事,静 以 幽, 正 以 治。 能 愚 士 卒 之 耳 目,使

zhī wú zhī　yì qí shì　gé qí móu shǐ mín wú shí　yì qí jū　yū qí tú shǐ
之 无 知。 易 其 事,革 其 谋,使 民 无 识;易 其 居,迁 其 途,使

mín bù dé lǜ
民 不 得 虑。

☻ 孙子说:"统率军队的事情,要做到沉静而幽密,严正而有条不紊。"将:主持之意。

☺ 静以幽,正以治,说的是主将的气质?

☻ 既是气质,更是统御士卒的方法。

☺ 就气质而言,应该是理性镇定,不动声色,不怒自威……

☻ 就统御士卒而言,孙子说:"能够蒙蔽士卒的耳目,使他们毫无所知……"

☺ 愚人耳目,这不是"愚兵"吗?

☻ 不要把"愚"或者"蒙蔽"当做贬义词——这是执行战场纪律。很多书生和你一样,说孙子

倡导愚兵政策,对他指手画脚。但须知这是战争,这是在前线,军队不是学校,前线不容清谈,作战思路,战场纪律,岂能全军讨论,张榜公布!

☺ 嗯,战时危机四伏、千钧一发——可是,如何蒙蔽呢?

● 孙子说:"变换作战部署,更新作战谋略,使人们无法识破;变换军队驻地,迂回行军路线,使人们难以揣测。"易:变易、变更。革:改变、更新。

☺ 这是指军队内部吗?

● 常言道,欺敌先欺己。只有先蒙蔽自己的下属,才能蒙蔽敌人。

☺ 命令不断变换,是故弄玄虚吗?

● 是故弄玄虚,但不是那种为了显示自己高深,却没有任何想法的故弄玄虚,而是达成战略和战术意图的手段。

☺ 那士卒们会不会因为不知你主将大人的意图,而对军事行动发生疑惑和不满?

● 主将以克敌制胜为己任,所以必须思路清晰;军人以服从和执行命令为天职,该知道的会让你知道,不该知道的,连问都不必问……

☺ 理解的要执行,不理解的也要执行?

● 这就是军队。

---

shuài yǔ zhī qī　rú dēng gāo ér qù qí tī　shuài yǔ zhī shēn rù zhū hóu zhī

帅 与 之 期 , 如 登 高 而 去 其 梯 ; 帅 与 之 深 入 诸 侯 之

dì　ér fā qí jī　ruò qū qún yáng　qū ér wǎng　qū ér lái　mò zhī suǒ zhī

地 , 而 发 其 机 。 若 驱 群 羊 , 驱 而 往 , 驱 而 来 , 莫 知 所 之 。

jù sān jūn zhī zhòng　tóu zhī yú xiǎn　cǐ wèi jiāng jūn zhī shì yě

聚 三 军 之 众 , 投 之 于 险 , 此 谓 将 军 之 事 也 。

● 孙子的统御之道,除了"蒙蔽",还有"逼迫"。

☺ 手持皮鞭,或使用督战队?

● 没那么简单。孙子说:"主帅与部下约期赴战,要像登高后抽去他们的梯子一样;主帅指挥部下深入诸侯国内,要像扣动弩弓的扳机一样……"

☺ 登高而去梯,是断绝士卒归路,让他们觉得有进无退;发其机,是激发他们勇往直前,如射出的弩箭,有去无回——是不是这个意思?

● 是这个意思。

☺ 对待自己的子弟兵,登高而去梯,你是不是觉得有点残酷?

☻ 好,那我现在向你下达命令:我说连长先生,你能不能和士兵们商量一下,看有没有办法在明天凌晨五点左右占领 250 高地……

☺ 哪有这样下达命令的……

☻ 那你说该如何?

☺ 连长! 我命令你,明天凌晨四点以前务必拿下 250 高地,晚一秒钟都不行! 完不成任务,提着脑袋来见我!

☻ 完了?

☺ 有什么可商量的!

☻ 你这命令,是不是"帅与之期,如登高而去梯"啊?

☺ 军情紧急,他那里拿不下的话,整个战局都会陷入被动;战局陷入被动,部队的损失难以估量。

☻ 不过提醒你一下,既然 250 高地如此重要,就不能把胜负手全押在连长身上,还是得安排一个预备队,留一手……

☺ 这我会安排,但我不会跟连长讲。

☻ 哦,为什么?

☺ 我难道和他讲:你拿不下没关系,我留着预备队呢——不过,我懂你意思了,我们看下去吧。

☻ 孙子说:"对待士卒,要像驱赶羊群,驱赶过去,驱赶过来,使他们不知究竟去向何方。"

☺ 他的用意我能理解,但士卒们看到这句话,怕是不能接受。

☻ 军队有军队的规矩,这一点,你用不着替他们担心。再说,当时许多士卒,都从平民中征发而来,既没受过什么教育和训练,更没崇高的信仰和理想……

☺ 那就全赖主将指挥和管理得当了。

☻ 是啊,所以孙子才说:"聚集全军士卒,置于危险境地,这是统率军队的事情。"

☺ 其实说到底,现代军队何尝不是如此。差别只在于理论更完备、编制看上去更科学、武器更先进而已……

☻ 战争本来就是很原始的游戏,不论古代还是现代,本质都是一样。

jiǔ dì zhī fǎ　qū shēn zhī lì　rén qíng zhī lǐ　bù kě bù chá yě
九地之法，屈伸之利，人情之理，不可不察也。

- 🙁 最后，孙子总结道："九种战场环境的应对法则，攻防进退的利害关系，士卒的心理状态，都是不能不慎重考察的。"

- ☺ 战场环境、战术战法、士卒心理，这三点构成了《九地篇》的核心。

- 🙁 值得注意的是，孙子没把这三点割裂开来，而是放在战场上，放在具体的战斗中，组成了你中有我、我中有你的关系。

- ☺ 战场环境，决定战斗的策略；战斗策略，左右士卒的心态……

- 🙁 这就是"九地"的妙用：不同环境，运用不同策略；不同策略，左右不同心态，以达成不同的目的。

- ☺ 不过我发现，在"九地"之中，孙子最看重的，还是"重地"和"死地"……

- 🙁 因为在侵略战中，"重地"和"死地"的突破最为关键；也只有在"重地"和"死地"中，人性才得以充分的暴露和发挥。

- ☺ 嗯，相对来说，其他几个"地"的压力没那么大。

- 🙁 就如你将要面临的人生，若能经历几次"重地"和"死地"的考验，那其他任何压力就不在话下了。

- ☺ 那，那我就等着吧……

fán wéi kè zhī dào　shēn zé zhuān　qiǎn zé sàn　　qù guó yuè jìng ér shī zhě
凡为客之道：深则专，浅则散。去国越境而师者，
jué dì yě　sì chè zhě　qú dì yě　rù shēn zhě　zhòng dì yě　rù qiǎn zhě　qīng dì
绝地也；四彻者，衢地也；入深者，重地也；入浅者，轻地
yě　bèi gù qián ài zhě　wéi dì yě　wú suǒ wǎng zhě　sǐ dì yě
也；背固前隘者，围地也；无所往者，死地也。

- 🙁 总结了"九地"的妙用后，孙子突然又讲了一些颇为重复的话，不知用意何在。

- ☺ 你不是说，本篇有点混乱吗？说下去就是了……

- 🙁 孙子说："出国作战的一般原则：进入敌境越深，军心越容易凝聚；进入敌境越浅，军心越容易涣散。"

☺ 这就是前面讲的"凡为客之道,深入则专……"

☻ 接着,他分别就出国作战的几种战场环境作了讲解。

☺ 仍在"九地"的范围之内吗?

☻ 孙子说:"离开本国、跨越国境作战的环境,是绝地……"

☺ 绝地?"九地"中可没有"绝地"。倒是《九变篇》说过"绝地无留",据说那是指交通困难、缺乏水草和粮食之地……

☻ 后世有些兵法家解释说:绝地,是绝望之地。

☺ 乱讲!出国作战是绝望之地,那"围地"、"死地"更是绝望之地了——暂且不深究了,我们看下面吧。

☻ 孙子继续说:"四通八达的环境,是衢地;进入敌境很深的环境,是重地;进入敌境很浅的环境,是轻地;背后险固、前方狭隘的环境,是围地;无路可走的环境,是死地。"

☺ 没有了吗?

☻ 没有了……

☺ 总共讲了六项,除了"绝地",都在"九地"范围,数量和说法都有不同,为什么?

☻ 为什么,我怎么知道。也许从另一个角度申说,也许是编辑错误……

☺ 也许另有深意,也未可知。

是故散地,吾将一其志;轻地,吾将使之属;争地,吾将趋其后;交地,吾将谨其守;衢地,吾将固其结;重地,吾将继其食;圮地,吾将进其途;围地,吾将塞其阙;死地,吾将示之以不活。

☻ 接下去,孙子分别就"九地"的不同作战原则,一一作了阐述。

☺ 因应于"九地"的不同战法,前面不是讲过了吗?

☻ 和前面讲的略有不同,注意区别。孙子说:"因此,在散地,我就要统一军队的意志……"

☺ 散地,军心容易涣散,所以要"一其志",算是有针对性的措施。只是,前面讲的是"散地则无战"……

☻ 你更倾向哪一种说法？

☺ 当时讲到"散地则无战"，我心里就有疑惑：难道军心容易涣散的环境，就不用战斗了？相比之下，统一军队意志更为重要。

☻ 孙子说："在轻地，我就要使各部队紧密相连……"属：连接。

☺ 前面说"轻地则无止"，要求部队不要停留；这里关照队伍互相联属，不要断绝——两种说法并不矛盾。

☻ 孙子说："在争地，我就要派部队迅速插入后方……"

☺ 争地，乃是兵家必争之地。前面说"争地则无攻"，要求避免正面进攻；这里说"趋其后"，就是分兵直插争地的背后，更不失为出敌不意的有效战法——两说从不同角度言之，都可成立。

☻ 孙子说："在交地，我就要谨慎布防……"

☺ 交地，属于地势平坦、四通八达之地。前面说"交地则无绝"，要求各部队连属不绝；这里提醒我军谨慎布防——虽然重点不同，但都必须执行。

☻ 孙子说："在衢地，我就要巩固与各国的联盟……"

☺ 衢地，属于和邻国交界之地。前面说"衢地则合交"，这里讲"吾将固其结"，同一要求的不同说法。

☻ 孙子说："在重地，我就要保障军队的给养……"

☺ 重地，乃是深入敌国的腹地。前面说"重地则掠"，主张就地掠夺，这里要求不断补充给养。相对而言，前者明确提出了因粮于敌，如能执行的话，自然更好。

☻ 孙子说："在圮地，我就要迅速通过……"

☺ 圮地，属于山林、险阻、沼泽等难行之地。前面说"圮地则行"，这里要求迅速通过，并无不同。

☻ 孙子说："在围地，我就要堵塞缺口……"阙：缺口。

☺ 围地，属于前后险阻、进退困难之地。前面说"围地则谋"，这里要求堵塞出路，以巩固军心，奋力死战……

☻ 你觉得两种战法不一样？

☺ 当然不一样——除非这个所谓计谋，就是"塞其阙"……

☻ 孙子说："在死地，我就要显示必死的决心。"

☺ 前面说"死地则战"，这里要求"示之以不活"——前者注重战法，这里注重决心，角度不同，意思一样。

😊 是不是有点混乱?

☺ 无所谓,九地之用,本就没有定法,掌握其用兵的要领就行,我们又不是书生腐儒,何必斤斤计较那些字词……

😊 呵呵,你倒是通达,学习兵法,该是这个态度。

---

gù bīng zhī qíng   wéi zé yù   bù dé yǐ zé dòu   guò zé cóng

故 兵 之 情:围 则 御,不 得 已 则 斗,过 则 从。

😊 孙子说:"所以,军队的心理状态是:被包围就会协力抵抗,迫不得已就会拼死战斗,陷入险境就会听从指挥。"过:指绝境。

☺ 前面刚讲"兵士甚陷则不惧,无所往则斗,入深则拘,不得已则斗",意思一样吧?

😊 是差不多,不过,这里讲到"兵之情……"

☺ 你是说,这"情"字值得重视?

😊 很对。你看这《九地篇》虽然千折百回,却始终不脱一个"情"字。历来兵法家都感叹于孙子对军事地理的精妙阐述,其实,洞察人情,直指人心,才是《九地篇》的精髓……

☺ 嗯,孙子不但知"情",更善于用"情"。

😊 这"情"字犹如潜伏于"九地"背后的灵魂,没这个灵魂,无论九地十地,山是死的山,水是死的水,重地无异轻地,死地必死无疑。

☺ 容我回顾一下:散地、轻地、争地、交地、衢地、重地、圮地、围地、死地——亲情、乡情、敌情、国情、交情、恩情、激情、悲情、绝情……

😊 呵呵,你想根据"九地"总结一个"九情"啊,没那么死板吧!

---

shì gù bù zhī zhū hóu zhī móu zhě   bù néng yǔ   jiāo   bù zhī shān lín   xiǎn

是 故 不 知 诸 侯 之 谋 者,不 能 预⑤交;不 知 山 林、险

zǔ   jǔ zé zhī xíng zhě   bù néng xíng jūn   bù yòng xiàng dǎo zhě   bù néng dé dì   lì

阻、沮 泽 之 形 者,不 能 行 军;不 用 乡 导 者,不 能 得 地 利。

😊 孙子说:"因此,不了解诸侯各国的企图,就不能与其结交;不了解山林、险阻、沼泽等地形,就不能部署军队;不使用当地的向导,就不能获得地形之利。"预:通"与",结交之意。

☺ 这一段话,又见于《军争篇》,几乎一样。

☻ 有人说这段话与上下文毫无联系,重复出现属于编辑错误;有人说这是孙子为了突出其重要性,所以反复强调……

☺ 了解就可以了,我们以后慢慢研究。

---

sì wǔ zhě　yī bù zhī　fēi wáng bà zhī bīng yě

四五者,一不知,非王霸之兵也。

☻ 又碰到一个令人头痛的难题……

☺ 这一篇文字,疑问真是多啊——什么难题?

☻ 就是这"四五者"三字,千百年来谁也解释不清,有人说文字有脱误,有人说传写出错。

☺ 或许又隐藏了什么玄机?

☻ 哪来那么多玄机——这样,我们暂取曹操的解释应付一下:四五,就是"九";四五者,就是"九地之利害"。

☺ 那这段话的意思是……

☻ 孙子说:"九地之利害,有一方面不了解,就称不上王霸之兵。"

☺ 有两个问题……

☻ 请讲。

☺ 第一:请问什么是"王霸"?

☻ 春秋时代,周天子仍为名义上的天下共主,称"王",诸侯的首领纠合各国,尊王室,御外侮,称"霸"。到了孙子所处的春秋末期,威震天下的春秋五霸,至少已产生了齐桓公、晋文公、楚庄王三位……

☺ 吴王阖闾正试图继这三位,图谋称霸,是吗?

☻ 正是。想必孙子知道阖闾的野心,也知道阖闾邀请自己出山,是为了实现这一野心,所以就在进呈的兵法上,挑明了这一点。

☺ 第二个问题:何以明白了"九地之利害",便可成为"王霸之兵"?

☻ 你知道,这"九地"所指,乃是境外作战的战场环境;"九地"所讲,大多是侵略战争的作战原则。

☺ 军事行动,是称霸天下的必要条件……

☻ 但对孙子来说,动用"王霸之兵"向邻国开战,属于不得已而为之,并非最高境界;如欲称王称霸于天下,其实有更好的选择。

☺ 什么选择?

● 孙子在《谋攻篇》中说,"上兵伐谋,其次伐交,其次伐兵……"

☺ 哦,通晓"九地之利害",属于"其次伐兵"的一部分,只是"王霸之兵"的第三境界。

● 尽管是第三境界,但作为国君和三军统帅,必须时刻有所准备。因为毕竟,拥有强大的军事威慑力,是实现霸业的必要条件。

☺ 接下去的问题是,这"王霸之兵"的威慑力究竟如何?

● 下面,我们就来领略一下……

---

fú wáng bà zhī bīng   fá dà guó   zé qí zhòng bù dé jù   wēi jiā yú dí   zé

夫 王 霸 之 兵,伐 大 国,则 其 众 不 得 聚;威 加 于 敌,则

qí jiāo bù dé hé   shì gù bù zhēng tiān xià zhī jiāo   bù yǎng tiān xià zhī quán   shēn

其 交 不 得 合。是 故 不 争 天 下 之 交,不 养 天 下 之 权,信⑪

jǐ zhī sī   wēi jiā yú dí   zé qí chéng kě bá   qí guó kě huī

己 之 私,威 加 于 敌,则 其 城 可 拔,其 国 可 隳。

● 孙子说:"所谓王霸之兵,出兵征伐大国,该国的军民就不敢集中;兵威凌驾于敌国,该国的盟友就不敢前去结交。"聚:动员、集中。

☺ 好大的口气! 面对王霸之兵,诸侯各国的军事、外交全无用武之地,不战而降是他们的唯一选择。

● 孙子接着说:"因此,不必争着同天下各国结交,不必在天下各国培植自己的势力,只要按自己的意图行事,把兵威凌驾于敌国,就可拔取其城邑,就可摧毁其国都。"信:同"伸",伸展、伸张。隳:毁坏之意。国:指国都。

☺ 什么叫霸气,这才叫霸气!

● 只要实力强大,连伐谋、伐交都不必费心,就可将自己的意志强加于人,并且无往不胜。

☺ 想必拥有如此威力的王霸之兵,正是吴王阖闾梦寐以求。

● 严格说来,孙子所描绘的理想,乃是"霸者"之兵,而非"王者"之兵——这牵涉到一个背景,也就是后来所谓的"王道"和"霸道"之争……

☺ 何谓王道? 何谓霸道?

● 王道和霸道,属于两种统治与征伐之道。简单讲,"王道"就是以德服人,使天下诸侯和人民心悦诚服地归顺;"霸道"就是凭借武力和权势,以力服人。

☺ 哦,"王道"属于鸽派,"霸道"属于鹰派——看来孙子所倡导的,也确乎属于"霸道"而非"王道"了。

☻ 孙子来自齐国,他的理论与齐国的渊源非常深……

☺ 在齐桓公和管仲领导下,齐国称霸诸侯,靠的基本上是"霸道"而非"王道"?

☻ 他们以"尊王攘夷"为号召,口头上并不反对"王道",而是认为,在群雄并起的险恶环境下,单单实行"王道"难免太理想化、太书生气了。

☺ 这我同意。在当时,如果不以"霸道"为后盾,不要说"王道"的实现是一句空话,怕是连国家也被人灭了……

施无法之赏,悬无政之令,犯三军之众,若使一人。

（拼音注音：shī wú fǎ zhī shǎng, xuán wú zhèng zhī lìng, fàn sān jūn zhī zhòng, ruò shǐ yī rén。）

☻ 讲完"王霸之兵",孙子又回到战火纷飞的前线,回到统御这支军队……

☺ 他的文章也真如他的战法,大开大合,或东或西,变化莫测。

☻ 孙子说:"施行超出惯例的奖赏,颁布超出常规的法令,指挥全军的众多士卒,就如使唤一个人。"无法:破格之意。悬:挂、颁布。犯:用,意即指挥。

☺ 这是在紧急时刻,在火线上吗?

☻ 无法之赏、无政之令,就是特殊情况下施行的特殊政策。

☺ 这我有体会,特殊情况下,赏罚仍按正常的规定执行,大家都麻木了,起不到什么刺激作用——可见在赏罚时机和分寸的把握方面,孙子也洞察了人情。

☻ 对,就如巧用"九地"之变一样:有时制造"轻地",有时制造"重地"……

☺ 赏罚也在制造战场环境——它的轻重缓急,以及在何时、何地公布施行,对士兵心理的影响全然不同。

☻ 对啊。所有这些措施,目的仍在于那个"一"字。

犯 之 以 事,勿 告 以 言;犯 之 以 害,勿 告 以 利。投 之 亡
地 然 后 存,陷 之 死 地 然 后 生。夫 众 陷 于 害,然 后 能 为
胜 败。

- 😊 制造这些激励士兵的环境,尚有几点需要强调……
- 🙂 这是一招险棋,所以不得不谨慎行事?
- 😊 孙子说:"指挥士卒执行任务,而不透露全部计划;指挥士卒奔赴危险,而不透露有利一面。"
- 🙂 这一点的必要性,前面讲得很透彻了。
- 😊 随后,孙子就说出了那句极具煽动性、也激励了后世许多名将的话——
- 🙂 "投之亡地然后存,陷之死地然后生"!
- 😊 对! 就是说:"置士卒于危亡之地,这样才能生存;陷士卒于绝望之地,这样才有活路。"
- 🙂 非常著名的话! 非常处境,可以激发出非常战斗力。
- 😊 宋代的梅尧臣解释道:"地虽曰亡,力战不亡;地虽曰死,死战不死。故亡者存之基,死者生之本。"
- 🙂 看他讲得豪气如云,好像临战前的决死宣言,似乎也被这句话感染了……
- 😊 孙子说:"众人都陷于危险境地,这样才能主导胜负。"
- 🙂 真好像一场惊天动地的浴血战:这么多人共同行动,就如疾风怒涛一般,令所有的战士都变得异常疯狂和凶悍。
- 😊 通常面对死亡的畏惧心理,此刻正被一种集体性的大无畏情绪所笼罩;每一个人都意识到,必死则生,幸生则死——你可以再体会一下孙子所说的"情"……
- 🙂 那"情"字,已然成了弥漫于战场上空的杀气和血性。
- 😊 不过,置之死地而后生的战法,也如一把双刃剑,主帅要懂得利害,善于把握,可不能自作聪明。
- 🙂 把握不当,那是弄巧成拙,结果难以收拾。

故为兵之事,在于顺详㊟敌之意,并敌一向,千里杀
将,是谓巧能成事者也。

- 😊 自己的士兵,已能自如地指挥,接下去看你如何指挥敌军。
- ☺ 战争发动前,需要知己、知彼;到了战场上,需要指挥己、指挥彼……
- 😊 孙子说:"所以,指导战争的事情,在于假装顺从敌人的意图……"详:通"佯",伪装之意。
- ☺ 感觉孙子又在念那个"因"字诀,迷惑对手……
- 😊 孙子说:"……集中兵力于主攻方向,长驱千里,擒杀其主将,这就是所谓的巧妙用兵以达成目标。"
- ☺ 真是快如闪电的一剑,对手还不及反应,他就"并敌一向,千里杀将"了!
- 😊 主攻方向判断准确,进攻时机也已出现,当然应该毫不犹豫地出手——不过,这"顺详敌之意"的"顺详"二字,有些权威学者还有另一番理解,似乎代表了另一种战法。
- ☺ 嗯,讲出来比较一下。
- 😊 按照第二种说法,这句话解释为:"所以,指导战争的事情,在于慎重地详察敌人的意图……"顺,通"慎";详:审察。
- ☺ 哦,这是强调考察和判断敌情,也有道理啊。
- 😊 相对来说,哪一种说法更合理?
- ☺ 你让我想想——说实话,我还是喜欢迷惑对手的战法……
- 😊 说说你的理由。
- ☺ 孙子在《虚实篇》中说:"水因地而制流,兵因敌而制胜"——伪装顺从对手的意图,就是"因敌",并敌一向,千里杀将,就是"制胜",还不明白吗?
- 😊 嗯,继续……
- ☺ 在这里,孙子的结论是"巧能成事"——假装顺从对手的意图,不是"巧"是什么? 并敌一向,千里杀将,不是"成事"又是什么?
- 😊 说得不错,有看法有根据。不过就用兵而言,上述两种解释都成立,关键是……
- ☺ 关键是到战场上,视具体情况灵活应变。

是故政举之日，夷关折符，无通其使；厉于廊庙之上，以诛其事。

- 现在，对邻国发动战争的决定已经做出，我们如何行动？
- 方案一，公开宣战；方案二，秘密部署，打对手一个措手不及……
- 孙子说："因此，战争行动决定的时候，就要封锁关卡，销毁通行凭证，断绝敌国使者往来……"夷：意为封锁。符：通行证。使：使节。
- 这是公开的，还是秘密的？
- 孙子接着说："……在朝廷上反复密谋，以完善具体的计划。"厉：通"砺"；原指磨刀石，这里指反复琢磨。诛：义同"治"，指研究决定。
- 那相当于《计篇》中的庙算，运筹于帷幄之中——看来，一切都在秘密进行……

敌人开阖，必亟入之。先其所爱，微与之期。践墨随敌，以决战事。

- 孙子说："敌方一旦出现松懈，必须马上乘虚而入。抢先夺取其战略要地，不要与其约期会战。"阖：门户。亟：急。微：非，不。期：约会。
- 如果是突然袭击，目标次序理当是"先其所爱"，这是把握先手之利的最佳选择。
- 孙子接着说："……按照既定计划，顺应敌人情况，以解决战争的胜负问题。"践：实行。墨：绳墨，木匠用的墨线；这里指既定计划。
- 这"践墨随敌"四字，我看就是前面讲的"顺详敌之意"……
- 实施突然袭击，并要取得决定性的战果，前提就是事先解除对手的戒备心理，在对手松懈的情况下，对战略目标给予致命的打击。
- 闪电战的前提，也就是心理战。
- 对，我们看下去……

shì gù shǐ rú chǔ nǚ　dí rén kāi hù　hòu rú tuō tù　dí bù jí jù
是故始如处女,敌人开户;后如脱兔,敌不及拒。

● 最后,孙子说:"因此,开始就像处女般安静,使敌人门户大开……"

☺ 柔弱安静,甚至难掩娇羞,这一招,不知迷惑了多少人!

● 孙子接着说:"发动后就像逃脱的兔子般迅速,使敌人来不及抗拒。"

☺ 这便突然袭击了! 出手之快,竟如挟带雷电一般……

● 注意,这突然袭击的战法,除了快,更得准:攻击目标之准,攻击时机的把握之准。而且这杀机,全都隐藏在美女般柔顺的表情之下。

☺ 表面安静动人,非常顺从,背后却在实施她的"践墨随敌"计划,可怕可怕!

● 说到美女的可怕,曾经名动武林的越女剑法,也有异曲同工之妙……

☺ 越女剑法?

● 越女也是处女,据她自称,自幼生于深林之中,长于无人之野,后无师自通,悟出了一套独特剑法。吴越争霸之际,经范蠡介绍,越王勾践邀她出山,就"剑道"的奥妙,当面向她请教。

☺ 那越女怎么说?

● 越女说:"凡手战之道:内实精神,外示安仪;见之似好妇,夺之似惧虎……"

☺ 外表安静端庄的美女,出手便如夺命的猛虎——这一招难道来自孙子? 不仅动作像,连语言的表述也像……

● 兵法与剑法,本就息息相通。

☺ 不仅剑法,看来兵法与文法,也是息息相通……

● 哦,你又发现了什么?

☺ 我发现,孙子那几句话,都是押韵的。

● 不仅这一段,其实前面好多段文字,也都是韵文——想象得出吗,像孙子这样的大战略家,论兵竟如作诗……

☺ 我看他作文章,就如他指挥战争,抑扬顿挫,开阖自如,千军万马在他笔下,就像一个个音符,韵味无穷。

● 既像音符,那他的十三篇兵法,是否又如十三个乐章的乐曲?

☺ 乐法也如兵法,孙子便是那支庞大乐队的指挥——我们是不是扯得太远了?

● 修习兵法,有点想象力,不是坏事……

《九地篇》通读

孙子曰:

用兵之法,有散地,有轻地,有争地,有交地,有衢地,有重地,有圮地,有围地,有死地。诸侯自战其地者,为散地。入人之地不深者,为轻地。我得则利,彼得亦利者,为争地。我可以往,彼可以来者,为交地。诸侯之地三属,先至而得天下之众者,为衢地。入人之地深,背城邑多者,为重地。山林、险阻、沮泽,凡难行之道者,为圮地。所由入者隘,所从归者迂,彼寡可以击吾之众者,为围地。疾战则存,不疾战则亡者,为死地。是故散地则无战,轻地则无止,争地则无攻,交地则无绝,衢地则合交,重地则掠,圮地则行,围地则谋,死地则战。

所谓古之善用兵者,能使敌人前后不相及,众寡不相恃,贵贱不相救,上下不相收,卒离而不集,兵合而不齐。合于利而动,不合于利而止。敢问:敌众以整,将来,待之若何? 曰:先夺其所爱,则听矣。兵之情主速,乘人之不及,由不虞之道,攻其所不戒也。

凡为客之道:深入则专,主人不克。掠于饶野,三军足食;谨养而勿劳,并气积力;运兵计谋,为不可测。投之无所往,死且不北。死焉不得,士人尽力。兵士甚陷则不惧,无所往则固,入深则拘,不得已则斗。是故不修而戒,不求而得,不约而亲,不令而信,禁祥去疑,至死无所之。吾士无余财,非恶货也;无余命,非恶寿也。令发之日,士坐者涕沾襟,偃卧者涕交颐。投之无所往者,诸、刿之勇也。

故善用兵者,譬如率然。率然者,恒山之蛇也。击其首则尾至,击其尾则首至,击其中则首尾俱至。敢问:兵可使如率然乎? 曰:可。夫吴人与越人相恶也,当其同舟而济,其相救也,如左右手。是故方马埋轮,未足恃也。齐勇若一,政之道也;刚柔皆得,地之理也。故善用兵者,携手若使一人,不得已也。

将军之事,静以幽,正以治。能愚士卒之耳目,使之无知。易其事,革其谋,使民无识;易其居,迂其途,使民不得虑。帅与之期,如登高而去其梯;帅与之深入诸侯之地,而发其机。若驱群羊,驱而往,驱而来,莫知所之。聚三军之众,投之于险,此谓将军之事也。九地之法,屈伸之利,人情之理,不可不察也。

凡为客之道:深则专,浅则散。去国越境而师者,绝地也;四彻者,衢地也;入深者,重地也;入浅者,轻地也;背固前隘者,围地也;无所往者,死地也。是故散地,吾将一其志;轻地,吾将使之属;争地,吾将趋其后;交地,吾将谨其守;衢地,吾将固其结;重地,吾将继其食;圮地,吾将进其途;围地,吾将塞其阙;死地,吾将示之以不活。故兵之情:围则御,不得已则斗,过则从。

是故不知诸侯之谋者,不能预(与)交;不知山林、险阻、沮泽之形者,不能行军;不用乡导者,不能得地利。四五者,一不知,非王霸之兵也。夫王霸之兵,伐大国,则其众不得聚;威加于敌,则其交不得合。是故不争天下之交,不养天下之权,信(伸)己之私,威加于敌,则其城可拔,其国可隳。

施无法之赏,悬无政之令,犯三军之众,若使一人。犯之以事,勿告以言;犯之以害,勿告以利。投之亡地然后存,陷之死地然后生。夫众陷于害,然后能为胜败。

故为兵之事,在于顺详(佯)敌之意,并敌一向,千里杀将,是谓巧能成事者也。是故政举之日,夷关折符,无通其使;厉于廊庙之上,以诛其事。敌人开阖,必亟入之。先其所爱,微与之期。践墨随敌,以决战事。是故始如处女,敌人开户;后如脱兔,敌不及拒。

火攻篇

☺ 火攻,那是冷兵器时代的有效战法……

● 从某种意义上说,现代战争最有效的战法,也仍然是火攻。

☺ 我看,你是把核武器也视为火攻了吧?

● 无论过去现在,除了不战而屈人之兵,只要是靠武力争胜,火攻都是最极致的战法,不但威力强,而且快速……

☺ 这样说来,凡能给对手造成毁灭性打击的手段,都可视为"火攻"?

● 孙子是战略上的速胜论者,也是一个信奉实用主义的军事家,奇正也好,虚实也好,战术分合也好,迅速解决问题,永远都是最重要的。

☺ 他看重火攻,恐怕就出于这方面的考虑……

● 不过,历来对于火攻战法,还是很有争议,有人就认为,火攻乃是不仁之术,过于惨烈残酷,只能作为下策。

☺ 讲这话说不定是书生……

● 是啊,比比现在,火攻在当时的杀伤力,实在算不了什么。

☺ 我们就看当时吧,火攻究竟如何解决问题。

Sūn zǐ yuē   fán huǒ gōng yǒu wǔ   yī yuē huǒ rén   èr yuē huǒ jī   sān yuē huǒ

孙子曰:凡火攻有五,一曰火人,二曰火积,三曰火

zī   sì yuē huǒ kù   wǔ yuē huǒ suì

辎,四曰火库,五曰火队⁽隧⁾。

● 孙子说:"火攻的形式有五种。一是火烧军队,二是火烧粮草,三是火烧辎重,四是火烧仓库,五是火烧运输线。"积:积聚,指粮草。队:通"隧",指粮道及运输线。

☺ 够狠的——这一到五的次序,是按重要性排列的吗?

● 你看呢?

☺ 我觉得只要成功实施其中一项,就够呛——比如采用"火积"之法,把粮草一举焚毁,那敌军必将陷于瘫痪!

● 所以,攻击哪一部分都成,关键在于根据敌情进行选择。

☺ 选择最致命的……

---

xíng huǒ bì yǒu yīn　 yīn bì sù jù

行火必有因，因必素具。

● 孙子说："实施火攻必须具备一定条件，这些条件必须平时就有准备。"因：依据，条件。

☺ 他说的条件指什么？

● 其一是仰观天象，掌握气候、风向等自然规律，也就是常说的风干物燥之时；其二是人员配备，如纵火时需要里应外合的话，须特别安排内因；其三是火器……

☺ 当时都有哪些火器？

● 火器分两种，一种是"火药兵器"，也就是利用炸药的燃烧、爆炸或发射丸弹进行杀伤的兵器，如古代的火箭、火枪、火铳、火炮以及现代大部分火药兵器，都属这一类……

☺ 这"火药兵器"，孙子时代还没发明吧？

● 孙子所说的火器，属于原始的火攻器具，如油脂、薪草之类贮火之器、纵火之物——从历史记载看，尽管后世有许多著名的火攻战例，但春秋时代这类战例却非常有限，且规模也不大。

☺ 可是，从孙子的口气判断，他似乎主张一有机会就实施火攻，不然不会告诫说，平时就应有所准备……

● 而且在十三篇的宝贵篇幅中，他为"火攻"单列一篇，确实有点不同寻常。

☺ 是啊，比如说，他为什么不写"水攻"呢？

● 也许孙子来自北方，不熟悉水战；也许，他的一位朋友已有这方面的著述……

☺ 他的朋友？那是谁？

● 就是伍子胥啊。伍子胥来自南方的楚国，擅长水战，并且颇有心得。据说他曾与吴王阖闾讨论过水战的阵形、战法，还有《伍子胥水战图》流行于世。在班固的《汉书·艺文志》中，著录有《伍子胥》十篇，附图一卷，被归入"兵技巧家"。

☺ 哦，可能孙子认为，既然你伍子胥对"水攻"已有专门研究，我就把重点放在"火攻"上面吧……

---

fā huǒ yǒu shí　qǐ huǒ yǒu rì　shí zhě　tiān zhī zào yě　rì zhě　yuè zài
发火有时，起火有日。时者，天之燥也；日者，月在

jī　bì　yì　zhěn yě　　fán cǐ sì xiù zhě　fēng qǐ zhī rì yě
箕、壁、翼、轸也。凡此四宿者，风起之日也。

● 就自然条件而言，孙子说："放火要选择天时，纵火要选择日期……"

☺ 换了现代，便是"发火无论何时，起火无论何日……"

● 孙子解释道："天时，指的是气候干燥之时；日子，指的是月亮运行到箕、壁、翼、轸四个星宿的位置。当月亮经过这四个星宿的位置，就是起风的日子。"

☺ 他好像特别重视"风"……

● 常言说"风助火势，火借风威"，预测风向风力，对于火攻的成功实施非常关键。

☺ 只是，这预测的学问，看来有点玄吧？

● 那时候预测风向风力，主要依据星象。中国古代的天文学，把天空中可见的星星分成二十八组，称"二十八宿"，东、南、西、北四个区域各有七个星宿。月亮绕地球运行一周，是二十七天多一点，所以每一天左右的时间经过一个星宿。

☺ 哦，古人仰观天象，发现月亮每经过箕、壁、翼、轸那四个星宿时，就会起风。

● 这就是所谓的"司风之星"，除此之外，还有"司雨之星"、"司战之星"……

☺ 那样算下来，一个月中，大概只有四天有风？

● 没这么死板吧。不过据专家说，这种理论没有科学根据，我也没试过……

☺ 可是，古人观察了这么久，会信口胡说？再说，孙子没经过实验就这样讲，岂不是很不负责任？

● 你要这样问的话，什么时候自己观察一下，应该也不难的……

☺ 对了，关于这句话，曹操有何评论？

● 他没讲什么，你问这干嘛？

☺ 呵呵，他一定是不好意思讲了——那杜牧呢，他讲了什么？

● 杜牧在解释这句话时，就说："宿者，月之所宿也。四宿者，风之使也……"

☺ 他对这股风也一定深有体会。

● 哦，你是想到了那场令曹操不堪回首的赤壁之战，想到了杜牧的那首诗……

☺ 是啊，"折戟沉沙铁未销，自将磨洗认前朝；东风不与周郎便，铜雀春深锁二乔。"就是说任你怎么聪明强大，还是奈何不了难以捉摸的天……

● 天固然谁也奈何不了,但在孙子眼里,却没有不可利用之物。

☺ 这就体现了孙子用兵的"因"字诀:他既然领悟到"地者,兵之助也",那天地万物,风霜雨雪,白昼黑夜,皆可成为"兵之助"的。

● 我们早就说过,为将必须是"智、信、仁、勇、严"五材兼备,上知天文、下知地理、中知人事……

☺ 人事和地理方面,孙子已讲得很透彻,看来这天文也不能不知。

● 在《地形篇》中,孙子讲"知天知地,胜乃可全……"这里又把"火攻"放在了"地形"和"九地"之后,也许就在提醒我们,这是决胜的最后一招……

---

fán huǒ gōng　 bì yīn wǔ huǒ zhī biàn ér yìng zhī　 huǒ fā yú nèi　 zé zǎo yìng zhī
凡火攻,必因五火之变而应之:火发于内,则早应之

yú wài　 huǒ fā qí bīng jìng ér wù gōng　 jí qí huǒ yāng　 kě cóng ér cóng zhī　 bù
于外;火发其兵静而勿攻,极其火央,可从而从之,不

kě cóng ér zhǐ zhī　 huǒ kě fā yú wài　 wú dài yú nèi　 yǐ shí fā zhī　 huǒ fā shàng
可从而止之;火可发于外,无待于内,以时发之;火发上

fēng　 wú gōng xià fēng　 zhòu fēng jiǔ　 yè fēng zhǐ
风,无攻下风;昼风久,夜风止。

● 自然条件具备了,接下去便是人事准备。

☺ 这也是"行火必有因"的"因"吧?

● 是的。孙子说:"凡是火攻,必须根据五种火攻所引起的敌情的变化,有所策应。"

☺ 火须兵应,兵仗火势——只是不知都有哪些变化? 应该如何策应?

● 第一:"从敌人内部放火,就要及早派兵在外围策应……"

☺ 这就得派出间谍细作,事先潜入敌营,掌握各种情况,然后与外围的进攻部队约定时日,里应外合……

● 对,不是为纵火而纵火。

☺ 时间一到,内应便在敌营纵火,外围的进攻部队则可趁敌军混乱或突围外逃之际,给予迎头痛击。

● 第二:"火已烧起,敌军却保持镇静,不可马上进攻,待火势燃尽,可以进攻就进攻,不可进攻就停止。"央:尽。

☺ 很反常的现象,或许我军的内应已经暴露,或许敌军已有戒备,预设了伏兵,所以须静观其

变,不可贸然出击。

😀 第三:"可以从外围放火,就不必等待内应,只要时机有利就立即放火……"

🙂 外围纵火,意在将敌军封锁于内?

😀 也许当时火攻的战法大多需要内应,孙子在这里提醒说,只要时机有利,就不必拘泥于这种形式……

🙂 是啊,内部纵火,那也太原始了。

😀 第四:"从上风放火,不可在下风进攻……"

🙂 没人会那么愚蠢吧……

😀 对此,宋代的兵法家王晳补充说:可以考虑从左翼或右翼袭击。

🙂 这还说得过去。

😀 第五:"白天的风刮久了,夜晚的风容易停止。"

🙂 这是提醒我们掌握气象规律。

---

fán jūn bì zhī yǒu wǔ huǒ zhī biàn   yǐ shù shǒu zhī
凡 军 必 知 有 五 火 之 变 ,以 数 守 之。

😀 孙子说:"军队必须了解以上五种火攻形式的变化,并按照规律,严加防范。"

🙂 他说的"数",具体指什么?

😀 宋代的张预解释说:不可只知以火攻人,亦当防人攻己;推四星之度数,知风起之日,则严备之……

🙂 哦,这个"数",就是"发火有时,起火有日"……

😀 他是在提醒我们,碰上这些日子,不要满脑子如何用火攻对付敌人,必须慎防敌人也在仰观天象,计算着风起的时辰呢。

🙂 我们看小说,凡夜晚宿营之时,机警的将军常会说:"今夕大风甚猛,贼必来烧我营,宜为之备……"

😀 所以嘛,我们一方面要学习孙子,另一方面也要防备孙子……

gù yǐ huǒ zuǒ gōng zhě míng   yǐ shuǐ zuǒ gōng zhě qiáng   shuǐ kě yǐ jué   bù kě

故以火佐攻者明，以水佐攻者强。水可以绝，不可

yǐ duó

以夺。

● 孙子说："所以，用火辅助进攻，效果显著；用水辅助进攻，威力强大。"

☺ 相对来说，火攻更能解决问题，不然为何现代战争中，水攻几乎消失，火攻却日新月异。

● 但在吴国的战史上，却用水攻灭了徐国——那个夹在吴、楚之间的小国。据记载，这场灭徐战役，吴国采用的战法是"防山以水之……"

☺ 是用大水灌城？

● 徐国依山临水，吴军的战法是，事先派人在山上堵截并蓄积大量的水，然后决开堤坝，利用山水下冲之势灌城。

☺ 想必这场战役，孙子是参加了……

● 你怎么知道？

☺ 你看他在《形篇》中的描写："称胜者之战民也，若决积水于千仞之谿者，形也……"

● 呵呵，你倒是很会联系，孙子说的虽是比喻，但也确实很像啊。不过……

☺ 不过什么，不对吗？

● 孙子接着说："水可以分割敌军，却不能毁灭敌军。"绝：断绝、隔绝。夺：丧失；这里指焚毁。

☺ 感觉上，他对水攻的评价不高。

● 其实，吴王阖闾战胜攻取，经常得益于水军；面对火攻，他却是屡屡吃亏——那年，吴军千里破楚，五战入郢。楚昭王在逃亡途中，曾派人将火燧，也就是火把系于象尾，冲散并吓跑了尾随而来的吴军……

☺ 哦，那是田单火牛阵的前身了，虽属救命之举，也算出人意料的火攻战法——只是，那时的中国有很多大象？

● 据说殷商时代，大象在中原地区很常见。到了春秋战国，长江流域的湖南、湖北一带仍有大象出没，至于长江以北，则早已绝迹。

☺ 既是火象阵，想必那大象也不止一头两头，孤陋寡闻的吴军见到这群怪物，一定是魂飞魄散了……

● 事情还没完——吴军攻入郢都后，洗劫了这座城市。可是不久，楚国旧臣联合秦国进行反

击,对驻军于麇的吴军实施火攻,焚烧了吴军的辎重,此战之后,吴军便连战连败,最后撤回了吴国……

☺ 那时候,孙子在哪里?

☻ 不知道……

☺ 不知道? 吴军的失利,他没有责任?

☻ 这我们后面再解释……

---

fú zhàn shèng gōng qǔ ér bù xiū qí gōng zhě xiōng mìng yuē fèi liú

夫战胜攻取,而不修其功者,凶,命曰费留。

☻ 也许是从"火"的毁灭性,联想到了战争的毁灭性……

☺ 战争,就该像火一样,给对手以毁灭性的打击。

☻ 孙子承认战争有"火"的一面,但如果仅止于此,他还只是一位平庸的军事家。孙子的高明处,在于他认识到战争的最高境界,不应该是毁灭性的,而应该是建设性的……

☺ 战争,是建设性的?

☻ 孙子说:"战胜敌人,攻取城邑,但却不能巩固战果,这种危险状况,称为'费留'。"命:命名。费:耗费;留:滞留。

☺ 这"费留"一词,很费解啊。

☻ 对这个词,历来也有很多不同说法,通常的解释,就是浪费资源,消耗时间。

☺ 那么,他说的"不修其功",就是沉浸于一时的胜利,得意忘形,不考虑战后建设?

☻ 对。这便是孙子超越于一般军事家的非凡之处——他将战争纳入到政治、外交、经济的大格局进行思考,不仅考虑战胜攻取,更指出了战后目标这样一个严重问题。

☺ 记得在《作战篇》中,他就提出了"胜敌而益强"的目标,也只有伟大的战略家,才会这样深思远虑。

☻ 不然的话,都像你那样,只图眼前痛快,打个胜仗就忘乎所以,最多也只是个团长、营长的境界……

☺ 我有这么差吗? 我想,这话八成是讲给吴王阖闾听的。

☻ 说不定,也是讲给他自己听的……

☺ 难道说,他自己也没能达到这境界?

☻ 有可能啊——刚才我们曾说,在吴楚之间那场决定性的战争中,吴军以三万之众沿淮河西上,在著名的"柏举之战"中,一举击溃楚军……

☺ 然后五战五捷,直捣楚国的都城郢都——这我知道。

● 吴军攻克郢都,赢得了几代吴王梦寐以求的胜利。吴军将士以征服者的姿态冲入郢都后,你知道发生了什么?

☺ 难道是烧杀抢掠,无恶不作?

● 对!吴军一进郢都,野蛮的本性即刻爆发出来,他们疯狂蹂躏这座著名都城:伍子胥为报家仇,掘开楚平王之墓,鞭尸三百,以泄心头之恨;吴王阖闾入住楚王寝宫,淫乱楚王后宫;将军大夫也纷纷闯入楚国贵族的家中,淫乱他们的妻妾……

☺ 难道,就没人对这些暴行加以阻止?

● 不但没人阻止,将士们的疯狂行为,甚至受到了某种程度的鼓励。

☺ 当时,孙子在哪里?

● 据说孙子、伍子胥他们,也参与了上述行动……

☺ 真的吗?他们真的这样做了?

● 史书上有记载,我又不会骗你。

☺ 可孙子刚说过"战胜攻取,而不修其功者,凶……"

● 结果正应验了这个"凶"字:吴军的暴行,激起了楚国军民的愤怒,他们联合秦国进行反击,而此时,吴国的君臣间又发生内讧,越国也趁吴国后方空虚之机,发动袭击,致使前方的吴军很快陷于被动……

☺ 这个结果我能预料,只是我不懂,为什么像孙子这样的人物,居然也……

● 怎么,难以接受?

☺ 想那吴国君臣,长期偏居于刚开化的蛮夷之地,突然间取得不可思议的胜利,以至于失去理智,似乎还能理解,可孙子毕竟来自齐国的贵族世家,又是一位不世出的军事天才,也是算见过世面的人,居然也像野蛮人一样……

● 也许,这就是人性吧。

☺ 单用人性二字解释,也难以原谅——我就,就当这是误传吧……

● 你可以保持理想,但也必须正视现实,怎能像鸵鸟一样自欺欺人?战争,并非如音乐诗歌那样富有美感,生活也是一样,重要的是,你从他的话中领悟了什么。

☺ 为报仇泄愤而战,为战而战,缺乏政治头脑,缺乏长远的战略眼光,孙子这番话,也许是吴国退出郢都后,他自我反省的结果。

● 有可能啊,据说《孙子》十三篇,后来的确经过了修订和完善。

☺ 他的这段话，似乎也预示了吴国的命运……

● 他的这段话，更揭示了吴国兴亡的教训：这个地处东南一隅的蛮夷小国，在春秋末期突然崛起，是因为战争；其霸业如昙花一现，三十年后便突然灭国，也因为只注重战争。

☺ 看来要建立长远的功业，光靠手中的剑，光靠一部兵法，还远远不够……

● 是啊，只注重战争的毁灭性，而忽视战争的建设性，结果一定像吴国，其兴也勃焉，其亡也忽焉，教训很深刻啊。

---

gù yuē míng zhǔ lǜ zhī liáng jiàng xiū zhī   fēi lì bú dòng   fēi dé bú yòng
故曰：明主虑之，良将修之。非利不动，非得不用，

fēi wēi bú zhàn
非危不战。

● 还呆着干什么？

☺ 在想那场战争，那野蛮的场景，挥之不去……

● 回到现实吧，孙子也在反省呢。

☺ 他怎么说？

● 孙子说："所以说：贤明的国君对此要慎重，优秀的将军对此要警惕……"虑：深思熟虑。修：儆戒之意。

☺ 明主，是对吴王的期许；良将，是在提醒自己？

● 孙子接着说："不能获利，就不要行动；不能取胜，就不要用兵；不到万不得已，就不要开战。"得：指取胜。危：紧迫、危急。

☺ 前两句我都同意，只是这"非危不战"……

● 怎么，你有不同意见？

☺ 照他的说法，非得等到对手把刀架在我脖子上，我才出手？

● 兵凶战危，孙子的意思，是要"慎战"。

☺ 我还是觉得不妥——谋而后动，不打无把握之仗，才是所谓"慎战"；至于"非危不战"，那无异于将主动权拱手让给对方，陷自己于被动局面。

● 我想，孙子不会那么傻，这句话，就如他在《谋攻篇》里讲的："上兵伐谋，其次伐交，其次伐兵……"

☺ 哦，不到万不得已，不动用武力……

😐 没有疑问了?

☺ 只要主动权掌握在自己手里,就行!

---

zhǔ bù kě yǐ nù ér xīng jūn   jiàng bù kě yǐ yùn ér zhì zhàn   hé yú lì ér

主不可以怒而兴军,将不可以愠而致战。合于利而

dòng bù hé yú lì ér zhǐ   nù kě fù xǐ   yùn kě fù yuè   wáng guó bù kě yǐ

动,不合于利而止。怒可复喜,愠可复悦,亡国不可以

fù cún   sǐ zhě bù kě yǐ fù shēng

复存,死者不可以复生。

😐 最后,孙子对那些好战的国君将军们,发出了严厉警告:"国君不可因一时愤怒就发动战争,将军不可因一时怨恨就出阵求战……"愠:怨怒、恼怒。

😐 吴王阖闾看到这里,心里一定"咯噔"一下:这小子,在说我呢!

😐 孙子继续说:"对于达成目标有利的,就行动;对于达成目标无利的,就停止……"

☺ 这句话《九地篇》讲过,这里又重复一遍……

😐 在《九地篇》中,主要讲战术之利,这里侧重国家战略之利:孙子的整体战思维,是目标优先,也就是国家利益优先,为达成总体目标,可以暂时忘却个人的恩怨,也可以让对手暂时取得胜利。

☺ 可是,包括吴王阖闾在内的吴人血液中,却洋溢着另一种性格——快意恩仇,不计后果,刚烈有余,谋略不足……

😐 银雀山出土的竹简《孙子》记载,吴王阖闾会见孙子,甫一开口,就问他"好兵"、"戏兵"的问题,孙子明确回答:"兵,利也;非好也……非戏也……"

☺ 将用兵视若儿戏,正是吴王的特点。

😐 孙子说:"愤怒可以重新快乐,怨恨可以重新喜悦;国家灭亡不能重新建立,士兵死亡也不能重新生存。"

☺ 真是警钟一般的教训!仿佛不仅针对吴王阖闾,也针对吴王夫差……

😐 阖闾死后二十余年,越王勾践就灭了吴国,吴王夫差自杀身亡,吴人的祖坟被毁,吴国的都城和宫殿被洗劫,吴国的贵族和平民或被遣散,或流亡他乡……

☺ 难怪这部兵法的开头说,"兵者,国之大事也。死生之地,存亡之道,不可不察也……"

😐 现在体会这个"察"字,该是别有一番滋味在心头了吧。

gù míng jūn shèn zhī liáng jiàng jǐng zhī cǐ ān guó quán jūn zhī dào yě
故明君慎之，良将警之，此安国全军之道也。

- 孙子说："所以，贤明的国君要慎重，优秀的将军要警惕，这才是安定国家、保全军队的基本原则。"

- 刚说过"明主虑之，良将修之"，现在又说"明君慎之，良将警之"，看来孙子对于那场残酷的战争，也一直耿耿于怀……

- 哪止这一场战争。司马迁读了《春秋》之后，曾感叹道："春秋之中，弑君三十六，亡国五十二，诸侯奔走不得保其社稷者，不可胜数……"

- 这是一个战乱的年代，亡国灭种，生灵涂炭，即使把胜利的旗帜插上了敌国城头，又有什么值得夸耀！

- 那生于这个时代，你说该怎么办？

- 想到李商隐的两句诗："几时拓土成王道，自古穷兵是祸胎……"

- 你想说明什么？

- 我想，大概孙子看到那一幕幕惨象，有点退缩了。

- 胡说，孙子怎么会退缩！

- 你看他现在讲的"安国全军"，岂不是趋向了保守？

- 孙子可不像文人那样只会感叹和议论。他的特点是，正视现实，想出办法！所谓的"安国全军"，并非保全自己，放弃战争，而是他提出的一种新战法……

- 安国全军，是一种战法？

- 在国家安全无虞、军队完整不损的前提下，赢得胜利。

- 这样，至少可以避免那残酷疯狂的场面？

- 你还在想那场战争啊……

- 没办法——不过，这"安国全军"的战法，说说容易，如何达成呢？

- 如何达成，这正是下一篇要回答的。

《火攻篇》通读

孙子曰：

凡火攻有五：一曰火人，二曰火积，三曰火辎，四曰火库，五曰火队(隧)。

行火必有因，因必素具。发火有时，起火有日。时者，天之燥也；日者，月在箕、壁、翼、轸也。凡此四宿者，风起之日也。

凡火攻，必因五火之变而应之。火发于内，则早应之于外；火发其兵静而勿攻，极其火央，可从而从之，不可从而止之；火可发于外，无待于内，以时发之；火发上风，无攻下风；昼风久，夜风止。凡军必知有五火之变，以数守之。

故以火佐攻者明，以水佐攻者强。水可以绝，不可以夺。

夫战胜攻取，而不修其功者，凶，命曰费留。故曰：明主虑之，良将修之。非利不动，非得不用，非危不战。主不可以怒而兴军，将不可以愠而致战。合于利而动，不合于利而止。怒可复喜，愠可复悦，亡国不可以复存，死者不可以复生。故明君慎之，良将警之，此安国全军之道也。

用间篇

- 兵法追求的最高境界是全胜,全胜的关键,就在这一篇⋯⋯
- 所谓的"用间",就是使用间谍?
- 对,开展间谍战。
- 这属于军队的情报工作,所谓"知彼知己",间谍战的目的,在于知彼。
- 首先是知彼,但不限于知彼——按照孙子的全胜思想,他说的情报工作,实已超越了单纯的军事范围,而具有了整体战的价值。
- 我虽不认为间谍战有什么见不得人,只是战争嘛,总以英勇善战为第一要务⋯⋯
- 看来,你和后世许多兵法家一样,认为间谍战包藏欺诈之道,非君子所为,或视间谍为鸡鸣狗盗之辈,不值一提。
- 我既没有太看低间谍战,也不会太高估它的作用。
- 在《唐李问对》这部兵书中,李靖曾对唐太宗李世民说:"孙子用间,最为下策⋯⋯"
- 正因为是下策,所以才置于十三篇最后。依你看,不是下策,却是上策?
- 我问你,孙子十三篇的第一篇是什么?
- 是《计篇》,凡有所行动,必须以计为先,这是孙子的看法,难道《用间篇》当置于《计篇》之前?
- 这就说到了《孙子》的章法——关于《计篇》和《用间篇》的关系,中国古代兵法家也有提到,但依我看,对两者关系阐述最为透辟、最为精到的却是日本人⋯⋯
- 哦,又是日本人?
- 在日本江户时期,相当于我们中国的明末清初,有一位名叫山鹿素行的兵法家,他将《孙子》十三篇贯穿起来考察,得出结论说:孙子的十三篇兵法,以《计篇》始,以《用间篇》终,周而复始,用意深密,章法井然⋯⋯
- 他的意思是,"定计"的前提是"用间",不开展间谍战便无法定计?
- 他甚至说,《计篇》和《用间篇》首尾相应,乃是知彼知己、知天知地的纲领。
- 纲领? 被他这样一讲,这"用间"之事,确实非常重大,不可轻视了。
- 对孙子来说,战争首先不是武力争胜,而是计划争胜;计划争胜的第一要务,就是收集情报——我们先看看目前的战争形势,再算一笔账。
- 孙子又开始算账⋯⋯

Sūn zǐ yuē fán xīng shī shí wàn chū zhēng qiān lǐ bǎi xìng zhī fèi gōng jiā zhī fèng
孙子曰:凡兴师十万,出征千里,百姓之费,公家之奉,

rì fèi qiān jīn nèi wài sāo dòng dài yú dào lù bù dé cāo shì zhě qī shí wàn jiā
日费千金,内外骚动,怠于道路,不得操事者,七十万家。

● 孙子说:"凡是兴兵十万之众,出征千里之外,百姓的耗费,国家的开支,每天的花费达千金之多……"奉:同"俸",指军费开支。

☺ 既然你要发动战争,就得承受随之而来的经济压力,不然就别干。

● 孙子说:"……前方后方动荡不安,人们疲惫地奔波于道路,不能从事正常耕作的,多达七十万家。"怠:疲惫。操事:操作农事。

☺ 有两个问题。

● 请讲。

☺ 第一,战事爆发,人们疲惫地在路上奔波,那是干什么?

● 那是被征召而来的平民往返于运输线上,赶牛拉车,为军队运送粮草和装备……

☺ 第二个问题,为什么兴师十万,却有七十万人不能正常工作?

● 军队开赴前线,大量的平民就得承受繁重的徭役、赋税。据曹操解释说:古时八家为邻,一家有人从军,另七家就得负责提供粮食、物资和劳力,供养这个士兵。这样算下来,兴师十万,自然就有七十万家难以从事正常耕作了。

☺ 照此看来,这笔账还只算了一部分,如果再加上《作战篇》、《谋攻篇》所列之项目,那兴兵十万的开支,想必更加惊人……

● 所以嘛,做什么都有花费,都得先算一笔账,并提出预算报告。

☺ 预算出来了,孙子得出什么结论?

xiāng shǒu shù nián yǐ zhēng yí rì zhī shèng ér ài jué lù bǎi jīn bù
相守数年,以争一日之胜,而爱爵禄百金,不

zhī dí zhī qíng zhě bù rén zhī zhì yě fēi mín zhī jiàng yě fēi zhǔ zhī zuǒ yě
知敌之情者,不仁之至也,非民之将也,非主之佐也,

fēi shèng zhī zhǔ yě
非胜之主也。

● 孙子说:"敌我双方相持数年,为了争取最后胜利的一天……"

☺ 相守数年? 战争规模又扩大了?

● 这或许有点夸张。据学者们调查,春秋时代的战争规模,没有达到数年之久的,像楚庄王的围宋之战,耗时九个月,吴王阖闾千里破楚,五战入郢,也不过三个月,一般的战争,时间更短。

☺ 那可能是冷战吧,相互对峙,也需要很大花费。

● 不过对这笔账,不同人有不同算法。比如说,国家为战争投入巨额资金,也授权于前方将领支配大笔开销,可有些将领却……

☺ 却怎么样?

● 孙子说:"……却因为吝惜爵禄和重金,以致不能了解敌人的实情,那就是不仁到了极点……"爱:吝啬。爵禄:爵位和俸禄。

☺ 听口气,孙子好像动怒了——其实那位将军只是贪小,现实中这类人很多。再说了,也许他考虑到收买高级间谍,也是一笔不小的开销。

● 那就得做两份预算报告,对比一下:一份是战争延迟一天的花费,另一份是收买间谍的花费……

☺ 那怎么能比,兴师十万,七十万民众放弃劳作,战士们在前线风餐露宿,枕戈待旦,战争延迟一天,就是一天的巨大损失……

● 也许每天有人战死,每天有家破人亡的惨剧发生。

☺ 我知道孙子为何动怒了——就因那位将军吝惜收买间谍的小钱,致使我军未能掌握敌情,致使战机丧失,战争不断拖延……

● 这种将军,是不是不仁之至?

☺ 绝对是!

● 该不该枪毙?

☺ 枪毙一次,算便宜他了……

● 所以孙子说:"这种人不配担任士卒的将领,不配担任国君的助手,不会成为胜利的主宰。"

☺ 看来,不把他枪毙,也得尽快把他撤了!

gù míng jūn xián jiàng　suǒ yǐ dòng ér shèng rén　chéng gōng chū yú zhòng zhě
故明君贤将,所以动而胜人,成功出于众者,
xiān zhī yě
先知也。

- 孙子总结道:"所以,英明的国君和贤能的将领,其所以能一出兵就战胜敌人,并建立卓然出众的功业,就因为预先了解敌情。"动:指出兵的行动。
- 哦,先知,就是事前了解敌人的动向。
- 拥有一个优秀的间谍,你甚至可以比敌人更了解敌人。只有这样,行军用兵,才能招招领先,始终掌握战争的主动权……
- 这"先知"的重要性,看来怎样估计都不过分:先发制人,固然需要先知;后发制人,更离不开先知。
- 而"先"的关键,就在于间谍。孙子十三篇兵法,从《计篇》直到这《用间篇》,其实篇篇渗透间谍,不知你看出来没有?
- 怪不得每到关键之处,你老是说,这是军事机密,那早有安排……
- 用间乃是兵家先胜的奥秘,怎可随便透露。当时说给你听,就显得不神了么!
- 看来古人所谓"料敌如神",全仰赖于间谍,并没想象的那么神奇。

xiān zhī zhě　bù kě qǔ yú guǐ shén　bù kě xiàng yú shì　bù kě yàn yú
先知者,不可取于鬼神,不可象于事,不可验于
dù　bì qǔ yú rén　zhī dí zhī qíng zhě yě
度,必取于人,知敌之情者也。

- 刚才你说,所谓的料敌如神,全仰赖于间谍?
- 是啊,说神奇,也不神奇。
- 不过在当时,还有另外三种"先知"的方法,那才叫"神"……
- 是哪三种?
- 第一,用祈祷、祭祀鬼神的方法获取;第二,用占卜取象的方法类推;第三,用日月星辰运行的位置来预测……

☺ 哦,你说的"神",都是通过迷信活动,进行所谓的"神机妙算"。

☻ 这也是兵家的一个流派,后来发展成"兵阴阳家"。班固在《汉书·艺文志》中,著录了当时能够见到的五十五种兵书,其中"兵阴阳家"就占十六种……

☺ 那还是一个不小的流派啊,孙子对此怎么看?

☻ 孙子非常现实,他说:"预先了解敌情,不可通过祈祷鬼神来获取,不可通过取象占卜去类推,不可通过星象来预测……"验:验证。度:指日月星辰运行的度数。

☺ 想必当时军队中,迷信活动很盛行……

☻ 不但盛行,而且几乎形成了一种战争风俗——你还记得"吴楚长岸之战"吗?

☺ 记得啊,公子光初出茅庐,就被楚军教训了一顿,连先王的余皇舰也被人家缴获……

☻ 战前,楚军主帅曾以占卜预测胜负,结果是"不吉"。他手下的司马子鱼却说:"我得上流,何故不吉!"结果率水军出战,大败公子光率领的吴军……

☺ 但最后余皇舰仍被公子光夺了回去,可见结果还是"不吉"。

☻ 呵呵,说的也是——那么"吴楚鸡父之战"还记得吗?

☺ 那是吴王僚、公子光率军伐楚,楚平王拼凑了七国联军救援,结果被公子光运用各个击破的战术,打得全军溃散……

☻ 当时,公子光选择了七月二十九的晦日作为决战时间……

☺ 这又怎样?

☻ 据说,月末的晦日,历来为兵家所忌,以为不利战事。楚军认为吴军不会出战,结果疏于防备,被公子光打了个措手不及。

☺ 看来,公子光也是个不迷信鬼神的将军。

☻ 穷算命,富烧香,对自己的未来没把握,没信心,才会这样吧。

☺ 相对来说,孙子更重现实,更愿意通过人事把握未来。

☻ 所以,对于如何做到"先知",孙子强调:"……务必要通过人,通过那些了解敌人实情的人。"

☺ 他说"必取于人",这"必"字,表现了他对人事的极度重视。

☻ 还有这"情"字,指的是实实在在的、准确的情报……

☺ 嗯,不是那种"估计敌人的兵力部署在东南一带,兵力大概有十万到十五万,感觉上粮草充足,很可能在凌晨发起攻击……"

☻ 呵呵,那样的话,又得把这个提供情报的间谍给枪毙了。

gù yòng jiàn yǒu wǔ　yǒu xiāng jiàn　yǒu nèi jiàn　yǒu fǎn jiàn　yǒu sǐ jiàn　yǒu shēng

故用间有五:有乡间,有内间,有反间,有死间,有生

jiàn　　wǔ jiàn jù qǐ　mò zhī qí dào　shì wèi shén jì　rén jūn zhī bǎo yě

间。五间俱起,莫知其道,是谓神纪,人君之宝也。

- 孙子说:"所以,间谍的使用有五种方式:有乡间,有内间,有反间,有死间,有生间。"
- 这五类间谍,各指什么?
- 唐代兵法家贾林解释说:"军无五间,如人之无耳目也。"
- 这道理我懂,军队没有情报人员,就如瞎子聋子,可他所谓的"五间"具体指哪些? 如何使用?
- 先不忙解释,听他说下去——孙子说:"五种间谍一起使用,使人无从了解其中的规律……"道:途径、规律。
- 五种间谍一起使用,犹如数支军队分头行动,很壮观啊。
- 这话说对了。一个间谍,相当于一支军队;使用间谍,犹如指挥千军万马,有战略,亦有战术……
- 哦,五间俱起,虚虚实实,为了使敌人难辨真假。
- 另外,还有两点必须特别引起注意:第一,五间犹如人的五官,你必须五官一起使用,才能获取正确信息。
- 明白,各路间谍传递来的情报,难免真伪参杂,这"五间俱起"的"俱"字,意在提醒你通过相互比较,做出正确判断。
- 第二,既然这项工作为国君亲自掌握,那孙子所谓的用间,就不是派三五个特务潜入敌国侦察地形,也不是遣几个细作深入乡间散布谣言,他讲的用间,属于对敌国进行的战略侦察,除了军事情报,还包括政治、经济、教育、社会等情报……
- 那是要颠覆敌国啊?
- 颠覆敌国,就必须从战略上展开间谍战,以达到不战而屈人之兵的目的。
- 这样的话,这间谍就不是战前临时派往敌国,而应平时就安插在那里,并根据需要不断发展,在不同领域形成网络,除了军界,还有政界、商界、学界、传媒界、娱乐界……
- 呵呵是啊。孙子接着说:"……这就是神奇莫测的关键,是国君的法宝。"纪:纲领、总要。
- 我想,既然这"五间俱起"也采用了诸如奇正、虚实的战法,所以才如此的神奇莫测……

☻ 下面我们就来领略这一支支特殊部队如何作战吧。

---

xiāng jiàn zhě　yīn qí xiāng rén ér yòng zhī　　nèi jiàn zhě　yīn qí guān rén
乡间者，因其乡人而用之。内间者，因其官人

ér yòng zhī　fǎn jiàn zhě　yīn qí dí jiàn ér yòng zhī　　sǐ jiàn zhě　wěi dí
而用之。反间者，因其敌间而用之。死间者，委敌

yě　shēng jiàn zhě　fǎn bào yě
也。生间者，反报也。

☻ 孙子说："所谓乡间，就是利用敌方的乡人来为我效力。"因：凭借之意。

☺ 这是指生活在敌国中的平民，还是敌将的老乡？

☻ 单看孙子这句话，不易判断——你以为呢？

☺ 如果是敌将的老乡，那就比较容易获得有价值的情报；如果是当地百姓，最多叫他们带
带路，价值相对小一些……

☻ 孙子说："所谓内间，就是利用敌方的官员来为我效力。"

☺ 要敌方官员背叛自己的国家，那比较困难吧？

☻ 首先要争取的，自然是那些与我们有着共同信仰和政治立场的敌国官员。

☺ 这一类官员，怕是不多……

☻ 其次，每个官员都有弱点，比如说，有的爱金钱，有的爱美女，有的胆小怕死，有的遭上
司冷落，被同事排挤，因而怀才不遇，心怀不满……

☺ 对方的弱点，就是我方的工作重点；攻破这个弱点，对方就会就范，是不是？

☻ 除非敌国的官员人人忠诚廉洁，个个意志坚强。

☺ 只是，越有价值的内间，要价也越高……

☻ 孙子说："所谓反间，就是利用敌方派来的间谍为我效力。"

☺ 这应该就是双重间谍了。

☻ 反间有两种情况：其一是通过收买，使敌方间谍反过来向我效忠，为我效力；其二是侦
察出敌方安插在我内部的间谍，我佯装不知，并利用他传递假情报于敌方……

☺ 斗智斗勇，很惊险也很刺激啊。

☻ 孙子说："所谓死间，就是安插在敌人内部的间谍。"委：安置、安排之意。

☺ 哦，那些化装成商人、掌柜的、工匠、职员、医生等混入敌国的间谍，就是死间，他们多有

良民身份,负责打探消息,散布谣言,或制造恐怖事件……

☻ 如能成功打入敌国高层,长期潜伏,逐渐取得关键人物的信任,自然更加理想。

☺ 死间的工作,犹如深入虎穴,稍有闪失,就会引来杀身之祸。

☻ 孙子说:"所谓生间,就是能够活着回来报告敌情的间谍。"反:同"返"。

☺ 能活着回来就是生间,如被敌人发现,那也无异于死间。

☻ 可见,间谍工作的危险程度,实在不亚于前线作战……

☺ 但也非常具有挑战性,很刺激!

☻ 还很浪漫是不是? 丛林里,海滩上,飞车枪战,英雄救美……你以为拍电影啊!

---

gù sān jūn zhī qīn　mò qīn yú jiàn　shǎng mò hòu yú jiàn　shì mò mì yú jiàn
故三军之亲,莫亲于间,赏莫厚于间,事莫密于间。

☻ 孙子说:"所以,全军中的亲信,没有比间谍更亲近的;全军中的奖赏,没有比间谍更优厚的;全军中的事情,没有比间谍更机密的。"

☺ 亲近,重赏,保密,是用间的三大要领。

☻ 大凡用兵如神的将帅,战前都会花费大量时间和精力,秘密接见各路间谍,听取他们的报告,仔细研判这些情报的价值。

☺ 如果说军队是将帅手足的延伸,间谍就是将帅耳目的延伸;耳不聪,目不明,就会手足无措……

☻ 很恰当的比喻。我们接着比喻下去:三军主帅,就好比决策中枢的头脑,他依靠耳目接收信息,命令手足采取行动……

☺ 相对头脑来说,耳目的亲近程度,自然高于手足。

☻ 这就是间谍的价值:拥有一个优秀间谍,胜于拥有千军万马;一份情报的功劳,甚于夺得敌人一座城池——现在,用于间谍战的庞大预算摆在你面前,你还会皱着眉头犹豫着不签字吗?

☺ 呵呵,我会大笔一挥:这点小钱,值得,太值得了,就这样定了!

☻ 先别忙着拍胸脯承诺,间谍之事,远没有你想象的简单呢……

---

fēi shèng bù néng yòng jiàn　　fēi rén bù néng shǐ jiàn　　fēi wēi miào bù néng dé

非 圣 不 能 用 间，非 仁 不 能 使 间，非 微 妙 不 能 得

jiàn zhī shí　　wēi zāi wēi zāi　　wú suǒ bù yòng jiàn yě

间 之 实。微 哉 微 哉，无 所 不 用 间 也。

● 能担当间谍重任的，都是一些特殊人才，你自己没两把刷子，能搞得定他们？

☺ 这就对间谍管理者提出要求了。

● 孙子提出的第一项要求是："没有过人的才智，不能使用间谍……"圣：指才智非凡者。

☺ 哦，这里的"圣"，指的是才智……

● 你知道，间谍都是一些何等人物！他们身份特殊，来源复杂，大多精明强干，身怀绝技，加上投身这项危险工作的目的各不相同，很难控制。你派那些心智迟钝的人管理，弄得不好，自己被卖了也不知道。

☺ 嗯，间谍的管理者，本身就必须比间谍更敏锐，更具洞察力。

● 第二项要求："没有仁爱之心，不能指挥间谍……"

☺ 管理普通士兵，一般是恩威并施，管理间谍，需要更多的施恩？

● 情报人员战斗在敌人心脏，面临的诱惑和危险都是常人难以想象的，你光靠赏罚或军纪约束，能使他们忠心耿耿？

☺ 哦，为了工作，他们需要进出五星级酒店，接触上流社会，挥金如土……

● 第三项要求："没有缜密巧妙的判断，不能获取间谍的真实情报。"

☺ 第一项要求鉴别人心，第二项要求赢得人心，这第三项，提出了辨别情报的专业要求。

● 这也是最考验人的一关……

☺ 可以想象——当我五间俱起，看似浩浩荡荡，可派出的间谍素质并不相同，一时间各路情报雪片似的堆积在办公桌上，简直难辨真伪。

● 你看有些情报，明显就是故意捏造以应付差事；有些属于观察失误，找错了对象；有些误信敌人散布的假情报，居然还分析得头头是道……

☺ 更可怕的是，我方间谍已被敌方收买，正设置陷阱，我还蒙在鼓里。

● 可见，没有一双善辨真伪的慧眼，就无法判断这一堆情报的价值。我们说过，唐朝的李靖曾认为"孙子用间，最为下策"，他的理由是："水能载舟，亦能覆舟；或用间以成功，或凭间以倾败……"

☺ 哦，他害怕间谍战，是因为间谍可能带来灾难性的后果。

● 我们虽不同意用间是下策,但也不能不重视李靖的观点。间谍战也是一把双刃剑,稍有不慎,会伤了自己。

☺ 何况,敌方也在使用间谍,也是五间俱起,到处渗透,比如说,我方间谍也可能被敌方收买,成为叛徒,充当敌人的反间……

● 所以,孙子反复叮咛道:"微妙啊,微妙啊,无处不可以使用间谍啊。"

☺ 他是要求我们不必拘泥于传统战争的思维,在所有可能的情况下,尽量使用间谍。

● 对,间谍战是一条看不见的战线,也是一个更广阔、更复杂的战场。有时候,的确也非常的神秘莫测,波澜壮阔……

---

jiàn shì wèi fā　ér xiān wén zhě　jiàn yǔ suǒ gào zhě jiē　sǐ

间事未发,而先闻者,间与所告者皆死。

● 间谍战一旦开始谋划,就要施行比平时更为严厉的纪律……

☺ 其中最重要的,应该是保证高度的机密性。

☺ 孙子说:"间谍计划尚未施行,就被外人预先获知,那么间谍和他所告诉的人都必须处死。"

● 虽然有些残酷,却是不得不如此……

---

fán jūn zhī suǒ yù　jī　chéng zhī suǒ yù gōng　rén zhī suǒ yù shā　bì xiān

凡军之所欲击,城之所欲攻,人之所欲杀,必先

zhī qí shǒu jiàng　zuǒ yòu　yè zhě　mén zhě　shě rén zhī xìng míng　lìng wú jiàn bì

知其守将、左右、谒者、门者、舍人之姓名,令吾间必

suǒ zhī zhī

索知之。

● 攻击目标一旦明确,就要进行针对性布置……

☺ 看来,那句大家熟知的用兵成语要改成"兵马未动,间谍先行"了。

● 不错!就如孙子所说:"凡是需要攻打的敌方军队,需要攻占的敌方城邑,需要刺杀的敌方人员,务必预先了解其驻守将领、左右亲信、负责通报的官员、守门官吏、幕僚侍卫等的姓名,指令我方间谍务必侦察清楚。"

☺ 除了他们的姓名,我建议再增加他们的经历、个性、嗜好、信仰、上下关系、薪水高低、家人情况、社会交往等调查项目。

● 掌握情况之后,才能决定究竟是制造矛盾、分化瓦解,还是威胁利诱、争取投诚,是组织强攻,还是里应外合……

---

bì suǒ dí rén zhī jiàn lái jiàn wǒ zhě　　yīn ér　lì zhī　dǎo ér shě zhī　　gù
必索敌人之间来间我者,因而利之,导而舍之,故
fǎn jiàn kě dé ér yòng yě　　yīn shì ér zhī zhī　gù xiāng jiàn　nèi jiàn kě dé ér
反间可得而用也。因是而知之,故乡间、内间可得而
shǐ yě　yīn shì ér zhī zhī　gù sǐ jiàn wéi kuáng shì　kě shǐ gào dí　yīn shì ér
使也;因是而知之,故死间为诳事,可使告敌;因是而
zhī zhī　gù shēng jiàn kě shǐ rú qī
知之,故生间可使如期。

● 在这五路间谍中,知道哪一路最重要、最关键吗?

☺ 我想想——反正乡间的价值一般,相对来说,关键要能接触到敌方的核心机密……

● 孙子说:"务必查出敌方派到我方进行侦察的间谍,顺从其需要,将他收买,对他进行劝导,然后放他回去,这样,反间就可为我所用。"索:搜索。利:指收买。导:引导、诱导。舍:释放。

☺ 这是在解释反间的具体用法——看来,孙子比较重视反间。

● 讲讲你的理由……

☺ 反间既然为敌方所派遣,必能接触到敌方的核心机密——是不是这样?

● 孙子说:"通过反间了解敌情,那么乡间、内间就得以发挥作用……"

☺ 有点意思——反间如能为我所用,则乡间、内间等比较外围的间谍,也许可以接受反间的指令,使行动更具针对性。

● 孙子说:"通过反间了解敌情,那么死间散布的假情报,就可以通过他传递给敌方……"

☺ 嗯,死间在敌国内部制造的谣言,可通过反间传递到敌方高层——相对死间来说,反间确实更容易得到敌方信任。

● 孙子说:"通过反间了解敌情,那么生间就可以按期传回情报。"

☺ 这是因为反间掌握的情报更加全面和准确。

● 所以在孙子眼中,反间具有更高的价值,应该成为整个间谍活动的中枢。

☺ 比如说,我面前摆着分别来自"五间"的五份情报,其中反间提供的那份,应该具有决

定性的作用……

五间之事，主必知之，知之必在于反间，故反间不

wǔ jiàn zhī shì zhǔ bì zhī zhī zhī zhī bì zài yú fǎn jiàn gù fǎn jiàn bù

可不厚也。

kě bú hòu yě

● 根据上述分析，孙子得出结论："五种间谍的使用情况，国君务必全部掌握。掌握的关键在于反间的使用……"

☺ 前面说间谍是"人君之宝"，我同意；这里说五间的核心是反间，我也同意——只是，间谍战还需国君参与，层次有必要这么高吗？

● 我们讲过，孙子所谓的间谍战，属于战略情报的层次，牵涉到国家战略，而不仅仅是侦察地形或带路之类。

☺ 所以，应该也属于国君参与的头号机密……

● 既然反间所承担的任务如此的重要，那接下来该如何呢？

☺ 宣布纪律？或者，分派任务？

● 很简单啊，孙子说："……所以，反间的待遇不可不特别优厚。"

☺ 这个啊，要的要的；照我说啊，反间的待遇问题，也应提高到战略层次。

昔殷之兴也，伊挚在夏；周之兴也，吕牙在殷。故

xī Yīn zhī xīng yě Yī zhì zài Xià Zhōu zhī xīng yě Lǚ yá zài Yīn gù

惟明君贤将，能以上智为间者，必成大功。

wéi míng jūn xián jiàng néng yǐ shàng zhì wèi jiàn zhě bì chéng dà gōng

---

● 在这部兵法即将完成时，孙子提到了两位著名的历史人物……

☺ 伊挚和吕牙？

● 在介绍这两位之前，有必要复习一下古代史常识。请问中国历史上最早的三个朝代，分别叫什么？

☺ 夏朝、商朝、周朝。

● 其中，商朝由于后来迁都到殷，也就是今天的河南安阳，所以又称殷朝，或殷商——接下去一个问题：夏朝和商朝分别是被谁灭掉的？

☺ 夏朝最后一位君王叫桀,据说非常暴虐,后被商朝的开国君王汤给灭了;商朝最后一位君王叫纣,据说也非常暴虐,后被周朝的创始人周文王、周武王给灭了。

● 桀、纣两人,后来成为暴君的代称;商汤、周文王和周武王,后来被视为圣人。君王被视为圣人,辅佐商汤的伊挚、辅佐周文王和周武王的吕牙,也成了受人景仰的圣贤。

☺ 哦,伊挚和吕牙,分别是商、周两朝的开国功臣……

● 伊挚,又名伊尹;吕牙,就是姜太公,又叫吕尚、姜尚、姜子牙等等。

☺ 问题是这两位圣贤,和间谍有什么关系?

● 孙子说:"从前,商朝之所以兴起,是因为伊挚曾在夏地;周朝之所以兴起,是因为吕牙曾在商地。"

☺ 难道说,他们两位,都曾做过间谍?

● 据说,伊尹原是夏桀手下的臣子,得到汤的任用后,曾多次公开或秘密前往夏地。最后在伊尹谋划下,商汤率诸侯大举西进,兵不血刃,推翻了夏桀的统治……

☺ 他秘密前往夏地,就是充当间谍?

● 再说姜太公吕尚。据传,他原先也是殷纣王的臣子,因目睹纣王暴虐,愤而辞职,年届八十,在山西的渭水河边垂钓,遇见了周文王,两人一见如故。由于吕尚熟悉殷朝内情,文王死后,吕尚辅佐其子周武王,率诸侯起兵,推翻了殷王朝。

☺ 照此说来,姜太公最多只是弃暗投明,算不上严格意义的间谍。

● 关于这两位是否间谍,人们争论了上千年。部分原因是道德上的,因为在正统儒家心目中,伊尹和吕尚都是古代圣贤,形象高大光辉,把圣贤和间谍相提并论,难以接受。

☺ 儒家人士,就是这样迂腐死板。不过,我怀疑这两位的间谍身份,却并非基于道德立场。就间谍的概念而论,伊尹比较接近反间,吕尚则根本不是……

● 我们先不忙下结论,看看孙子怎么说吧。

☺ 是啊,孙子怎么看的?

● 孙子说:"所以,只有英明的国君、贤能的将领,才能任用大智慧的人充当间谍,也必定能成就伟大的事业。"

☺ 孙子没说这两位的身份是间谍,他的意思是,在商汤和周文王、周武王的大战略中,两人起到了间谍的作用……

● 孙子则由此得到启发,认为要建立伟大功业,必须以"上智之人"为间谍。

☺ 上智之人?那些智勇双全的特工算不算?

● 普通特工完成的,大多限于战术性的任务,可称之为"下间";上智之人充当间谍,小则可以不战而屈人之兵,大则可以颠覆整个国家,那才是真正的"上间"。

- ☺ 看来这是一项全面长期的计划,并非暗杀几个人那么简单,再说,这一类间谍所接触的敌国计划或人物,层次都很高,想要有所作为,非得有出类拔萃的智慧和丰富的政治经验才行。

- ☻ 这种人可能没有间谍的身份,但起到的作用,却和间谍差不多,区别只在于他们完成的是国家战略层面上的任务。

- ☻ 孙子关于间谍战的眼光,超越时代,令人不得不服。

---

cǐ bīng zhī yào   sān jūn zhī suǒ shì ér dòng yě
此兵之要,三军之所恃而动也。

- ☻ 关于间谍战,关于整部兵法,孙子讲的最后一句话是:"这是用兵的关键,整个军队都需要依靠间谍而采取行动。"恃:依仗。

- ☺ 没有准确的情报,所有行动都如夜半临深池的盲人瞎马。

- ☻ 近代的军事理论家也承认:情报是指我们对敌人和敌国所了解的全部材料,是我们一切想法和行动的基础……

- ☺ 这种战法,对吴王阖闾来说,却可能闻所未闻。

- ☻ 也许孙子知道,就侵略性来说,吴王乃至所有吴国将士,都不缺乏,其充满血性的尚武精神,更为中原各国所少见,孙子需要传授给吴王的,就是兵法……

- ☺ 将齐国的兵学传统,输入到个性强悍的吴人中间,两者真能结合,将威力无比。

- ☻ 唐朝的李筌在总结这部兵书时说:"孙子论兵,始于计而终于间者,盖以不攻为主,为将者可不慎之哉?"

- ☺ 我不同意他的说法……

- ☻ 为什么?

- ☺ 他说孙子论兵,主张以不攻为主,可在我看来,孙子论兵,每一篇都充满了攻击性;这位李筌,认为动刀动枪就是攻击,计划和用间就不是攻击,太死板了。

- ☻ 呵呵是啊,孙子不是说不要攻击,而是针对吴王的个性,针对战争之旷日持久和杀伐惨烈,提出了更聪明的攻击之道……

- ☺ 更有效率的扩张,更为整体的侵略。

- ☻ 对。总的来说,孙子是一个理性的、以战略进攻为主导的战略家,他甚至对战略防御都不屑一顾,怎会主张不攻呢!

☺ 但这位李筌却似乎看出了《计篇》和《用间篇》之间的关联……

● 是的,我们回到《计篇》,回到那著名的"五事七计",就可发现决定战争胜负的计划,只有以《用间篇》为基础,才得以成立。

☺ 就是说,十三篇兵法以《计篇》始,以《用间篇》终,隐含了战略上宏大的构思。

● 很多人这样认为,尤其是日本的兵法家,对十三篇的内在结构之严密大表惊叹,称其犹如恒山之蛇,首尾相顾,循环往复,形成了无与伦比的科学体系。

☺ 就像一套神鬼莫测的剑法,其间的过程,虚实相应,波澜起伏,或动于九天之上,或藏于九地之下……

● 不过,这一说法虽令人神往,也能给我们以启示,但也不可太较真。

☺ 这是为什么?

● 我们回到山东临沂的银雀山——在那里出土的竹简《孙子》中,包括有六片破碎的木牍,拼合起来发现,上面记有《孙子》各篇的篇目和字数……

☺ 那应该包括了十三篇的篇目次序?

● 木牍上的文字残缺不全,第一篇是什么已无法辨认,中间诸篇的次序与我们今天见到的差异不小,关键是,最后一篇不是《用间》,而是《火攻》……

☺ 怎么会是这样?

● 失望了吗?

☺ 有一点吧——不过我想,这恐怕正是孙子的精髓所在……

● 哦,怎么讲?

☺ 孙子兵法的精髓,并不在于首尾一贯的套路,而在于一个"因"字……

● 有点意思,说下去。

☺ 他在《虚实篇》中说"水因地而制行,兵因敌而制胜",兵法的价值,在于根据敌情的变化而变化,就如高手出招,两剑相对,关键在于因敌制胜,而非表面上看起来完美精妙的套路。

● 照你的意思,木牍上不同的篇目次序,恰恰说明其兵法的关键,在于没有套路?

☺ 正是,就因敌变化来说,每篇既可以是首,也可以是尾,每一篇都相互包容,你中有我,我中有你……

● 嗯,这是实战,不是套路演练。

☺ 在战场上,能因敌变化而取胜者,谓之神。

☻ 呵呵,这样看来,你可以上战场试试身手了,如再经历几次失败,就完美了……

☺ 为什么要经历几次失败?

☻ 你以为读了《孙子》,就战无不胜了?

☺ 哦,看来没经过实战考验,学得再多,一切还等于零……

☻ 那我们就从零开始,在实践中继续学习……

《用间篇》通读

孙子曰：

凡兴师十万，出征千里，百姓之费，公家之奉，日费千金，内外骚动，怠于道路，不得操事者，七十万家。相守数年，以争一日之胜，而爱爵禄百金，不知敌之情者，不仁之至也，非民之将也，非主之佐也，非胜之主也。故明君贤将，所以动而胜人，成功出于众者，先知也。先知者，不可取于鬼神，不可象于事，不可验于度，必取于人，知敌之情者也。

故用间有五：有乡间，有内间，有反间，有死间，有生间。五间俱起，莫知其道，是谓神纪，人君之宝也。乡间者，因其乡人而用之。内间者，因其官人而用之。反间者，因其敌间而用之。死间者，委敌也。生间者，反报也。

故三军之亲，莫亲于间，赏莫厚于间，事莫密于间。非圣不能用间，非仁不能使间，非微妙不能得间之实。微哉微哉，无所不用间也。间事未发，而先闻者，间与所告者皆死。凡军之所欲击，城之所欲攻，人之所欲杀，必先知其守将、左右、谒者、门者、舍人之姓名，令吾间必索知之。

必索敌人之间来间我者，因而利之，导而舍之，故反间可得而用也。因是而知之，故乡间、内间可得而使也；因是而知之，故死间为诳事，可使告敌；因是而知之，故生间可使如期。五间之事，主必知之，知之必在于反间，故反间不可不厚也。

昔殷之兴也，伊挚在夏；周之兴也，吕牙在殷。故惟明君贤将，能以上智为间者，必成大功。此兵之要，三军之所恃而动也。

附录一

《孙子》地图

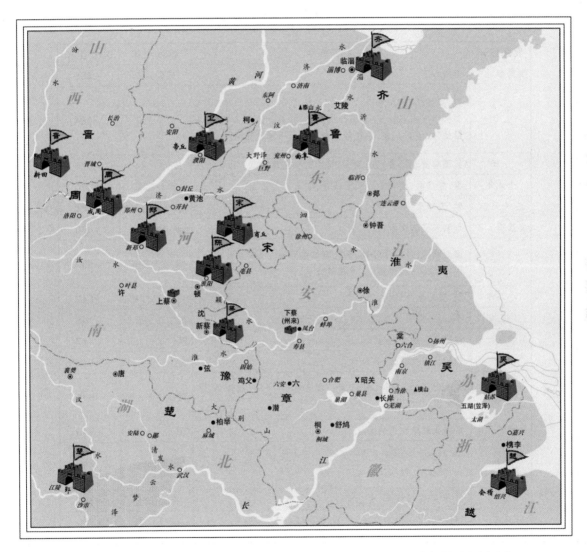

● 本图所列地名,以本书出现者为主。图中河流、海岸线均为春秋时期内容,省界及斜体字所标地名为今内容。

附录二

吴国大事年表

吴国纪年	主要事件	春秋纪年	公元纪年
吴寿梦元年	寿梦称王。	成公六年	-585
二年	春,吴伐郯,郯求和。 申公巫臣自晋使吴,教吴车战阵法,并教之叛楚。 吴伐楚,侵入州来,楚军疲于奔命。吴于是始通中国。	成公七年	-584
十年	吴国与鲁、晋、齐、宋、卫、郑等国在钟离会盟。	成公十五年	-576
十六年	春,楚伐吴,至衡山。吴复伐楚,取驾。	襄公三年	-570
二十五年	秋,寿梦卒。	襄公十二年	-561
吴诸樊元年	寿梦长子诸樊继位。	襄公十三年	-560
二年	诸樊除丧,让位于季札,季札弃其室而耕。 秋,楚伐吴,吴师败之,俘获楚公子。	襄公十四年	-559
十二年	夏,楚以水师伐吴,无功而还。	襄公二十四年	-549
十三年	十二月,诸樊伐楚,攻巢门,中箭而卒。	襄公二十五年	-548
吴余祭元年	诸樊弟余祭立为吴王。	襄公二十六年	-547
三年	齐相庆封有罪,自齐奔吴。	襄公二十八年	-545
四年	吴人伐越,获越俘,使守舟。吴王余祭观舟,越俘以刀杀之。	襄公二十九年	-544
吴余昧元年	余祭弟余昧立为吴王。	襄公三十年	-543
六年	秋,楚灵王会诸侯伐吴之朱方,以诛齐庆封。 冬,吴伐楚,取三邑而去。	昭公四年	-538
七年	冬,楚率诸侯伐吴,无功而还。	昭公五年	-537
八年	楚伐吴,师于豫章,次于乾溪,为吴师所败。	昭公六年	-536
十五年	吴灭州来。	昭公十三年	-529
十七年	春,吴王余昧卒。	昭公十五年	-527
吴僚元年	吴人立余昧子僚为王。	昭公十六年	-526

（续表）

二年	吴公子光伐楚,与楚战于长岸,楚军大败吴军,获其王舟余皇。公子光夜袭楚营,复得王舟而还。	昭公十七	-525
五年	楚国亡臣伍子胥奔吴,公子光客之,伍子胥引荐专诸于公子光。	昭公二十年	-522
八年	吴伐州来,楚率诸侯之师救州来。公子光率吴师败顿、胡、沈、蔡、陈、许之师于鸡父。	昭公二十三年	-519
九年	冬,吴伐楚,灭巢、钟离而还。	昭公二十四年	-518
十一年	九月,楚平王卒。	昭公二十六年	-516
十二年	春,吴因楚丧而伐之,使公子盖余、烛庸以兵围楚之六、潜。公子光使专诸袭杀吴王僚,自立为王,是为吴王阖闾。	昭公二十七年	-515
吴阖闾元年	以伍子胥为行人,与谋国事。	昭公二十八年	-514
三年	孙武以兵法十三篇见吴王。 冬,吴王阖闾伐钟吾,灭徐。 吴王阖闾谋欲长驱入楚,被孙武劝止。	昭公三十年	-512
四年	秋,吴人侵楚,袭扰潜、六、弦等城邑,楚军为此疲于奔命。	昭公三十一年	-511
五年	夏,吴伐越,始用兵于越。	昭公三十二年	-510
七年	秋,楚伐吴,吴王阖闾败楚师于豫章,遂围巢,克之,俘获楚公子而还。	定公二年	-508
九年	吴王阖闾与唐、蔡二国兴兵西伐楚,至于汉水。楚发兵拒吴。十一月,二师会于柏举,阖闾弟夫概率部五千,大败楚军。吴王纵兵追击,至于清发水,待楚军半济而击之。吴军乘胜追击,五战五捷,攻入郢都。楚昭王出逃。	定公四年	-506
十年	越闻吴王在郢,国空,乃伐吴。吴使别兵击越。 楚向秦国告急,秦遣兵救楚击吴,吴师败退。	定公五年	-505
十一年	吴伐楚,取番。	定公六年	-504
十九年	五月,吴伐越,越王勾践御之于檇李。越使死士挑战,因伐吴,败吴师于姑苏,伤阖闾之指,阖闾退军七里,病伤而死。	定公十四年	-496
吴夫差元年	阖闾子夫差立为吴王,习战射,以报越为志。	定公十五年	-495

（续表）

二年	吴王悉精兵以伐越，败越于夫椒，遂入越。越王勾践以甲兵五千保于会稽，请和，吴王许之，罢兵而去。	哀公元年	-494
七年	吴伐陈。	哀公六年	-489
八年	吴伐鲁，鲁与吴盟。	哀公八年	-488
十一年	吴伐齐救陈，水师自海入于齐，齐人败之，吴师乃还。吴王夫差诛伍子胥。	哀公十年	-485
十二年	吴王夫差北伐齐，败齐师于艾陵。	哀公十一年	-484
十三年	与鲁、卫之君会橐皋。	哀公十二年	-483
十四年	夏，吴王夫差率军北上，与晋、鲁等国会盟于黄池。六月，越王勾践伐吴，大败吴师，入吴。七月，吴王引兵归国。	哀公十三年	-482
十八年	越王勾践伐吴，败吴师于笠泽。	哀公十七年	-478
二十年	越王勾践伐吴。	哀公十九年	-476
二十一年	越围吴。	哀公二十年	-475
二十三年	冬十一月，越灭吴，吴王夫差自缢而卒。吴国亡。	哀公二十二年	-473

● 有关吴国历史，诸史记载不尽相同，本表主要依据《春秋左传》和《史记》两书的相关记载。

附录三

主要参考书目

- 《孙子兵法》，银雀山汉墓竹简整理小组编，文物出版社 1976 年 12 月版
- 《十一家注孙子校理》，杨丙安校理，中华书局 1999 年 3 月版
- 《孙子校释》，吴九龙主编，杨炳安、吴如嵩、穆志超、黄朴民合编，军事科学出版社 1990 年 7 月版
- 《〈孙子〉十三篇综合研究》，李零著，中华书局 2006 年 4 月版
- 《孙子兵法校解》，[日]服部千春著，军事科学出版社 1987 年 3 月版
- 《武经七书注译》（包括《孙子》《司马法》《尉缭子》《六韬》《吴子》《三略》《唐李问对》），《中国军事》编写组，解放军出版社 1986 年 8 月版
- 《孙膑兵法》，银雀山汉墓竹简整理小组编，文物出版社 1975 年 2 月版

- 《孙子兵法校释》，陈启天著，中华书局 1937 年 2 月版
- 《孙子今译》，郭化若译，上海人民出版社 1977 年 6 月版
- 《孙子兵法浅说》，吴如嵩著，解放军出版社 1999 年 7 月版
- 《孙子三论：从古兵法到新战略》，钮先钟著，广西师范大学出版社 2003 年 8 月版
- 《兵以诈立——我读〈孙子〉》，李零著，中华书局 2006 年 8 月版
- 《孙子新探——中外学者论孙子》，解放军出版社 1990 年 2 月版
- 《孙子评传》，杨善群著，南京大学出版社 1995 年 3 月版
- 《孙子研究在日本》，[日]佐藤坚司著，高殿芳等译，军事科学出版社 1993 年 2 月版
- 《孙子兵法词典》，黄葵、刘春生编著，四川教育出版社 1998 年 7 月版

- 《春秋左传注》，杨伯峻编著，中华书局 1990 年 5 月版
- 《史记》，(汉) 司马迁撰，中华书局 1959 年 9 月版
- 《汉书》，(汉) 班固撰，中华书局 1962 年 6 月版
- 《吴越春秋校注》，(汉) 赵晔著，张觉校注，岳麓书社 2006 年 4 月版
- 《越绝书》，(汉) 袁康、吴平辑录，上海古籍出版社 1985 年 10 月版
- 《墨子间诂》，(清) 孙诒让著，中华书局 1986 年 2 月版
- 《春秋史》（校订本），童书业著，中华书局 2006 年 8 月版
- 《春秋左传研究》，童书业著，上海人民出版社 1980 年 10 版

- 《春秋史与春秋文明》，李学勤主编，王美凤、周苏平、田旭东著，上海科学技术文献出版社 2007 年 4 月版

- 《吴国历史与吴文化探秘》，叶文宪著，文物出版社 2007 年 5 月版

- 《东周战争与儒法国家的诞生》，赵鼎新著，夏江旗译，华东师范大学出版社/上海三联书店 2006 年 8 月版

- 《先秦兵书研究》，解文超著，上海古籍出版社 2007 年 7 月版

- 《中国的兵》，雷海宗著，中华书局 2005 年 7 月版

- 《竹简帛书论文集》，郑良树著，中华书局 1982 年 1 月版

- 《中国古代思想史论》，李泽厚著，天津社会科学院出版社 2004 年 10 月版

- 《中国历史地图集》（第一册），谭其骧主编，地图出版社 1982 年 10 月版

- 《中国科学技术史》第五卷第六分册，[英]李约瑟、[加]叶山著，钟少异等译，科学出版社/上海古籍出版社 2002 年 5 月版

- 《战争艺术》，[瑞士]约米尼著，钮先钟译，广西师范大学出版社 2003 年 10 月版

- 《战争论》，[德]克劳塞维茨著，中国人民解放军军事科学院译，商务印书馆 1978 年 7 月版

再版修订后记

    《教女儿学〈论语〉》和《教儿子学〈孙子〉》,先后完成于 2006 年和 2007 年。如今七八年过去,出版社决定再版这两本书。在重新校读并完成两书的修订后,照例有些话需要向读者作个交代,一些是在两书的初版后记中说过的,一些是在此次修订完成后想说的,所以这篇统一附于两书之后的"再版修订后记"分为三部分:其中前两部分,分别摘自两书的初版后记,以见当时的写作初衷以及这两本书的关系,第三部分则是对此次再版修订的一个说明。

一、《教女儿学〈论语〉》初版后记（2006 年 11 月）

    书写完了。必须要感谢一些人。

    首先要感谢的自然是女儿。尽管她事后翻了翻这本书的打印稿,说:"你应该在后记里写上:本书纯属虚构……"

    确实,本书的真实成分大概只占 10%。但如果不是女儿在学习过程中时不时的提出一些奇怪问题,或作出一些意想不到的反应——当然,也包括她妈妈在一边偶尔发表一些见解——就不会有撰写这本书的兴致;况且,这些问题和反应,都是在前辈先贤的注疏里见不到的……

    本书的书名虽然是《教女儿学〈论语〉》,但教的过程实在也是学的过程。学然后知不足,教然后知困——对于《论语》也许永远都是这样。

二、《教儿子学〈孙子〉》初版后记（2007 年 11 月）

    那是 2006 年 10 月,当我把《教女儿学〈论语〉》的书稿交给团结出版社常务副社长梁光玉先生,梁社长便问我:下一部准备写什么题目? 我没准备,就随口说道:下一部,该是"教儿子学孙子"吧。

    需要说明的是,如果说写作《教女儿学〈论语〉》还算事出有因,写作《教儿子学〈孙子〉》,完全是向壁虚造……最终决定写作此书,还有两个原因。

其一:仅读孔子是不够的。就如孔子自己说的:"有文事者必有武备,有武事者必有文备。"文化的形成与人格的修炼,也是一样的道理。

事也凑巧,孙子和孔子,生于同一时代,却是一文一武,他们互不相识,却在同一片天空下,思考和实践着不同的理想。当孔子的儒学思想还处于萌芽状态,孙子就已经构筑了他宏大精深的兵学体系,并付诸实践了。两相对照,竟也意味深长。

其二:有感于"三十六计"的大行于市。

为了解市场上有关《孙子》的著作,逛了几家书店,发现满眼都是《孙子兵法·三十六计》,不少习惯于只看书名就下结论的读者,都认为《孙子兵法》就是"三十六计",就是教导人们"瞒天过海"、"借刀杀人"、"上屋抽梯"、"顺手牵羊"……

那"三十六计",本是明朝人编出来的下三滥雕虫小技,鸡鸣狗盗之徒的秘籍,胡拼乱凑,完全没有章法——就时间而论,晚了孙子两千余年,就境界而论,两者更是判若云泥,怎可相提并论!

也许我们中国人的智力真的退化了。两千多年前,与孙子齐名的是战国名将吴起,他们的著作被合称为"孙吴兵法",《韩非子·五蠹》云:"境内皆言兵,藏孙、吴之书者家有之……"可见其流行程度。今天,孙子居然堕落到与"三十六计"齐名,不知是古人的不幸还是今人的不幸。

不过,"孙子兵法"最终被"三十六计"淹没,似乎也是时代的必然:因为我们越来越追求眼前利益,以至于把战术当战略,把小伎俩奉为大智慧,发展到坑蒙拐骗盛行,并自以为得计——"三十六计"实在与有功焉。

只是,那或许属于社会学的课题了……

三、两书再版修订说明

两书出版后,即有读者询问下一部是什么,有建议《大学》、《中庸》的,有建议《周易》、《老子》的,有的甚至连书名也起好了,比如《教老板学〈老子〉》之类。而所以未再继续,一则自知学力尚浅,有待继续积累;二则因为工作状态,无法投入时间。由于重心转移,七八年来,除了偶尔上网学习一下读者对两本书的评论,就是挂念一下书中留下的几处遗憾,直到出版社决定再版这两部书,出于修订需要,才重拾旧作。

重新审读全书,自然会发现一些问题,有文字上的,也有对经典的理解和释读上的,甚至不可避免还会产生一些新想法新说法。经典之所以为经典,在于其可以常读常新。然而以目前的工作状态,不可能有大块时间作大幅度的改动和补充,所以定下原则:保持原版原貌,即在原有版式的空间内,作一些必须的调整与修正。

就经典的流布与解读历史而言,《论语》的复杂程度要远高于《孙子》,故此次《教女儿学〈论语〉》的修订成分也要高于《教儿子学〈孙子〉》。修订过程中,也还是有面对诸家异说时的犯难,以及化繁为简、瞻前顾后时的费神,所以每改一处,仍不免戒慎恐惧,踌躇再三。下面就本次修订的要点,向读者简单说明一下:

(一)对原版中的一些错讹与误植,此次尽量作了改正,更多的是在校阅过程中,顺手对所有文字作了一番出于本能的技术性修理。

(二)对原版中的注释、译文以及相关文史背景,有不明确不准确处,经过斟酌,也作了规模不等的修正,以尽量提供更加确切的说法和知识。

(三)对原版中个别章节进行整体改写,计有《教女儿学〈论语〉》中的十来条,尽管原版的释读并非没有依据,但整体看来,确属"于义未安"者,不容不进行改写。

(四)根据读者建议,在《教儿子学〈孙子〉》的每一篇后,增加该篇的"通读"部分,以见整篇全貌,便于融会贯通。

除此之外,总体上还是仍其旧。尽管仍有不满意之处,也相信仍有误读误解之处,所以目前这两个本子,也还是属于阶段性的学习成果,这是需要读者理解和包涵的。由于网络时代可以非常直接地看到读者的反馈,这使得作者受益匪浅,感谢之余,仍希望读者对这个修订版给予支持、批评和指正。

值得一提的是,团结出版社梁光玉社长,不仅对这两本书的初版给予热情的支持与指导,同时对于再版的品质也提出了更高的期许和要求。

作为国内书籍设计界的大师,袁银昌老师欣然接受为这两本书进行封面和扉页的设计,既令作者感佩,更令这两本书"蓬荜生辉"。

最后借此机会感谢一下家人:无论是七八年前抛下工作撰写这两本书还是最近的修订期间,妻子薛晓雁都给予了最可宝贵的理解和支持;此外,十年前开始学《论语》时还只小学四年级的女儿,如今也已心想事成,成为她心仪的大学的大一学生,无论这与当年教她学《论语》有没有关系,都是最值得令人欣慰的。

陈小云
2014 年 6 月